中公クラシックス W50

プロティノス

エネアデス(抄) I

田中美知太郎
水 地 宗 明 訳
田 之 頭 安 彦

JN290438

中央公論新社

目　次

エネアデス（抄）Ⅱ 収録

プロティノスと現代

山口義久

プロティノスとプラトン

プロティノス(二〇五頃〜二七〇)は、三つの原理についての自分の思想が、けっして新しいものではなく、すでに古い昔にプラトン(前四二七〜前三四七)によって語られていたものであると言う(『三つの原理的なものについて』八章一〇行以下)。この言葉は、読む人によって、その受けとめ方は同じではない。プロティノスは忠実にプラトン解釈を行なっているのだと考える人もいれば、プロティノスの思想は基本的にプラトンとは違うのに、プラトンを権威づけとして利用しようとしているのだと考える人もいる。真実のところは、そのどちらの極端でもなく、いわば中間のどこかにあると考えるのが自然であろう。

彼がしばしばプラトンを引き合いに出す仕方は通常、まずプラトンのテクストがあって、それを解釈していくというやり方ではない。プロティノス自身の議論がまずあって、それを補強したり傍証のように用いたりしてはいるけれども、プラトンを権威として引用しているというよりはむしろ、プラトンとの一致を確認しているという印象を受ける。自分の到達した思想が、プラトンの思想と同じであるといっても、無理やりプラトンに合わせているわけでもなく、権威づけのために同じだとこじつけているわけでもないと思えるのである。

そうであるなら、すでに古い昔に語られたと言うときに、「明けひろげては言われなかったので」と付け加えられているのが、二人の関係を考えるうえで重要になるだろうと思われる。つまり、プロティノスの言うことは、実質的にプラトンと同じことであるのだが、プラトンの表現はまだ十分に展開されたものではなかった。プロティノスは、プラトンの言葉が含意していたことをくり広げて見せているのだ、というのが、プロティノスの言おうとしたことなのではないかと考えられる。

時代を超えた影響

プロティノスはプラトンのことを昔の人と表現しているが、その時代的な隔たりは、両者が盛んに活動していた時期で考えると、およそ六〇〇年である。一方、私たちとプロティノスを隔てる時間は、ゆうに一七〇〇年を超えている。しかし、二三〇〇年以上前のプラトンが現代の日本でも多くの人に読まれている事実を見るだけでも、哲学・思想が私たちに訴えかける力の大きさは、私たちとの間に横たわる時間的な距離に反比例するものではないことが分かる。実際、プロティノスの場合も、時代を超えて語りかけてくる魅力が、読者をとりこにすることも少なくないのである。

それでは、プロティノスの哲学は、現代日本の私たちに何を訴えかけ、何を教えてくれるのであろうか。それは、私たちがどのような問題を考え、何を求めているのかということと切り離すことはできない。どんな哲学でも、すべての時代に同じような影響をあたえるということはないのである。

たとえばプラトンも、時代によって、いわば違った読み方がされてきたのであって、プロティノスが理解し、その意を汲んで展開したプラトン哲学と、私たちの考えるプラトンが同じでないとしても、それは少しも不思議なことではないし、イタリア・ルネサンスの人々がいだいていたプラトン像と、現代のプラトン学者が提供するプラトン像が食い違っていても、それはむしろ自然なことだと考えられる。

プロティノスもまた、過去のさまざまな時代に、それぞれ違った影響をあたえてきたが、現代の私たちにも訴えかける力を持っているとしたら、その意味では現代という時代の要請に応えるものを持っているということになると言えよう。ここでは、現代という言葉で、現代の日本を念頭において、プロティノスを現代の視点から見てみたい。筆者自身も、善かれ悪しかれ現代日本人なのである。

自己を見失うとはどういうことか

現代は「自己喪失の時代」だと言われることがある。もちろん、現代日本といっても多様な面を持っているので、一つの形容だけでこの時代を特徴づけることはできないだろう。ただ、「自分探し」などという言葉が流行ったりした背景には、現代人が自己を見失っているという、一種の自己診断があることはたしかである。プロティノスは、人間が自己を見失うということはどういうことであるのか、それがなぜ問題とされるのか、その問題はどのようにして克服されるのかといった問題について、すぐれた洞察を示した哲学者である。

プロティノスによれば、自己を見失っている状態というのは、自分自身の根源がどこにあるのか分からなくなっている状態である。私たちの通常の意識は外にばかり向けられ、私たちは自分のまわりで何が起こっているかに気をとられて生きている。そして、世間の出来事に一喜一憂し、さまざまな欲望や感情に身をさいなまれる。感情と欲求は、ギリシア語の「パトス」(pathos)という言葉で総称されたが、この言葉は、もともとの文字通りの意味では「影響受動」を意味するものであった。つまり、欲求や感情にしたがう生き方は、まわりの世界に影響される、受動的な生き方なのである。

プロティノスは、人間の主体である魂の本来的なあり方は、感情や欲求に左右されるような受動的なものではないと見ている。そのような魂本来のあり方を回復し、パトスから自由になった生は同時にまた、本来の自己を回復しているという意味でも、煩いから解放されているという意味でも、幸福な生でもあることになる。この点では、彼の考えは、パトスから解放された知者が幸福だというストア派の見方と共通しているが、プロティノスの特徴は、その魂の根源をヌース（知性あるいは英知）に求めるところにある。

通常の魂の思考は、言葉で表現できるような区別のうえに成り立っている。たとえば、「幸福とは、よく生きることである」と考えるときには、「幸福」、「よい」、「生きる」という概念が、それぞれ区別され、関係づけられている。これをもとにして、さらに考えを進めようとするなら、それぞれの概念とべつの概念を関係づけなければならない。つまり通常の思考は、区別立てをしながら、順を追って考えていくところに特徴がある。

プロティノスは、そのような魂の思考は、知性（ヌース）のはたらきに支えられていると見る。順を追って考える分析的・推理的な思考の背後に、分析や推理によらない直接的な理解があって、それが分析的な思考の根拠となっているというのである。この知性の理解する内容は、プラトンのイデアと呼ばれるものに相当する。イデアについて説明しようとすれば長くならざるをえないが、ここでは、私たちの認識の根拠となる直観的な知の内容と考えておけばいいだろう。私たちの通常の思考の根本に、そのような直観的な知があるのだということに思い至ることが、自己の根源を探るうえで重要な意味を持ってくるのである。

プロティノスは、このように自己自身の内面を見つめることによって、人間の魂のあり方を追究していく点が特徴的である。これは、彼個人の内観にもとづくものであるので、そこから出てくる魂のあり方の分析には複雑で多様な展開が見られるが、基本的には、単純明快な枠組みにもとづいて説明されている。すなわち、自己自身の根源に遡ることによって、魂の経験よりも単一的な知性に出会うことになり、さらにその知性の根源は、まったく多様性を免れた最高原理としての「一者（ト・ヘン）」に遡れるのである。

一者は、あらゆるものを超越した原理なので、そこまで遡るためには「合一」と呼ばれる体験が必要になるが、このような捉え方の全体的な方向性は明らかである。私たちの日常的な生は、外の世界に向けられて拡散し、私たちは外の世界に振りまわされて生きている。しかし、われわれの本来の自己は、思考する魂を通じて、内面が出会う知性に、さらにはその根源たる一者にもとづいているのであって、拡散される一方の生は、この内面への方向に逆行する、まさに自己の根源を見失った生き方だということになる。

無意識の領域の意義

魂の根源としての知性は、人間の魂の内奥で、つねに活動していると言われる。むしろ、根源的知性はその活動と切り離せないと言った方が正確である。そこには、知性の理解が直接的でなければならない事情があるのである。プロティノスによれば、知るものとしての知性は、知られるものとしてのイデアと一体である。つまり、イデアが存在するということと、知性がイデアを知っているということとは、まったく同じ事態なのである。言い換えれば、知性によって知られ、考えられていないイデアは存在しないし、根源的な知性であれば、知の内容を考えていないこともありえないということになる。

結局、知性がそこにあるかぎり、知るはたらきも、知られるイデアも、それから切り離せないかたちで存在していることになるのである。

私たちは、さまざまな概念を使って分析的に考えるが、その概念にはイデア的な裏づけがあるから、一つの概念として使用することができる。つまり、根源的な知性が理解したイデアを思考が受けとることによって、思考を向ける対象を概念として持つことができるのである。そのような裏づけなしに概念を使うことは、たんなる思惑（ドクサ）にしかならない。あるいは、知性から十分裏づけをえなければ、それだけ軽薄な概念しかえられない。字面だけで理解したような気になった概念や、外の世界の現れから単純に一般化してえられた概念を、知性的な理解に照らし合わせることなしに、ただ概念あるいは言葉だけで考えようとするなら、誤った思考が生まれることになるというのが、プロティノスの警告するところである。

そのようにして私たちが思考の裏づけとすべき知性は、私たちが気づかずとも、つねに活動しているというのである。これは、いわば無意識の領域と言える。多くの哲学者が、心（魂）イコール意識であるかのように考える中にあって、プロティノスは、内面の意識されないはたらきに注意を向けた点でも特徴的である。意識にのぼらない身体的感覚のようなものから、その活動が気づかれない知性のはたらきまで、魂の経験しうる範囲の中には、必ずしも意識されない領域があること、そしてその無意識のはたらきのほうが重要なこともあるのだということが指摘されているのである。

ただ私たちは、無意識と言うと、身体的な根源のようなものと捉えがちであるが、プロティノスはむしろそれとは逆の方向に意義を認めている。つまり、根源的な知性のはたらきが、私たちの分析的思考の背景にあって、それは意識されないけれども優れた活動なのだということである。そのことを説明するために、読書する人が、最初は本を読んでいるという意識があるのに、読むのに熱中すると、そのような意識がなくなるだけでなく、むしろ自意識が邪魔になるという例が出されている（『幸福について』一〇章、二二行以下）。

ポルピュリオスが紹介している興味深いエピソード（『プロティノス伝』八章）も、そのことに関連している。プロティノスが執筆しているときに来客があったが、彼は執筆を中断して応対しても、客が帰るとすぐに前と同じように書き続けることができたという。これは常人には、しようと思ってもできないことであるが、プロティノスの知性活動が、どんな場面においても絶え間なく続いていたことの証拠として伝えられているのである。

光の形而上学

プロティノスの哲学には、よく「神秘主義」(Mysticism)という形容があたえられる。**Mysticism** というのは、「黙る」という意味のギリシア語、ミューオー(myō)に由来する言葉である。すなわち、語られないもの、言葉に表されないもののうちに、重要な真実があるという考えが神秘主義の最も基本的な意味である。プロティノスの最高原理は「一者」と呼ばれているが、じつはそれに当てはまる名前は一つもないのだとも言われるのである(『善なるもの一なるもの』五章、三一行)。そう言いつつも、彼は一者について、手を替え品を替えて説明しようとしていて、これは彼の哲学者としての特徴である。

一者が通常の意味では語られないものであるのは、すべてを超越した原理だからである。イデアや知性が実在することの根拠として、実在を超越したものであり、それ自体は実在と呼べないものと考えられている。このような原理の先駆として、プラトンの太陽の比喩で語られる善のイデアが考えられていることは間違いない。この原理のおかげで、知性は知るものとなり、イデアは知られるものとなり、実在するものとなるのだが、しかし、善のイデアは実在を、位においても力においても超越していると語られるのである。プラトンはこの超越に「驚くべき」という形容をあたえているが、それ以上の説明はしていない（『国家』第六巻五〇八D以下）。

プロティノスは、この太陽の比喩を、べつの意味でも受け入れている。すなわち、最高原理たる一者は純粋な光そのものであり、知性は自ら光るもの、魂は光をもらって光るものにたとえられるのである。魂は自分で考えているように思っているけれども、知性から、いわば光をあたえられることによって考えることができる、すなわち知性の直観的理解に裏づけられて、分析的に思考することができるという関係がある。そして、その光は究極的には一者に発するものなのである。

プロティノスは、生きた身体についてもまた、内側から照らされていることによって生きていると言う。つまり、一者に由来する光が、魂を通して生きものを生かすものともなるのである。そのことから、一者があらゆるものの根源であるということは、生命的な力の源としても捉えられるということとして理解することができる。そして人間の魂が、一者と合一するときにも、やはり光を見ると語られる。プロティノス哲学の、神秘主義と呼ばれる特徴は、一者を頂点とする光の形而上学とも呼べるものなのである。

中心としての一者

今述べた光の比喩は、プロティノスの好んで用いるもう一つの比喩である、円の比喩と結びつけて語られることがある。この比喩の表現では、一者という、幾何学的な一点にたとえられるものがあって、それを中心としてその周囲に知性という円が生まれ、さらにその外側に魂の円が生じる。

これは、一者から派生した存在が、一者から展開するようなかたちでくり広げられることを示すと同時に、私たちの根源が、どこかべつの世界にあるのではなくて、私たち自身の内面の奥に見出されるべきものであることも示している。

一者は、いかなる名前で呼んでも適切ではないと言われるように、いかなる区別も持っていない。それに対して知性（＋イデア）は、知る側面と知られる側面が、説明のうえでは区別されるとしても、先に見たように、まったく一体となっている。イデアの多数性もまた、説明のうえでは区別されるが、一つのイデアの知が他のすべてのイデアの知を含意するような仕方で、知性の知のうちで一体化している。このあり方は「永遠」とも呼ばれるが、それを永久に続く時間と考えてはならない。まったく時間の経過を必要としないような知のあり方として、時間に先立つ、無時間的な永遠なのである。

魂の活動は、知性の内容を一挙ににならうことができないかぎりにおいて、時間を必要とする。ある内容を理解してからべつのことを理解し、順を追って考えるというのが、魂の思考の特徴だからである。したがって、時間は魂とともに生じる。そうして、魂の最も下位の部分が、質料と接することによって、感覚される世界が生じ、時間と空間が成立することになる。ただし、空間性は質料に由来するものではなく、大きさや広がりはイデアに由来する形相であって、質料はあらゆる形相を欠いたものと考えられている。

このように一者からあらゆるものが派生する仕方は、あらゆるものの根源からくり広げられてきたという意味で、ある種の発展と言うことができる。しかし、発展がすなわち（いい意味で）進歩であるかというと、そうではない。プロティノスの視点に立てば、展開して出てきたものが価値をもつのは、その根源とのつながりを保っているからだと言える。あらゆるものは、根源である一者に還帰しようとしていると言われるときも、それは文字通りに一者の許に帰っていくことを意味しない。根源への方向性を保っていることによって、そのものの存在性が維持されているということである。具体的なものに目を向けても、ものの存在性は質料の方向ではなく、形相の方向に現れるのである。これは、プラトンだけでなく、アリストテレス（前三八四〜前三二二）とも共通の捉え方だと言える。

反還元主義の視点

現代の私たちは、それとは逆に、還元主義的な発想にどっぷりと浸かってしまっているために、プロティノスの言うような、根源に向かうということが考えにくくなっているかもしれない。プラトンの『パイドン』（九八E以下）で語られる議論の中にも、還元主義批判と呼べるものがあった。ソクラテスが牢獄の中に坐っているのは、彼の知性がそれをよしとしたからなのに、自然学者たちは、身体の部分である骨や筋肉によって、その原因を説明しようとしているが、じつは骨や筋肉は原因ではなく必要条件にすぎないのだという。プラトンは、善や知性の方向に、本当の原因説明があると考えているのである。

プロティノスが、私たちの根源は私たち自身の内にあると言うときに、現代人はそれを身体的な要素に求めてしまう傾向があるように思われる。たとえば、今日では多くのことが大脳生理学と関係づけて語られるようになってきた。それは科学の成果の積み重ねを背景に持っているのだが、しかし、そのような説明が適切かどうかについては、首をかしげざるをえないことが少なくない。

心についての還元主義的な見方の典型は、心のことは究極的に脳のはたらきによって説明されるというような考えであろう。心と脳の関係を調べるためには、必ず被験者に問うなどの手段をとらなければ、心のあり方を確かめられないという、方法論上の問題があるが、この問題は根本的なところで、心と脳の関係が倒錯して捉えられているために生じているように思われる。

私たちの経験にとって、脳と心のどちらが直接的かと考えれば、それは言うまでもなく心であって、「脳がこういうはたらきをしているから」というのは、それに対するたんなる説明にすぎない。つまり、私たちは自分の心の動きは経験するけれども、自分の脳のはたらきを経験することはできない。だが科学者にとっては、被験者の脳のはたらきは観察することができるが、心の動きは観察することができない。還元主義の主張は、当人の心の動きの直接的な経験を、大脳生理学者による脳の観察という間接的な手段で置き換えることができるかのように考える点で、倒錯しているのである。

むしろ、私たちが還元主義的な発想を何の疑いもなく受け入れてしまうことが、自己喪失とつながっているのではないかと考える発想が必要になるだろう。

プロティノスの時代には、私たちが漠然と想像する以上に、神経生理学が進んでいた。もちろん今日の大脳生理学のレベルに比肩するところには達していなかったが、少なくとも運動神経と感覚神経の区別ができる程度の知見はえられていた。プロティノスも、身体のメカニズムを考える際に、そのような科学的成果を考慮に入れていたことが読み取れる。だがそのような考慮と、心の根源を考えることとは、当然ながら、混同されることはなかったのである。

世界の肯定の意味

プロティノスと同時代の人々のなかには、「グノーシス（知・認識）によって、この世を脱して神の許の優れた世界に到達できる」とするグノーシス主義を奉じる者たちがいたが、彼らとの対決も、プロティノスにとって避けがたいことであった。彼らの見方では、この世界は劣悪な創造者が造った劣悪なものであるので、救いの境地は、この世界を離れることによってしか得られないことになる。このような見方に、彼は徹底的な批判を加えている。

プロティノスの見方によれば、この世界はイデアの秩序を受け継いだ魂に由来しているので、感覚される世界としては最善のものである。この見解が、プラトンの『ティマイオス』への共感とともにいだかれていることは疑いをいれない。だが、この世界があまりに魅力的であるために、かえって人間の魂は眩惑され、いろいろな事象に目を奪われて忙しく立ち働いてしまう。そのことによって、まさに自己を忘れるという事態が生じていると言うのである。

最初に見たように、それは自己の根源を見失っていることにほかならない。自己の根源に戻ろうとする方向性は、一見グノーシス派と共通しているように見えるが、彼らがこの世を離れてべつの世界に逃れていこうとするのとは対照的に、自己の根源は自己自身の内面にあると見るのがプロティノスの洞察である。外の世界に気をとられ過ぎて拡散した生から、自らの内面に向き直ることによって、自己の根源のほうへと向くことになるのである。

そのためには、この世界の美しさも重要な役割を果たすことになる。プラトンの『饗宴』（二一〇A以下）では、エロースの道の修練は美の経験を深化させることによって遂行され、美のイデアの観得で頂点に達することが描かれているが、プロティノスもまた、美しいものを見る経験が、その美の根源たるイデアに思いをはせるための推進力となることを語っている。もちろんこれは、美しいものを見たからといって自動的に起こることではない。具体的・個別的なものに気をとられている状態から、自己の根源の方向へと向かう方向転換があってはじめて可能になることである。

そのような方向転換は、プラトンが「魂の向け換え」（『国家』第七巻五一八D）と呼んだものと対応しているが、その原型は、プラトンの師と言えるソクラテス（前四六九〜前三九九）の議論に見ることができる。彼の論じ方は、具体的・個別的な問題、たとえば誰それが優れた市民であるかどうかといった問題から、優れているとはどういうことか（徳とは何であるか）という、根本的な問題に遡るものであった。その問題の探究は、さらに対話相手を自省へと向かわせることになるのが通例であったのである。

プロティノスにとって、具体的で多様な事象に目を奪われて、心が散漫になっているような状態からの回復は、そのような事象も含めたあらゆるものの根源が、外の世界にではなく内面にあるということの気づきから始まると言える。彼がこの世界は魅力的だと言うのは、それが私たちにとって落とし穴となる危険性の指摘であるが、それと同時に、その美しい罠にひっかかるのではなく、その美しさの根源があるということに発想を転換できるかが問題になる事態でもあるのである。

人間、この両面的なもの

プロティノスは、私たちの魂のあり方を両棲類にたとえて、人間が知性の世界と身体的・感覚的な世界の両方に属しているということをイメージ化している。もちろん水中に相当するのが感覚的世界で、空気のある陸上が知性的世界である。私たちは陸上に生きていると思っているが、視点を変えれば、本当の陸上はまだ先にある。ある意味では、これはプロティノス版「洞窟の比喩」とも言えよう。あるいは『パイドン』(一一〇A)に描かれる「真の大地」と重ね合わせることができるたとえである。

私たちは、感覚世界にどっぷりと浸かっていると、知性の世界があるということを忘れてしまう、あるいは、そんな世界などどうでもよくなってしまう。もちろん、それでも生きていくことだけならできるのである。魂を両棲類にたとえる比喩は、しかし人間の本来のあり方は本来そういうものであったのだろうかという反省をうながし、自らの内なる知性の存在に気づかせる効能を持っている。

だが現代においては、知性は科学と結びつけられてしまい、知性的な営みそのものがプロティノス的な世界観を否定しているように思われる。しかし、科学と科学主義とは注意深く区別されなければならない。ここで科学主義と言うのは、たとえば問題を最終的に解決するのは科学であるというようなかたちで、科学を信奉する立場のことである。そのような科学主義の立場からは、プロティノスのような「根源」の捉え方は、少なくとも科学的ではないとして否定されるであろう。しかし科学の立場では、プロティノスが提起している問題は、たんに科学の問題ではないというだけであって、だからこそ、科学によって否定されることもない。科学的に反証されたり証明されたりするのは、科学の領域に属する主張だけなのである。

私たちが、身体的な領域は科学者にまかせようという気になっても、それほど問題は生じないかもしれない。身体を客観的に見ようとすれば、現代ではさまざまな科学的手段がある。しかし、心あるいは魂の領域については、自然科学は考慮すべきいろいろな条件をあたえてくれることはあっても、直接踏み込むことはできない。あるいは、プロティノスが重視した美や善などの価値の問題についても、自然科学は関与することを避けるようになっている。

人間の内面と価値の問題にこそ、現代の私たちが、プロティノスの人間の捉え方を自分の問題として受けとめるべき領域がある。そこに、失われた自己をとり戻す第一歩があるということができるであろう。

（大阪府立大学教授）

凡例

本書は、中公バックス〈世界の名著〉13『プロティノス　ポルピュリオス　プロクロス』所収の、ポルピュリオス「プロティノスの一生と彼の著作の順序について」（プロティノス伝）、プロティノス「エネアデス」11編、およびその他の要約をもとに『エネアデス（抄）Ⅰ・Ⅱ』として編集した。

一、ポルピュリオス「プロティノス伝」を収録した理由は、同書がもともと「エネアデス」序章ないし入門書として「エネアデス」の前につけて公刊されていたものであるからである。

一、訳出にあたり、訳文中の（　）内のことばは訳者の補足、〔　〕内は原著者のことばである。

一、要約（Ⅱに収録）はプロティノスの執筆順に並べた。

エネアデス（抄）Ⅰ

プロティノスの一生と彼の著作の順序について

（プロティノス伝）

ポルピュリオス
水地宗明　訳

通例『プロティノス伝』と略称される本篇は、一種の解説文として、ポルピュリオスが編纂した『エネアデス』の巻頭に付されたものであり、プロティノスの生涯や人がら、著作の性質などを知る上に必須の文献であるのみならず、西洋古代の哲学者の伝記としては最高の作品であり、当時の思想界の状況を伝える重要な史料ともなっている。原文はむろんギリシア語で、プロティノス没後約三十年（西暦三〇一年）、著者ポルピュリオスが六十八歳のころに書かれたものと見られている（『伝』23と六四ページ（3）を参照）。全体を二十六章に区分することは、ほぼフィチーノのラテン訳以来の慣習である。各章の内容の概略は次のとおりである。

1　肉体的なものへの軽蔑。肖像画の完成。
2　病気、転地、逝去、生没年。
3　ローマへ行くまでのプロティノスの経歴。初期の授業の様子。アメリオスの弟子入り。
4　ポルピュリオスの入門。第一期の著作、二十一篇。
5　第二期の著作、二十四篇。
6　第三期の著作、九篇。各期の比較。
7　弟子たち。
8　視力の弱さ。著述の様子。自己への没入。
9　女性の傾倒者。多数の子女を預かる。彼の柔和さ。争いの調停者としての彼。
10　プロティノスに対する魔法的攻撃。イシス神社における守護霊の顕現。プロティノス、神社参拝を拒否する。
11　他人の心や性質を見抜くプロティノスの洞察力。ポルピュリオスの自殺を阻止する。

12　ガリエヌス帝との関係。プラトン市建設の企て。
13　授業時のプロティノス。ことばの誤り。美しさ。質問に対して懇切であったこと。
14　プロティノスの文章。他学派の影響。数学その他の素養。授業のテキスト。授業のしかた。プロティノスのロンギノス評。オリゲネスの来訪。
15　ポルピュリオスの神秘的な詩を賞める。性に関するある問題で、ポルピュリオスの弁論家批判を賞賛する。アカデメイアとの交渉。占星術を吟味する。
16　プロティノスと彼の弟子たちのグノーシス派批判。
17　プロティノスがヌゥメニオスの思想を盗み取っているという世評に関して、アメリオスの書簡が引用される。
18　ポルピュリオスが当初プロティノスを理解できなかったこと。
19　ロンギノスのポルピュリオスあての手紙からの引用。
20　前章引用文のポルピュリオスによる解説。ロンギノスの著書からの引用。
21　前章引用文のポルピュリオスによる解説。
22　プロティノスの魂のゆくえについてのアポロンの神託。
23　この神託のポルピュリオスによる解説。
24　『エネアデス』編纂の方針。第一〜三集の配列。
25　第四〜五集の配列。
26　第六集の配列。ポルピュリオスによる注釈、内容目次、論旨要約について。

1

われわれの時代に現われた哲学者プロティノスは、自分が肉体をまとっていることを恥じている様子であった。そしてこのような気持ちから彼は、自分の先祖（種族）についても両親についても生国についても、語ることを肯《がえ》んじなかったのである。また彼は肖像画家や彫刻家の前に座ることをはなはだしく軽蔑していて、（あるときなど）アメリオスに向かって、後者が彼（プロティノス）の肖像画を描かせることの許可を求めたときに、こう言ったほどであった。「なるほど。自然がわれわれにまとわせた模像[1]（肉体）を背負っているだけではまだ足りないで、もっと長持ちのする模像の模像を、まるでそれが何か眺めるに値するものであるかのように、自分の後に残すことを私が承知すべきだと、君は言うわけなのだね」

このように彼が拒絶して、この目的のために座ることを承知しなかったので、そこでアメリオスは、その当時生存した画家たちのうちで第一人者であったカルテリオスという人を友人にもっていたので、この人を（プロティノスの）授業に出席させて――それというのも希望者はだれでも授業に通うことができたのである――長時間注視することによって、視覚から受ける印象をしだいにより鮮明なものとしていくことに慣れさせたのである。そしてそのあとで（カルテリオスが）

記憶に留められた映像に基づいて（プロティノスの）肖像を描き、アメリオスも手伝ってその画を似つかわしく修正して、かくしてカルテリオスの才能が、当のプロティノスの知らぬまに、彼にそっくりの肖像画[2]をでき上がらせたという次第であった。

（1）『エネアデス』VI 7,5によれば、肉体は魂の一種の模像である。

（2）この肖像画は残っていない。これに基づいて彫像が作られたことは可能であり、これまでにそのような彫像ではないかと推測されたものが一、二あるが、いずれも不確実である。

2

腸の病気[1]のために彼はしばしば苦しんだが、灌腸器を使用することも、このような治療に耐えることは老人（の尊厳）には似つかわしくない[2]と言って承知しなかったし、また獣薬[3]を服することも、自分は温順な動物の肉体から作られる食物ですら承認しないのだ[4]、と言って受け付けなかった。

また彼は入浴を避けて[5]、（その代わりに）毎日家でマッサージをさせていたが、悪疫が猛威を振るって、彼をマッサージしていた者たちが死んでしまってからは、そのような（身体の）世話も怠っていたところ、激しい（あるいは悪性の）喉頭炎[6]に徐々に冒されていった。

もっとも私が彼のもとにいた間は、そのような症状の気配はみじんも見えなかったのである。

しかし私が船で（シチリアへ）旅に出たあとで、[7] 病状が――後に立ち帰った私に、（プロティノスの）弟子で臨終の時まで彼のもとに留まった人でもあるエウストキオスが話してくれたところによると――非常に悪化した結果、喉を痛められて声の明瞭さも響きの良さもなくなり、目がかすみ、両手両足が潰瘍《かいよう》でおおわれた。[8]

そしてそのために友人（弟子）たちが彼に会うのを避けるようになったので――それというのも、彼は彼らすべてに接吻[9]によって挨拶する習慣であったからである――彼は市（ローマ）を離れてカンパニア[10]へ下り、彼の古くからの友人で、すでに亡くなっていたゼトスという人の屋敷[11]に住んだ。生活に必要な物資は、ゼトスの財産からも提供されたし、またミントゥルナエ[12]にあるカストリキオスという人の所有物からも運ばれた。ミントゥルナエに、カストリキオスは資産をもっていたのである。

さて彼がまさに逝去しようとして――エウストキオスがわれわれに語ったところによると――エウストキオスはプテオリ[13]に住んでいて、彼（プロティノス）のもとに到着するのが遅れたので、「君をまだ待っていたのだ」と彼は言って、それから「われわれの内にある神的なものを、万有の内なる神的なもののもとへ上昇（帰還）させるよう、今自分は努めているのだ[14]」と言い、一匹の蛇[15]が彼の横たわっていた寝台の下をくぐって壁にあいていた穴に姿を隠したときに、息を引き取った。エウストキオスによれば、享年六十六歳、クラウディウス帝の統治第二年目の終わるころ[16]（西暦二七〇年の早い時期）であった。

彼が没したとき、私ポルピュリオスは（シチリア島の）リリュバイオン[17]に滞在していたし、またアメリオスはシリアのアパメイアに、カストリキオスはローマにいたのである。（弟子たちのうち）居合わせたのはエウストキオスただ一人であった。

さてわれわれがクラウディウス帝の統治第二年から六十六年を逆算するならば、彼の出生の年はセウェルス帝の統治第十三年（二〇五〜二〇六年）に当たることがわかる。しかし彼は、だれに対しても自分が生まれた月も誕生日も打ち明けなかったのである。それというのも彼は、自分の誕生日にだれかが（神に）供物を供えたり宴会を催したりすることをも、善《よ》しとしなかったからである。

もっとも、プラトンとソクラテスの言い伝えられた誕生日[18]には、彼は供物を供え、弟子たちを饗応したのであるが。そしてそのときには、弟子たちのうちの有能な人々が、一同の前で論文を読み上げ（発表し）なければならなかったのである。

（1）写本の読みが二つあって、その一つ（コーリケー）は、結腸周辺の痛みを伴う病気を意味し、もう一つ（コイリアケー）は、あらゆる種類の腸病を意味しうる。底本は前者を採用したが、しかし後者が「あるいは正しい」と断わっている。古代の医書によると、獣薬および灌腸は、通例後者に対する処方である。なお、後者はハンセン病の一症状にも数えられていた。この腸の病気がポルピュリオスのローマ滞在中のことか、それ以後のことかについては、解釈が分かれる。

（2）「老人の身体には不向きである」と解する人もある。

（3）獣薬は、野獣（特にマムシの類か）を成分として含む薬。

（4）すでにピタゴラスが肉食をしなかったという伝説がある。

（5）ピタゴラス派的あるいは禁欲主義的立場から、温浴を排斥したのであろうか。古来温浴は快楽主義的で、人を柔弱にするというような考え方があった。一説（ハルダー）によると、公衆浴場の雰囲気を嫌っただけで、自宅ではマッサージの際に入浴したはずだという。

（6）古書によると、ハンセン病は時おり気道にも影響し、喉頭炎に類似の症状を呈することがあると言う。ポルピュリオスもそれを知っていて、簡略化のため、もしくはあいまいに記述するために「喉頭炎」という表現を用いたのではないか、という推測もある。

（7）ポルピュリオスの船出については11章参照。

（8）この病気はハンセン病だという説と、結核だという解釈とがある。

（9）相手の頰への接吻であろう。ただし、原文を直訳すると「口から挨拶する」で、「接吻」は解釈である。

（10）カンパニアは、ナポリなどを包含するイタリア南西部の一地方、気候温和である。

（11）ゼトスの屋敷については、7章（二五ページ）を参照。

（12）ミントゥルナエは、ラティウム南部の重要都市で、カンパニアに近い。7章の記述によると、ゼトスの屋敷はミントゥルナエから約九キロメートルばかり隔たっていた。

（13）プテオリは、ナポリの近くの町。現在のポッツオリ（Pozzuoli）。そこからプロティノスのもとまでは、一日近い行程であったろう。

(14) このプロティノスの臨終のことばは、二箇所で写本の読みが、それぞれ二通りに分かれている（われわれの内に——君たちの内に。神的なもの——神）。底本は最終的には「君たちの内の神を」という読み方を採用したが、本巻ではハルダーの意見に従った。

(15) この蛇はプロティノスの魂の化身と（エウストキオスによって）考えられたのだという解釈と、プロティノスの守護神の化身とする解釈とがある。

(16) ゾナラス『歴史摘要』XII 26によると、クラウディウス帝は二七〇年の早い時期に没した。『オクシリンクス・パピルス』IX 1200によると、次の皇帝アウレリアヌスが、この年の五月二十五日にはすでに帝位についていている。

(17) リリュバイオンは、現在のマルサラ（Marsala）。

(18) 伝承されたソクラテスの誕生日は、タルゲリオン月（現行太陽暦になおすと五月から六月にかかる月）の六日、プラトンのは、やはりタルゲリオン月の七日。

3

とはいうものの、われわれとの談笑の間に、彼が（自分の過去について）自分の方から語ってくれることもしばしばあって、それは（総合すると）次のような内容のものであった。

すでに読み書きの先生の所へ通っていて、八歳にもなるまで、彼は乳母のところへ出かけては、彼女の胸をひろげて乳房を吸うことを熱心に求めた。しかしあるときだれかが、あれはだめな子だと言うのを聞いて、恥じてやめた。

二十八歳のとき、哲学への愛に燃え立って、当時アレクサンドリアで名声のあった先生たちに紹介されたのだが、彼らの講義を聞いてから、(いつも)がっかりして悲しみに満ちて戻って来た。そして自分の悩みを友人のだれかに話したのであった。するとその友人は、彼の魂の要求をよく理解して、彼がまだ試していなかったアンモニオス①という人の所へ彼を連れて行った。彼ははいって行って(講義を)聞き、「この人だ、私の求めていたのは」と友人に言った。

そしてその日からずっとアンモニオスのもとに留まり、大いに哲学に熟達したので、ついにはペルシアで行なわれている哲学とインドで盛んな哲学にも接してみたいと希求するにいたった。そして皇帝ゴルディアヌス(三世)がペルシアに進攻しようとしていたとき、その軍隊に身を投じて、共に進み入った。年齢はすでに三十九歳であった。というのは、丸十一年間、アンモニオスのもとで留まって、共に研究したのだからである。

そしてゴルディアヌスがメソポタミアで殺されたとき(二四四年の二月か三月)彼は危ういところをやっとアンティオキアに逃れて助かった。②そしてフィリップスが帝位を得た(二四四年)あとで、四十歳のとき(二四四年)ローマに上《のぼ》った。

ところでエレンニオスとオリゲネス③とプロティノスとの間に、講義において明らかにされた

（師の）アンモニオスの思想を何ひとつ洩らさないことにしようという約束ができていたので、プロティノスも、彼のもとにやって来た人々の幾人かには授業をしたけれども、アンモニオスから学んだ教説は教えないで保持して、約束を守っていた。だがエレンニオスが最初に約束を破ったので、オリゲネスが先駆けしたエレンニオスに続いた。とはいえこの人は、『神霊《ダイモン》について』と、ガリエヌス帝の時代に『王だけが創造者であること』④という本を書いた以外には、何も書かなかった。

他方、プロティノスは、長期間何も書かずに過ごしたが、アンモニオスの講義に基づいて授業をするようになった。そしてこの状態で、まる十年間を過ごした。若干の人々に教えはしたが、何も書かなかったのである。

ところでその（当時の）授業は、アメリオスがわれわれに語ったところによると、彼（プロティノス）が聴講者たちに議論（質問）するようしむけたものだから、無秩序と多くの無駄話に満ちたものであった。

彼のもとにアメリオスがやって来たのは、彼がローマへ来て三年目の年、フィリップス帝の統治第三年（二四六〜二四七年）であった。そしてアメリオスはクラウディウス帝の統治第一年（二六八〜二六九年）まで、（足掛け）二十四年間引き続いて（プロティノスのもとに）留まった。彼はリュシマコス⑤の学校からやって来たとき、すでに力量を有しており、しかも労苦を愛する点では同時代の万人を凌駕していた。その一つの証拠は、彼がヌゥメニオスのほとんどすべての著書を、書き写しもし、蒐集（編集？）もし、さらにその大部分をほとんど暗記していたという事実である。また彼は（プロティノスの）授業のノートをとって、それを百巻ばかりの書物に編集した。そしてこれを、自分が養子としたアパメイアの人ホスティリアノス・ヘシュキオスに贈与したのである。[6]

（1）哲学者アンモニオスについては、史料は乏しい。独創的な哲学者として評価されていたようである。中公バックス版『世界の名著』13の「解説」三四ページ以下を参照。

（2）ゴルディアヌス三世（当時十九歳くらい）は、部下のフィリップスらの策謀によって、メソポタミアのザイタという町で暗殺された。プロティノスは皇帝がわの人とつながりがあって、反乱軍に狙われたのであろうか。

（3）エレンニオスとオリゲネスは、アンモニウスの高弟であったらしい。中公バックス版『世界の名著』13の「解説」四〇ページを参照。このオリゲネスは、キリスト教神学者のオリゲネス（この人も一時アンモニオスの弟子であったらしい）とは別人である。

（4）「王」は（プラトン『第二書簡』の用法に従って）最高の神を、「創造者」はこの世界の創造者をさすのであろう。ただし、原文は「帝王のみが（真の）詩人であること」とも訳せるので、そのように理解する人もある。

（5）リュシマコスは、20章（五二ページ）に名前の出てくるストア哲学者であろう。それ以外のことは不明。

（6）ヌゥメニオスはプロティノスに先行するプラトン解釈者。中公バックス版『世界の名著』13の「解説」七二ページを参照。

4

さてガリエヌス帝の統治第十年（二六三年）に、私ポルピュリオスがギリシアからロドスの人アントニオスと共に（ローマへ）到着したとき、アメリオスはプロティノスの弟子となって十八年目であり、（授業の）ノートのほかには、まだあえて何も書かず、ノートの分量もまだ百巻に達していなかった。またプロティノスは、ガリエヌス帝の統治第十年には、およそ五十九歳であった。私ポルピュリオスは初めてプロティノスと交わったのだが、そのとき、私自身は三十歳であった。

ところが（これより先）ガリエヌス帝の統治第一年①（二五三〜二五四年）から、プロティノスは勧められて、折々の題材について著述を始めていて、私ポルピュリオスが初めて彼に知られたときには、二十一篇の論文を書き終えていることがわかった。そしてこれらの著作は、少数の人々にしか貸し与えられ（転写を許され）ないことを、私は知った。というのは、当時はまだ発行（転写の許可）は容易でもなく、一般に公開される形で行なわれたのでもなく、また簡単にきわめて安易に行なわれたのでもなくて、受け取る人々を十分に吟味した上で行なわれたのである。

さて当時すでに書かれていた論文は次のものであったが、ただし彼自身はそれぞれの論文に表題をつけなかったものだから、（転写した人たちが）各人各様の表題を付したのであった。という事情で、次にかかげるのは、（そのうちで）最も優勢となった表題なのである。なお、提示された論文のそれぞれが容易に認知されるように、各論文の始め（の数語）を書き添えておこう。[2]

1　美について　（I 6）
　その始めは「美は最も普通には視覚において存在し」
2　魂の不死について　（IV 7）
3　運命について　（III 1）
4　魂の本質について　（IV 2）
5　英知とイデアと有について　（V 9）
6　魂の肉体への下降について　（IV 8）
7　いかにして第一者から第一者の後の者たちが生じたか、および一なる者について　（V 4）
8　すべての魂が一つであるかどうか　（IV 9）
9　善なる者、あるいは一なる者について　（VI 9）
10　三つの始元的（原理的）存在について　（V 1）
11　第一者の後のものたちの生成と順位について　（V 2）

12　二つの素材について　（II 4）
13　雑考　（III 9）
14　（天の）円周運動について　（II 2）
15　われわれを割り当てられた守護霊について　（III 4）
16　理性的な自殺について　（I 9）
17　質について　（II 6）
18　個物にもイデアがあるか　（V 7）
19　徳について　（I 2）
20　問答法について　（I 3）
21　いかなる意味において魂は不可分の実有と可分的実有との中間者であると言われるのであるか　（IV 1）

以上二十一篇は、（私）ポルピュリオスが初めて彼のもとに至ったとき、すでに書かれていたものである。そのときプロティノスは五十九歳であった。

（1）厳密に言うと、ガリエヌス統治第一年は二五三年九月から翌年へかけての一年間である。もっとも、ポルピュリオスが、暦年としての二五三年（一月〜十二月）を統治第一年と呼んでいることも不可能ではない。ただし5章では、統治第十年を厳密に理解している。ガリエヌスは二五三年九月に父ウァレリアヌスと共に皇帝となる。二六〇年、父がペルシア軍に捕えられてからは単独統治。

（2）今日ではこの用心は不要なので、本巻では、最初の一例を除いて、この付記部分を省略し、その代わりに『エネアデス』内での順位を示す数字を（　）内に付記した。

5

さて私はこの年と引き続いて次の五年間彼のもとにいたのであるが——というのは（ガリエヌス帝の統治）第十年が始まる少し以前に、[1]（私）ポルピュリオスはローマに到着していたのである。プロティノスはそのとき授業は夏休みにしていたが、別の形で（弟子たちとの）交わりに参加していた——その六年間の授業において多くの研究が行なわれて、アメリオスと私が彼に書くように懇請したので、彼が書いたのが、

22・23　なぜ有るものは、同一のものが全体として、あらゆる所に存在するか、ということについて、二篇　（VI 4〜5）

さらに引き続いて、他の二篇を書く。その一つが、

24　有るもののかなたのものは思考しないこと、および第一義的に思考するものは何か、および第二義的に思考するものは何か　（V 6）

他が、

25　可能態と現実態について　（II 5）
（さらに次のものを書いた。）
26　非物体的なものの非受動性について　（III 6）
27　魂について、第一篇　（IV 3）
28　魂について、第二篇　（IV 4）
29　魂について、第三篇、あるいは、いかにしてわれわれは見るか　（IV 5）
30　観照について　（III 8）
31　英知的な美について　（V 8）
32　英知について、および英知の外部には英知対象は存在しないということ、および善なる者について　（V 5）
33　グノーシス派に対して　（II 9）
34　数について　（VI 6）
35　なぜ遠くから見られたものは小さく見えるか　（II 8）
36　幸福は時間の長さに依存するか　（I 5）
37　通全融合②について　（II 7）
38　いかにしてイデアの群が成立したか、および善なるものについて　（VI 7）

39　自由意志について　（VI 8）
40　世界について　（II 1）
41　感覚と記憶について　（IV 6）
42　有るものの類について、第一篇　（VI 1）
43　有るものの類について、第二篇　（VI 2）
44　有るものの類について、第三篇　（VI 3）
45　永遠と時間について　（III 7）

以上二十四篇は、私ポルピュリオスが彼のもとに留まっていた六年間に――私が各篇の要約[3]から明らかにしたように、折々の問題から題材を取って――彼が書いたものであるが、私の滞在以前の二十一篇と合わせると、全部で四十五篇となる。

（1）4章初めの記述を訂正したことになる。一八ページ（1）のごとく、統治第十年は九月から始まる。ポルピュリオスのローマ入りは八月ごろか。
（2）通全融合は、ストア哲学の用語で、二種の物質が相互に完全に透入し合うこと。
（3）26章参照。この「要約」は現存しない。

6

さて私がシチリアで日を送っていたときに――というのは、ガリエヌス帝の統治第十五年（二六七～二六八年）のころに私はかの地に下ったのである[1]――プロティノスは次の五篇を書いて私に送った。

46　幸福について　（I 4）
47　神のはからいについて、第一篇　（III 2）
48　神のはからいについて、第二篇　（III 3）
49　認識する存在とその彼方のものについて　（V 3）
50　愛（エロス）について　（III 5）

以上はクラウディウス帝の統治第一年[2]（二六八～二六九年）に彼が送ってきたものであるが、さらに第二年の初め（二六九年）に――その少し後で彼は亡くなったわけであるが――次のものを送って来た。

51　悪とは何か　（I 8）
52　星は作用するか　（II 3）
53　生命あるものとは何か　（I 1）

54　幸福について　（I 7）

これらを第一群および第二群の四十五篇と合算すると、五十四篇となる。

ところで、このうちのあるものは初期に、あるものは彼が成熟したときに、またあるものは肉体がうちひしがれているときに書かれたのであるように、（それに対応して）力量の点でもこれらの論文はすべて等しいわけではない。というのは、最初の二十一篇は比較的弱い力量の所産であって、迫力を感じさせるに十分なだけの規模をまだ有していないのだが、中期に発表されたものは、彼の力量の極みを示していて、この二十四篇は、わずかの例外はあるが、最も完成したものである。けれども最後の九篇は、すでに力が衰えてから書かれたものである。しかも最後の四篇の方が、前の五篇よりも、いっそうその気味がある。[3]

（1）11章（三三ページ）参照。
（2）クラウディウス帝は二六八年の三月から八月の間に帝位についた。
（3）このポルピュリオスの評価では、中期の著作に力量の頂点が示されるというが、ポルピュリオスの一種のナルシシズムと見なす研究者が少なくない。中公バックス版『世界の名著』13の「解説」四一ページを参照。

7

彼の聴講者はもっと多数であったが、傾倒者で哲学ゆえに彼と結合した（師弟の交わりを結んだ）のは、まず（イタリアの）トスカナ出身のアメリオス（Amelios）で、その姓はゲンティリアノスであった。しかし彼①（プロティノス）自身は、むしろ（lの代わりに）rを使ってアメリオス（Amerios）と彼を呼ぶことを好んだが、その理由は、〝不注意〟（ameleia）よりも〝不可分性②〟（amereia）にちなんだ名前の方が、彼には似つかわしいからであった。

それから（パレスチナの）スキュトポリスの人で医術に通じたパウリノス。この人をアメリオスはミッカロス③と呼んでいた。しょっちゅう見当違いの解釈をする人であった。

さらにまたアレクサンドリアの人エウストキオス。この人もやはり医者で、（プロティノスの）晩年に彼に知られて、臨終まで看取《みと》り続けたのであり、プロティノスの思想を研究するだけで真正の哲学者の風格（力量）を身につけた人であった。

それからまた、批評家で詩人のゾティコスも彼と交わった。この人はアンティマコス④の（詩の）本文の校訂もしたし、それからアトランティス物語⑤を詩に改作したが、実にみごとな詩であった。だが目が見えなくなり、プロティノスが死ぬ少し前に亡くなった。またパウリノスもプロティノスに先立って死んだのである。

またアラビア人のゼトスも彼の友人（弟子）であった。これは、アンモニオスの友人（弟子）であったテオドシオスの娘と結婚した人である。この人も医術に通じていた。そしてプロティノスにたいそう愛された。政治家であって、政治家的生活を偏好していた彼を、プロティノスは引き戻そうと努めた。プロティノスはこの人と親しくしていて、ミントゥルナエから六マイル[6]ばかり手前にある田舎の屋敷まで彼を訪ねて出かけたりもした。

この屋敷は以前にはカストリキオス――姓はフィルモス――が所有していたものであった。この人は、われわれの同時代人のうちで最も美を愛好した人であった。そしてプロティノスを崇拝し、アメリオスにはまるで忠実な召使いのように、よろずに奉仕した。また私ポルピュリオスに対して、まるでほんとうの兄弟であるかのように、何事につけても心遣いをしてくれたのであった。そしてこの人もまた政治家の生活を選択した人であったが、プロティノスを崇敬したのである。

少なからぬ元老院議員もまた彼の講義を聴講したが、彼らのうちで最も哲学に熱心であったのは、マルケロス・オロンティオスとサビニロスであった。そのほかにロガンティアノスもまた元老院の議員であったが、この人はこの世の生活に背を向けるという点で、これほどまでに上達していたのである。すなわち彼は、全財産を放棄し、すべての召使いを解雇し、そのうえ官職まで抛《なげう》った。そして法務官《プラエトル》として出仕する時刻になって、すでに先駆役人《リクトル》たちも来ていたときに出て行くこともせず、その職務のことを気にかけもしなかった。そればかりか自分の家に住むことすら望まないで、友人知人のだれかれを訪ねて、そこで食事もし眠りもした。ただし彼は一日おきにしか食事をとらなかったのである。

そして実に、生活からのこのような離反と無関心の結果、元来彼は椅子に座ったまま運ばれねばならぬほどに足の痛風で苦しんでいたのが回復し、また両手をのばすこともできなかったのが、手仕事をする職人たち以上に、やすやすと手を用いることができるようになった。プロティノスはこの人（の努力）を買って、極めて高く称賛し、立派な手本として哲学する人々に示すのが常であった。

またアレクサンドリアの人セラピオンもいた。最初は弁論家であって、その後、哲学の理論も勉強した人であるが、財産と利殖（金貸し）にまつわる悪徳を捨て去ることができなかった。

それから私テュロス出身のポルピュリオスもまた、彼の最も親しい弟子の一人であった。そしてこの私に、自分の著作物を校訂する仕事を、彼は依頼したのでもあった。

（1）この「彼」を「アメリオス自身」と解釈する人もある。

（2）プラトンやプロティノスの哲学では不可分性が尊重される。それに引っ掛けて、アメリオスの勤勉さや、志向の一定していることから、「不可分的な人」と呼ばれるにふさわしい、と考えられたのであろう。

（3）「ミッカロス」は「小さい」（ミクロス）という語に関係があるらしい。「パウリノス」も「小さい」（パウロス）という語に関係がある。しかし、なぜミッカロスと呼んだのかは不明。
（4）アンティマコスは、前五〇〇年ころの詩人で学者。プラトンがこの人の詩を好んだという伝説がある。
（5）アトランティス物語は、プラトンの『クリティアス』にある物語のことか。
（6）一ローマ・マイルは約一五〇〇メートル。この屋敷でプロティノスは亡くなった。

8

それというのも彼は、書いたものを二度と見直すことを決してしようとしなかった、いや一度ですら通読しようとしなかったのであるが、それは彼の視力が読むためには役立たなかったからである。また書くときに彼は、文字をきれいに形作りもしなかったし、綴《つづ》りをはっきりと分けもしなかったし、正書法を気にかけもしないで、ただ意味だけに注意をはらった。そして、これはわれわれみんなが感嘆したことであるが、その調子で最後まで[1]書き通したのである。

　というのは、彼は考察を最初から最後まで自分の心中で完成させておいた上で、そこではじめて考察したことを文字に置き換えるといったぐあいに、魂の中に貯えておいたものを書き連ねて行ったのであって、そのありさまはまるで、他の書物から転写しているかとばかり疑われるほどであった。

その証拠に彼は、だれかと対話して談話を続けている間でも、自分の問題を離れることはなかったのであって、談話に必要なやりとりは十分におこないながら、考察されていることがらについての思考を中断することなく保持するというぐあいであった。とにかく、対話の相手が帰ると、彼はそれまでに書かれていた部分を読み返しもしないで――すでに言ったように、読むには視力が不十分であったのだから――残りの部分を書き継いで行ったのであり、そのありさまは、まるで談話をした途中の時間が全然介在しなかったかのようであった。

このように彼は、他人に応接すると同時に自己にも応接していたのである。そしてこの自己自身に対する注視を、睡眠中以外には決して弛《ゆる》めなかったようである。そしてその睡眠も、食事の少量なことと――というのは、彼はパンすらとらないこともしばしばであったようである――自己の内なる英知への不断の没入のために、短かったようである。

(1)「最後まで」を「死ぬまで」と解する人が多いが、「書き出した一つの著作を最後まで(読みなおさないで)」とも解しうる。

9

また女性で彼に非常に傾倒する人たちもいた。ゲミナ――彼はこの婦人の家に住んでいたのでもあるが――と彼女の娘で母と同名のゲミナ、それからイアムブリコスの息子のアリストンの妻となったアムピクレイアで、この女性たちは哲学に非常に傾倒していた。

また家柄のきわめて高貴な多数の紳士淑女が、死の近づいたとき自分の子供を連れてきて――男の子も女の子もあったが――、その他の財産と共に、あたかも神聖にして神のごとき保護者に委ねるつもりで、彼に託したのである。そのために彼の家は、少年少女たちで一杯であった。そのうちの一人がポタモンであって、この子の教育に彼は心を煩わして、この子が何か一つのことを何度もくり返すときでも聞いてやったのである。[1]

彼はまたこれらの子女の使用人たちが報告する収支勘定を辛抱強く聞いたし、それが正確なものとなるように配慮するのが常であったが、その理由は彼の言うところによると、まだ哲学していない間は、彼ら（子女たち）は財産と収入を手つかずに安全にもっていなければならないからであった。

そしてこれだけの人々のために生活上の配慮と関心を煩わせながら、それでも彼は（自己の）英知に対する注目を、目覚めているかぎりは決して弛めなかったようである。

また彼は柔和でもあったし、彼と何らかの交わりを結んだすべての人々に対して献身的でもあった。だからこそ二十六年間引き続きローマに留まって、きわめて多数の人々のために相互の争いの仲裁役を務めながら、ただ一人の政治家をも敵にまわしたことはなかったのである。

(1) この部分、原文の意味があいまいである。原文を少し改めて「詩を作ったときにも」と解釈する人たちもある。また原文のままで「九九の表をくり返しているときにも」と解釈してはどうか、という人もある。

10

自称哲学者たちの一人にアレクサンドリア出身のオリュンピオスという、僅かの間アンモニオスの弟子であった者が、第一位を占めたい競争心から、彼（プロティノス）に対して軽蔑的な態度をとっていた。またこの男が彼を攻撃する悪辣《あくらつ》さは非常なもので、魔術を用いて星からの有害な力が彼をおそうように企てたほどであった。ところがその企て（力）が反転して自分自身に向かってくることに気づいたので、友人たちに向かってこう言った。プロティノスの魂の力は偉大であって、自分に向けられた攻撃力を逆に害しようと企てている者に向かって打ち返すことができるほどであると。事実プロティノスの方でもオリュンピオスの攻撃を知覚したのである。そしてこう言った。そのとき彼①（プロティノス）の身体は、肢体が互いに押し合いへし合いして、ぎゅっと口を引きしめられた巾着②（金入れ袋）同然に痙攣《けいれん》したのであると。他方オリュンピオスは、プロティノスを害するよりは、むしろ自分自身が害を受ける危険にたびたびおちいったので、その企てを中止した。

これもプロティノスという人が、まさに天性において、余人にはない何かをもっていたからなのである。(3) それというのも、エジプト人のある神官がローマに上って来て、ある友人を介して彼と近づきになったのだが、この人が自分の知恵《ソピア》の証拠を見せたいと思って、彼（プロティノス）に付き添う守護霊《ダイモン》を呼び出すから見に来るようにと、プロティノスに請うた。彼が喜んで応じたので、呼び出しはイシス神社(4)で行なわれた。というのは、ローマ中でかの場所だけが清浄なことを見出したと、そのエジプト人が言ったからである。

さて守護霊が示現するよう呼ばれたとき、守護霊の類には属さない神が出現した。そこでエジプト人は「あなたはしあわせな方だ。神を守護霊としてもち、下級の類のものには付き添われていないのだから」と言った。

しかし顕現はしたものの、何かを問うことも、それ以上目の当たりに眺めることもできなかった。というのは、いっしょに見学していた友人が、お守り用に持っていたニワトリ(5)を、妬みのためか、はたまた一種の恐怖心のためか、絞殺してしまったのである。

ともあれこのように彼は、より神的な霊《ダイモン》を同道者としてもっていたので、彼自身も自己の神的な眼差しをつねにその霊の方へ向け続けたのであった。

そしてまたこのような事件が原因となって、『われわれを割り当てられた守護霊について』という著作が彼によって書かれたしだいでもある。この中で彼は、われわれの同道者の差異について理由を示そうと試みている。

またアメリオスは奉献好きであって、新月日[6]の神社詣でと祭礼参りとを欠かさなかったのであるが、あるときプロティノスをいっしょに連れて行こうとして誘ったところ、彼は「彼ら（神々）こそ私のところへ来るべきで、私が彼らのもとに行くべきではない」と言った。どのような考えから彼がこうも大言したのか、われわれ自身は理解できなかったし、あえて彼に問いただす勇気もなかったのである。

（1）この「彼」を「オリュンピオス」と解釈する人もある。

（2）プラトン『饗宴』190eにある表現。

（3）『エネアデス』IV 4, 43に、精神の高貴な人は、魔術の力をはね返すことができるという意味のことが、述べられている。

（4）イシスは、エジプト起源の女神。ローマには、いくつかのイシス神社があった。一説によると、本文のイシス神社は、カンプス・マルティウスにあったそれ。

（5）このニワトリは複数。一説によると、オンドリは闇と霊とを退散させる力をもつので、悪霊に攻撃されない用心のために持参されたが、神聖な鳥なので、これを殺したことによって神は去った。別の説によると、トリを殺すと汚れが生じて霊は退散するので、退散させたいときに殺す目的で持参したトリを友人が尚早の時機に殺してしまったのだという。

（6）新月日は、（陰暦における）毎月一日で、祭日。古説によると、この日は太陽と月が出会うので、アポロン神に神聖な日。

11

また、人の性格を見抜く彼の力の並みはずれていたことは、次のごとく非常なものであった。あるときキオネといって、子供づれで彼と同居し、立派に寡婦としての生活を送っていた婦人の高価な首飾りが盗まれたことがあった。そして召使い（奴隷）たちがプロティノスの面前に集められたとき、彼は全員の顔をじっと見てから、ある一人を指さして「盗んだのはこの男だ」と言った。そこでかの男はむち打たれて、それでもまだ最初は否認していたのだが、ついに白状して、盗んだ品物を持って来て返した。

また彼は同居している子供たちのひとりひとりについても、将来どのような人間になるかを、予言することができた。例えばポレモンについても、どんな者になるか——すなわち、恋愛好きで短命であることを——予言したが、実際そのとおりになった。

またあるとき私ポルピュリオスが、この生から逃れよう（自殺しよう）と考えていたのを、彼が感知して、家にいた私の前に突然現われて、その逸《はや》り気《ぎ》は英知的状態からではなく、一種の気鬱病《メランコリケー》から来たものであると言って、転地するよう勧めた。そこで私は彼のことばに従って、シチリアにおもむいた。有名なプロボスという人が、リリュバイオンのあたりにいると聞いたからである。そしてその結果、私自身はそのような逸り気から免れたが、同時に臨終までプロティノスのもとに留まることを妨げられたのである。

（1）この「家」は、ポルピュリオスの住んでいた家か、プロティノスの家か、あいまいで、解釈が分かれている。

12

さて皇帝ガリエヌスとその妻サロニナは、プロティノスをきわめて尊敬し、崇拝した。そこで彼は、彼らの友情にすがって、カンパニアにあったと言われるが壊滅してしまっている哲学者たちのある都市[1]を再建するよう要請した。そして建設された暁には、その都市に周辺の地域を恵与し、住民はプラトンの法制[2]を採用することとし、その都市の名称もプラトン市（プラトーノポリス）と定めるべきことを請うた。また彼自身も弟子たちを引き連れて、その都市に移住すると約束したのである。

そしてわれらが哲学者のこの願望は、もし皇帝の側近の幾人かが、妬みか邪推かあるいはその他の卑劣な動機から、妨害しなかったならば、きわめて容易に実現したことであったろうに。

（1）カンパニアに以前哲学者の町が存在した形跡はない。「哲学者たちの」という語を削除すべきだと言う人や、「哲学者たちのために都市を再建する」と解釈する人がある。

（2）プラトンの『法律』に述べられた法制をさすのであろうと、一般に考えられている。

13

さて授業においては、彼は話すことに堪能であったし、適切なもの（問題の核心）を発見し理解する力は比類なくすぐれていたが、ことばづかいではいくつか誤りを犯した。例えば「アナミムネースケタイ」（彼は思い出す）と言わないで、「アナムネーミスケタイ」とか、その他いくつかのまちがったことばを口にしたし、書くときにもそのままで通した。

また語るときには英知が彼の表情にまで表われて、その光で（顔を）照らした。ふだんから、見て魅力的であったが、そのときはとりわけ美しく見えた。うっすらと汗がにじんで、柔和さが（顔）一面に輝きわたった。

そして質問には親切で、しかも倦むことがなかった。例えば、私ポルピュリオスが三日間にわたって、どのようにして魂は肉体と結合しているのかと質問したときにも、彼は説明を続け、途中でタウマシオスという名前の人がはいって来て一般的な講義を要求し、自分は本になるような話を聞きたい、ポルピュリオスとの質疑応答には辛抱できないと言ったとき、彼はこう答えたのであった。「だがね、ポルピュリオスの質問している難点を解決しないかぎり、われわれは本になるようなことをおよそ何一つ言うことができないだろうね」と。

14

また書くこと（文章）においては彼は、簡潔で含蓄に富み、手短でことば数よりも思想の豊富な人であった。たいていは霊感を受けた状態で情熱的に述べ、伝統に従うよりも自分の感じたままを説いた。①

しかし彼の著作の中には、ストアの教説もペリパトスのそれも、目立たぬ形で混入している。またアリストテレスの著書『形而上学』もその中に圧縮されているのである。

また幾何学のいわゆる定理も算数のそれも、機械学的、光学的、音楽的定理にしても、彼の通じていないものはなかった。しかし自分でこれらを（独自に）研究するほどの素養はなかった。

授業では（プラトンやアリストテレスの著書への）注釈書が（だれかによって）彼の前で読まれた。セヴェロス②の、クロニオスの、ヌゥメニオスの、ガイオスの、アッティコスの、またペリパトス派からはアスパシオスの、アレクサンドロスの、アドラストスの、その他手当り次第のものが読まれた。しかしこれらの書物にあることは何ひとつそのまま（彼によって）言われはしなかった。彼は考察において独特で風変りであって、（師の）アンモニオスの精神を体して研究したのである。（読み上げられた内容を）彼は速やかに理解した。そして深遠な理論の意味を短いことばで説明して、席を立った。

またロンギノス[3]の著書『始元について』と『古代愛好論』が彼の前で読み上げられたとき、「ロンギノスはたしかに愛言者（文献学者）ではあるが、決して愛知者（哲学者）ではない」と彼は評した。

またあるとき（突然）授業の場へオリゲネス[4]が訪ねて来たら、彼はまっかになって席を立とうとしたが、話を続けるようオリゲネスに勧められて、「自分が話そうと思っていることがらが、相手の知っていることだとわかったばあい、話し手の気持ちはしりごみするものだ」と彼は答えた。そして少しの間議論しただけで、席を立って出た。

（1）「伝統に」以下、原文に損傷があるらしく、意味が定かでない。

（2）セヴェロスは、多分二世紀のプラトニスト。

クロニオスは、ヌゥメニオスの弟子。プラトンの『国家』の注釈を書いたことがわかっている。

ヌゥメニオスは、およそ二世紀後半の人。3章および17章を参照。

ガイオスは、およそ二世紀後半の人。

アッティコスは、だいたい二世紀後半のプラトニスト。反アリストテレス的傾向が強かった。

アスパシオスは、だいたい二世紀前半の人。アリストテレスの注釈書を書いた。

アレクサンドロスは、二〇〇年ころの人で、アフロディシアスという町の出身者。古代におけるアリストテレス注釈家のうちで最もすぐれた人であったと、一般に認められている。著書のいくつかが現存する。

アドラストスは、二世紀初めころの人。ペリパトス派だが、プラトンの『ティマイオス』の注釈も書いた。
(3) ロンギノスはポルピュリオスのアテナイにおける学師。中公バックス版『世界の名著』13の「解説」四六ページを参照。
(4) オリゲネスは、3章で名前のあげられた、プロティノスと同門の哲学者。

15

私がプラトン祭[1]で『聖なる結婚[2]』と題する詩を朗読して、(その詩の中に)秘教的に、神がかり状態で、寓意を含んで語られたことがたくさんあったので、だれかが「ポルピュリオスは精神を病んだのだ」と言ったとき、彼(プロティノス)はみんなに聞こえるほどの声で、こう言った。

「君は自分が同時に詩人でも哲学者でも秘教解義者でもあることを示した」と。

また弁論家ディオパネスがプラトンの『饗宴[3]』に登場するアルキビアデスのための弁明演説を読み上げて、徳を学ぶためには、性的交渉[4]を求める師には自分を提供しなければならないと主張したとき、彼はたびたび立ち上がって集会から飛び出そうとしたが、自分を抑制して、聴衆の解散後に、私ポルピュリオスに反論を書くよう命じた。

しかしディオパネスが原稿を私に貸すのを拒んだので、私は彼の論旨を記憶で再構成して反駁書を草し、集まった同じ聴衆の前でそれを読み上げたところ、たいそうプロティノスを喜ばせて、その集まり（私の発表）の間にも、彼はたえずこう付け加えた（評した）ほどであった。

そう、そのように射倒すのだ、

君が人々の光となろうとするならば。[5]

プラトン継承者[6]のエウブウロスがアテナイから、プラトン（の教説）に関するいくつかの問題について論文を書いて送って来たとき、彼はこれを私ポルピュリオスに与えさせて、これを吟味し、報告書を彼のもとに出すよう命じた。

また彼は天体運行の規則に関心を寄せていたが、特に数学的（天文学的）にというわけではなく、むしろ日月星辰の及ぼす作用についての占星術家たちの説を、より精密に吟味した。そして（占星術の威力についての）彼らの公言の根拠のなさを摘発して、著作のなかでも、[7]それをしばしば批判することを、あえて辞さなかった。

（1）プラトン祭は、2章の終わりで言及された、プラトンの誕生日を祝う会、たぶん五月ごろ。
（2）内容は不明だが、一般にゼウスとヘラや、天と地などの神々どうしの結婚が、「聖なる結婚」と呼ばれることがある。「秘教解義者」は元来エレウシスの秘儀を司る神官。
（3）『饗宴』217a 以下に語られているアルキビアデスのソクラテスに対する態度。
（4）男性間の同性愛が念頭におかれている。

（5）ホメロス『イリアス』第八巻282行で、アガメムノンがテウクロスを激励したことば。ただしホメロスでは「人々」が「ダナオイ人」と書かれている。

（6）プラトン継承者とは、アテナイのアカデメイア学園の学頭をいう。

（7）テキストはキルヒホッフやハルダーに従う。プロティノスの占星術への批判は、『エネアデス』II 3；III 1,5；III 2；III 3などにある。

16

彼の時代に多数のキリスト者が現われたが、その中に、古代哲学から流れを引くアデルピオスとアキュリノスの一派があった。[1] 彼らはリビアの人アレクサンドロス、ピロコモス、デモストラトスおよびリュドス[2]の著書をきわめて多数所有しており、またゾロアスター[3]、ゾストリアノス[4]、ニコテオス[5]、アッロゲネス[6]、メッソス[7]その他そのような者たちの黙示録なるものを誇示し、そしてプラトンは英知的実有の深奥にまでは到達しなかったと説いて、己れ自らも欺かれつつ、多数の人々を欺いていたのである。

それゆえまず彼（プロティノス）自身が授業中に数多くの反論を行ない、また『グノーシス派に対して』という表題をわれわれが与えたところの論文を書きもした上で、その余の点の批判はわれわれ（弟子たち）に委ねた。そこでアメリオスは、ゾストリアノスの著書に反駁を加えながら、四十篇に及ぶ著述をした。また私ポルピュリオスは、ゾロアスターの著書なるものに対し多くの反論を行なって、その書物全体がすっかり偽書で最近の作であり、その派の組織者たちが、自分たちの好んで崇《あが》め奉っている教説を古《いにしえ》のゾロアスターのものであるかのように見せかけるために、こしらえ上げたものであることを証明した。

（1）本章は、第三世紀宗教史の貴重な史料として近代の学者によって注目されてきた箇所であるが、その内容はまだ十分に解明されていない。

アデルピオスとアキュリノス（ラテン名だと、たぶん「アクィリヌス」）は、おそらくプロティノスの時代にローマにいたグノーシス派の人物なのであろう。彼らが（正統的か異端的かはともかく）キリスト教徒（キリスト教的グノーシス）であったことは、本文のポルピュリオスのことばから明らかである（もっとも、この箇所はしばしば、翻訳者によって、歪曲される）。

アキュリノスについては、エウナピオスの『哲学者伝』に、ポルピュリオスと同門の人と述べられている。仮にこの記述が正しいとすれば、II巻所収『グノーシス派に対して』10章によって、プロティノスの友人あるいは弟子のうちにグノーシス派がいたことは確実であるので、アキュリノス自身もその一人であったことになろう。いずれにせよ、プロティノスのサークルにかかわりをもったグノーシス派は、アデルピオスとアキュリノスの一派であると見るのが、自然である。この一派が、より大きな観点から、グノーシスのどの派に属するかが、さらに問題となる。

なお六世紀のある本（リュドス『暦月について』IV 76）によると、アキュリノスという人が『数についての覚え書き』という本を書いていて、これとポルピュリオスの言うアキュリノスとが同一人物だと推定した人もある。

(2) 以上の四名の人物については、何もわかっていない。一つの推定では、エジプトで発生したグノーシスの一派かという。それがローマへ進出して、その代表者がアデルピオスとアキュリノスだったというわけであろうか。

(3) ゾロアスター(ゾロアストレス)は、むろん、前七世紀ごろのペルシアの預言者。ゾロアスターの秘書なるもの(ギリシア語の本で、プロクロスによると『自然について』と題されている)が、アレクサンドリアのクレメンス『雑録』(第一巻第15章、第五巻第14章)や、プロクロス『国家注』vol.2, p.109 以下に引用されている。

(4) ゾストリアノスは、やはりペルシアの賢者らしい。三〇〇年ごろのラテン語の本(アルノビウス『異教徒に対して』I 52)に、ゾロアスターはゾストリアノスの甥(もしくは孫)と書いてある。一九四五年エジプトのナグ・ハマディ近辺で出土したグノーシス文書中に『ゾストリアノスの黙示録』も含まれているという。

(5) ニコテオスの名は、あるマニ教徒的書物の断片や、錬金術師ゾシモスの著書の中にも現われるが、特に、コプト語のグノーシス派の書物(一七六九年ジェームズ・ブルースがエジプトで手に入れた写本に含まれる論著)のなかで、啓示者として現われる。しかもこの書物は、プロティノスが『グノーシス派に対して』において攻撃した理論と用語に近似的な内容を含んでいる。

(6) 「アッロゲネス」はギリシア語で「(兄のカインやアベルとは)素性の異なる者」という意味をもち、セツ(旧約聖書中の人物)をさすことばである。グノーシス派のうちに、セツ派およびこれに近いアルコン派があり、プロティノスが批判の対象とした一派もこれに属するのではないかという意見がある。なお「アッロゲネスの黙示録」も、ナグ・ハマディ出土文書中に含まれているという。
（7）メッソスという預言者の名前が、ナグ・ハマディ出土文書中に現われるという。

17

ギリシア人（の哲学者）たちが、彼はヌゥメニオスの説を剽窃《ひょうせつ》しているのだと言っていて、そしてこのことをストア主義者でプラトニストのトリュポンがアメリオスに知らせたので、アメリオスは『プロティノスのヌゥメニオスに対する思想上の相異点について』と題する論文を書いて、それをバシレウス、つまり私に献呈した。

というのは、バシレウスという別名も私ポルピュリオスにはあったのである。私は祖国のことば（シリア語）ではマルコスと名づけられていて、これは私の父の名前でもあったのだが、この〝マルコス〟をあえてギリシア語に翻訳しようとするならば、〝バシレウス〟（王）と訳されることになるわけである。だからロンギノスは、『衝動について』という著書をクレオダモスと私ポルピュリオスとに献呈したときに、「クレオダモスとマルコスよ」と冒頭に記したのであるが、他方アメリオスはこの名前を翻訳して——ちょうどヌゥメニオスが（ラテン語名の）〝マクシモス〟を（ギリシア語の）〝メガロス〟（大なる者）と訳したように、彼も〝マルコス〟を〝バシレウス〟と訳して、次のように書いているのである。

「アメリオスよりバシレウスに、御息災を祈る。

われわれの友人（先生）の教説は、元をただせばアパメイアのヌゥメニオスのものであると、耳にたこのできるほど貴兄に言って聞かせたと貴兄のおっしゃる、世に著名なかの人士たちに答えるだけのためならば、私は一言も発しはしなかったであろうことを、まずよく御承知おき下さい。

なぜならこの中傷もまた、彼らの十八番《おはこ》とする口舌の巧みさと口まわりのなめらかさから来たものであることは、明白だからです。彼らは、あるときには『途方もない空言家』と、次には『剽窃者』と、三度目は『実有のうちの最もつまらぬものを最高原理として立てている』①などと言って彼を非難いたしますが、明らかにこれは、彼を冷やかすためにほかなりません。

しかしながら貴兄が、われわれはこの機会を十分に利用して、ひとつには、われわれの信じる思想をもっと記憶に便利な形で所有するように、またふたつには、すでにとっくに喧伝《けんでん》されているとはいえ、この思想を、偉大なるプロティノスというわれわれの友人の名のもとに、よりいっそう完全に（全体的に）知らしめるように、努めなければならない、という御意見なので、私もそれに従いました。そして今ここに、お約束したものを貴兄に献じます。御自身でも御承知のように、三日間の労作の産物であります。

ただしこれは、あの（ヌゥメニオスの）著作集を参照しながら、順を追ってまとめられたものでもなく、正確に引用されたものでもなくて、昔読んだ記憶に頼って、そしてそれぞれの問題点を思いつくままの順序でここに並べたものなのですから、この点で貴兄の公正な寛恕を乞わねばなりません。特に、われわれと同意見であるとして一部人士によって引き合いに出されたかの人（ヌゥメニオス）の意図を把捉することが——この人は同一の問題についても、違った箇所では違ったふうに答えているようにも思えますので——そう簡単ではないのですから、なおさらです。

しかしもしも（私の書いたことの中に）我が家の炉《かまど》のこと（すなわちプロティノスの思想）で何か歪曲されている点がありますならば、貴兄が御好意をもって訂正して下さるであろうことを、私はよく承知しております。

なおまた私は、悲劇の言い草(2)ではありませんが、ことを好む人間でありますので、われわれの指導者の教説との不一致のゆえに（ヌゥメニオスの教説を）修正したり否定したりする(3)ことを余儀なくされたようであります。

以上の次第で、あらゆる点であなたの御期待に沿おうと欲するならば、このようなものができ上がらなければならなかったわけであります。では、ごきげんよう。」

（1）解釈はフィチーノやアームストロングに従う。その他の解釈は「最小の美点にいたるまで剽窃《ひょうせつ》だ」「最小の語にいたるまで剽窃だ」など。

（2）「悲劇の言い草」が何をさすか明らかでない。「ことを好む人間」「余儀なくされた」「修正する（正す）」などのどれかではないかと思われる。

（3）何を修正し否定したのか、原文では明らかでない。プロティノスを批判した人たちの主張、あるいはアメリオス自身の書いたこと、とする解釈が普通のようである。

18

私がこの手紙を引用する気になった理由は、その当時の彼の同時代人たちが、彼がヌゥメニオスの説を剽窃しながら大見えを切っているのだと考えていた、ということを証明するためばかりではなくて、彼らはまた彼を「途方もない空言家」であると信じて軽蔑していたが、それは彼の言うことが理解できないためと、それから彼が弁論家的な一切の演技や虚飾に無縁であり、授業ではよもやま話をしているらしく見えて、彼の議論の中に込められている推論上の（論理的）必然性を、だれ一人としてすみやかには看取できなかったためである、ということを示したかったからでもある。

とにかく私ポルピュリオスは、初めて彼の講義を聞いたとき、同様なことを経験したのである。それゆえに私は反駁書を書いて持って行き、英知対象《ノエーマ》は英知《ヌース》の外部に存在するということを、示そうと試みた。ところが彼はアメリオスにそれを読み上げさせて、読み終えると、ほほえみながら「これは君の仕事だな、おおアメリオスよ、われわれの思想に対する無知のために、この人が陥った困難を解決するのは」と言った。

そこでアメリオスが短くはない論文を書いて、ポルピュリオスの提起した諸難点に答え、私がその彼の書いたものに対して再び反論を書き、そしてアメリオスがこれにも答えて、三度目にやっとのことで、言われていることを私ポルピュリオスは理解して、意見を改め、撤回声明書を草して、授業中に読み上げたのである。そしてそれ以後私はプロティノスの著作を信用したし、また自分の思想を明確化し、もっと詳細に書こうとする野心へと先生自身を誘い出したばかりでなく、アメリオスをも著述に熱心になるようにしむけたのである。

19

またロンギノスがプロティノスについて——それも特に私が彼に手紙で知らせたことに基づいて——どのような意見をもっていたかということは、私あての彼の手紙の一部分から明らかとなるであろう。それは次のごとくである。この手紙で彼は私に、シチリアからフェニキア(1)の彼のもとまで下ること、そのときプロティノスの著書を携えることを求めて、こう言っているのである。

「ですから貴君の御都合のよろしいときに、それら(プロティノスの著作)をお送り下さい。いやむしろ、貴君が携えてお越し下さい。それというのも、貴君が他の土地へよりもわれわれのもとへの旅路を優先させられるよう、幾度でもお願いすることを、私は決して止めないでしょう。それは、他に何らの理由もないとしても——実際われわれのもとに、いかなる知見を期待して、貴君が御到来下さるでしょうか——昔年の交情のためと、貴君の口にされるお身体の弱りに対してピッタリと合う空気（風土）とのためなのです。もしひょっとして、そのほかに何かをあなたが予想されているとすれば、とにかく私のもとには新しいものは何も期待なさらぬように。いや、あなたが亡失したとおっしゃる古いもの（書物）すらです。

そのわけは、当地では筆写する者の数がめっきりと少なくなりまして、その結果、神々にかけて本当の話ですが、この間中、私はまだ残っているプロティノスの著作を仕上げて（書き写させて）しまおうとして、私の秘書を平常の仕事からはずし、これ一つにかかりきらせて、どうにか片付けたというありさまなのです。

そしてこれで私は（プロティノスの）全部を——と思われるのですが——今回貴君がお送り下さった分も含めて、所有してはいるわけですが、しかし半分完成の状態で所有しているにすぎないのです。といいますのは、並大抵でない多くの書き誤りがあるからなのです。もっとも私は、友人アメリオスが[2]（写本を貸してくれる前に）筆写生のあやまちを訂正しておいてくれることを期待していたのですが、彼にはこの種の事務よりも、もっと重要な仕事があったのですね。[3]

そういう次第で私は、どのようにしてこれらの著作に接すればよいのか、途方にくれているところなのです。しかも私は『魂について』[4]と『有について』[5]の著作を研究したくて、うずうずしているのですが、これらがまた何と、とりわけひどく誤写されているのです。

というわけで、正確に書かれた本が、貴君のもとから私に送られて来ることを、私は切望している次第です。それは照合するためだけのもので、すぐにまた返送されるわけです。

しかし再度同じことを申しますが、送るよりも御自身で持参下さることを、むしろお願いしたいものです。これらの著作と、その他にまだ何かアメリオスの目を逃れたものがあれば、それもお持ち下さい。というのは、アメリオスがもたらしたかぎりのものは、すべて私は熱心に入手し（書き写させ）ました。彼（プロティノス）のごとくに、あらゆる尊敬と敬服に値するすぐれた人の論述を、どうして私が入手しようとしないはずがありましょうか。

もちろん私は貴君に対して、貴君が私のもとにおられたときにも、遠く離れておられたときにも、それからテュロスに滞在しておられたときにもこう書いたはずです。（プロティノスの）前提の多くを自分は全面的に承認するには至っていないと。しかしかの人の書きものの全体的性格と、思想の密集していることと、問題探究の仕方が哲学的である点を、私は極度に感嘆し、愛好するのです。そして、探究者はこの人の著作を最もすぐれたものの中に数えなければならない、と言いたいのです。」

（1）すでにロンギノスはシリアのパルミラに招かれアテナイを去って、パルミラの女王ゼノビアに仕えていたのであろう。中公バックス版『世界の名著』13の「解説」四七ページ参照。
（2）アメリオスがシリアに行ったことは、2章に述べられている。
（3）皮肉であるが、以下のポルピュリオスの説明でわかるように、これはロンギノスの誤解であった。
（4）『魂について』は、たぶん『エネアデス』IV 3～5に配置された論文をさすのである。
（5）『有について』は、『エネアデス』VI 1～3に配置された論文をさすのであろう。

20

以上の（ロンギノスの）ことばを私が幾分長々しく引用したのは、われわれの時代において最もすぐれた批評家であった、そして自分の時代の他の人々のほとんどすべての著作を批難した人（ロンギノス）の、プロティノスについての批評がどのようなものであったかを、示すためである。とはいうものの、この人も最初は、他の人々の無知に影響されて、彼（プロティノス）に対して軽蔑的な態度をとり続けていたのである。

また、アメリオス所蔵のものから転写させて得た本に書き誤りが多いように彼に思えたのは、かの人（プロティノス）の文章のくせを理解しなかったためである。というのは、もし他にも正しい本があるとすれば、アメリオス所蔵のものもそれに劣らず、よく校正されていて、いわば著者自筆本の代りとして用いられてよいほどである。

ところで私はさらに、ロンギノスが彼の著書の中で、プロティノスとアメリオスその他彼自身の時代の哲学者たちについて書いていることを、引用しなければならない。それは、このきわめて著名できわめて手厳しい批評家の、彼らについての批評がどのようなものであったかが、十分明らかになるためである。この書物は『ロンギノス著、目的について。プロティノスとゲンティリアノス・アメリオスに対して』と題されていて、以下のごとき序文を有する。

「われわれ（私）の時代には、おおマルケロスよ、多数の哲学者が現われたのですが、それはとりわけ、私の若年の時期において、そうなのでした。といいますのは、現在ではそれがいかほど稀少であることか、語ることすらできない（信じられない）ほどなのです。他方、私がまだ少年であったころには、少なからぬ人たちが哲学の研究を先導していて、私は子供のときから両親に伴われて多くの土地に滞在しましたので、彼らをみんな見ることができましたし、また（成人後には）同様にあまたの民族と都市を訪ねて、彼らのうちのまだ生存していた人々の講義を聞くこともできました。

彼らのうちのある者たちは、自分の思想を書物によっても解説することによって、後世の人々に、彼らの施す利益に与《あずか》る機会を遺贈するよう努力しましたが、しかし他の者たちは、弟子たちを指導して自己の学説を理解させれば十分である、と信じておりました。

前者の部類に属するのは、プラトニストではエウクレイデス[1]とデモクリトスと、（小アジアの）トロアスに住んでいたプロクリノス、それから現在までローマで公開的に教えているプロティノスとこの人の弟子のゲンティィリアノス・アメリオスの二人、またストア派ではテミストクレスとポイビオン、それから最近まで盛んに活躍していたアンニオスとメディオスの二人、またペリパトス派ではアレクサンドリアの人ヘリオドロスです。

また後者の部類に属するのは、プラトニストではアンモニオスとオリゲネス――私はこの二人のもとに最も長い期間通ったのですが、彼らは洞察力の深さでは、同時代の人々から少なからずぬきんでていた人たちでした――、それからアテナイでの（プラトン）継承者であったテオドトスとエウブウロスの二人です。[2] というのは、この人たちのうちのだれかによって書かれたものが何かあるとしても――例えばオリゲネスによって『ダイモンについて』[3]、エウブウロスによって『〈ピレボス〉と〈ゴルギアス〉について、およびアリストテレスによるプラトンの〈国家〉に対する反論について』が書かれていますが――、これらの著作は、この人たちを、自説を著書によって詳論した人々のうちに数えるための、十分な保証とはならないのです。彼らはこのような仕事を副次的なものとして行ない、主目的を、書くことにはおいていないからです。

また、ストア派ではヘルミノスとリュシマコス、それから市（アテナイ市街）で暮らしたアテナイオスとムウソニオス、またペリパトス派では、アンモニオスとプトレマイオスです。この二人とも、同時代人のうちでは最大の愛書家（学者）となりました。特にアンモニオスがそうです。なぜなら博識にかけては、彼に匹敵する人はだれもないからです。とはいうものの彼らは学術的なものを全然書かないで、詩と美辞麗句張りの演説のみを書きました。思うに、これらの作品が保存されることは、彼らの希望するところではありますまい。なぜならば彼らは、もっと真剣な著作物の中に自己の思想を貯蔵することを怠った以上、自分たちがこのような著述によって後世に知られることを欲しはしないであろうと、私は推定するのです。

さて著作をした人々のうちでも、ある人たちは、先人によって著述されたことの集成（要約）や引き写し（焼き直し）以上のことは、やりませんでした。例えばエウクレイデスやデモクリトスやプロクリノスがそうです。また別の人たちは、古人の研究をそのまま拝借している部分はほんの僅かですが、結局、古人と同趣旨のことを述べた書物を著作するよう努めたのです。例えばアンニオスやメディオスやポイビオンがそうです。特にこの最後の人は、思想の構成においてよりも、むしろ文飾において名を成すことを、望んだのです。またヘリオドロスも彼らと同じ部類に入れることができるでしょう。この人も、先人によって講義の中で言われたこと以上には、問題の解明に少しも貢献していないからです。

これに対して、手がけた問題の豊富さによって真剣に書いていることを証明してもいるし、また独特な方法で考察を行なってもいる人たちが、プロティノスとゲンティリアノス・アメリオスです。前者は、ピタゴラス哲学とプラトン哲学の原理――と彼に思えたかぎりのもの――を彼以前の人たちよりも、いっそう明確に解釈しました。というのは、ヌゥメニオス、クロニオス、モデラトス[4]およびトラシュロス[5]の著作は、同一の主題を扱っているプロティノスのそれに比較すると、精密さの点で、全然そばへも寄れないからなのです。

またアメリオスの方は、この人（プロティノス）の足跡に従って歩むことを選択して、大抵の点では同じ説を奉じていますが、議論が詳細ですし、また文章の婉曲（冗長）な点では前者とは反対の目標を目ざしております。

そこで私は、この両者の著作物のみが考察に値すると信じます。なぜなら、その余の著者を呼び出さねばならない理由が、どこにあるでしょうか。彼らがそこから取って来てこれらを書いた、もとの著者たちを（私たちが）研究することを怠っておいて、です。しかも彼らは、自分自身では何一つ付け加えておりません。主要な結論に関してはむろんのこと、論証内容においてすら、そうです。それればかりか彼らは、多数の著者の意見を集成（集約）したり、そのうちの最善の意見を判定する仕事すら果たしていないのですから。

それゆえに私は、すでに他の機会にも、まさにこのこと（二人の著作の吟味）を行なっております。例えば、プラトンの正義論に関してゲンティリアノスに反論しましたし、またプロティノスの『イデアについて[6]』という論文を批判もしました。といいますのは、私とかの人たちとの共通の友人（弟子）であるテュロス出身のバシレウスが[7]――この人自身もプロティノスを手本にしながら少なからぬものを書いていますが、特に、私の考え方よりも彼（プロティノス）の方を受け入れて一書を著わし、イデアについてプロティノスの方が私の説よりもすぐれた意見をもっていることを証明しようとしたものですから、私は反論を書いて、彼が自己の意見を撤回したのは正しくなかったことを、かなりうまく示したつもりです。

そしてこの反論において私はこれらの人々の意見の少なからぬものを動揺せしめたと思いますが、このことは、アメリオスあての私の書簡においても同様です。この書簡は一冊の著書ほどの分量を有し、彼（アメリオス）がローマから私あてに書き送った問題のいくつかに答えたものです。彼自身は自分の書簡に『プロティノスの哲学の学風について』と題しましたが、私の方は答弁書に『アメリオスの書簡に答える』という一般的な（月並みの）表題を付すだけで満足しました。」

（1）以下で名前のあがっている第三世紀の哲学者たちの大部分については、本書で述べられていること以外には、ほとんど何もわからない。
（2）エウブウロスについては、15章参照。
（3）『ダイモンについて』については、3章参照。
（4）モデラトスは、一世紀ころの新ピタゴラス派の哲学者。南スペインのガデス（現在カジス）出身。

中公バックス版『世界の名著』13の「解説」七三ページ参照。

（5）トラシュロスは、プラトニストで占星術者。ティベリウス帝と親密であった。三六年没。

（6）『イデアについて』は、『エネアデス』VI 7の論文をさすのであろうか。

（7）バシレウスは、ポルピュリオスをさす。17章参照。

21

さて以上のように、この文章において彼（ロンギノス）は、次の点をその当時においてすでに承認していたのである。すなわち、彼の時代に現われたすべての哲学者のうちで「問題の豊富さにおいて」プロティノスとアメリオスはまさっており、またきわめて「独特な方法で考察を行なっていて」、そしてヌゥメニオスの著書を剽窃したり、彼の教説を崇拝（模倣）するなどとんでもないことで、むしろ彼（プロティノス）はピタゴラス派の教説を、みずからの選択によって、追求（解釈）しているのであり、さらに「ヌゥメニオス、クロニオス、モデラトスおよびトラシュロスの著作は、同一の主題を扱っているプロティノスのそれに比較すると、精密さの点で、そばへも寄れない」のである。

また彼はアメリオスについて、プロティノスの「足跡に従って歩んで」いたが、「議論が詳細であり、また文章の婉曲な点ではかの人とは反対の目標を目ざしている」と述べるとともに、プロティノスに接して（師事して）まだ日が浅かったにもかかわらず私ポルピュリオスに言及して「私とかの人たちとの共通の友人でテュロス出身のバシレウスが、この人自身もプロティノスを手本にして少なからぬものを書いているのだが」うんぬんと語っている。彼がこのような書き方をしたのは、アメリオスの冗長さの非哲学性を私が完全に回避して、プロティノスを模範として書くことを目ざしていたことを、いみじくも見抜いたからなのである。

さて以上のごとく、批評においては（当時も）第一人者であり、（死後も）現在にいたるまでそのように認められて来た、これほどの人物が、プロティノスについてこのように書いているのであるから、これでもう十分であろう。なお、もし招待に応じて私ポルピュリオスが（フェニキアにおもむき）彼と話し合うことができていたならば、彼が（プロティノスの）教説を正確に知る以前に書くことを試みたあのような反論を、書くにはいたらなかったであろうと思われるのである。

22

「されど何ゆえに我は木や岩につきて、くだくだしくこれらのことを語るや」[1]とヘシオドスは言う。というのは、賢者の証言を持ち出す必要があるならば、神よりも賢い者があろうか。特に、真実を込めてこう語った神よりも。

われこそは、真砂《まさご》の数を知り、大海原《おおうなばら》の広さをも知る。

唖者の心をさとり、語らぬ人の声をも聞くなり。②
すなわち、（デルポイの）アポロンの神はアメリオスが「プロティノスの魂はどこへ去ったか」と伺いを立てたときに――（その昔）ソクラテスについて、
すべての人のうちソクラテス最《いと》も賢し
とのみ（短く）答えた神が、③プロティノスについて、どれだけ多く、どのような内容のことを託宣し給うたか、聞け。④
吉兆の響を発する琴《キタラ》の、蜜のごとく甘き調《しらべ》を、黄金の撥《ばち》の下に織り成しつつ、柔和なる友⑤の妙なる讃歌を、私は奏《かな》で始める。
私はまたミューズの女神たちを召集して、あらゆる調《しらべ》の歓声とあらゆる旋律の渦から成る合唱の声をあげさせる。あたかも彼女たちがかつて呼び出されて合唱団を形成し、アイアコスの孫（アキレウス）をたたえて、神的な狂気（霊感）に充たされつつホメロスの詩を歌ったときのように。⑥
いざ来たれ、ミューズたちの聖なる唱舞団、われらひとつに呼吸《いき》を合わせて、あらゆる歌唱の極致（最美の歌）を歌おう。そして君たちの真中に、私、髪たなびかすポイボスが⑦（歌う）
神霊《ダイモン》⑧よ、かつては人、しかし今は、より神的なる神霊の分限にまで到達した者よ。というのは、君は人間を束縛する必然性の絆《きずな》から君自身を解き放ち、肉体の騒がしいざわめきから

脱出して、精神の力強い抜手をきって、流れ豊かなる海浜に、罪人たちの群からは遠く離れて、速かに泳ぎ着き、清らかな魂の歩む、まろやかにうねる道に、しっかと立った。(9) その道には、神の光が明るく照らし、神の法が、無法な罪悪からは遠く隔たって、清らかに住まう。すでに以前、血で養われる(地上の)生と、吐き気をもよおさせる(人間生活の)うず巻きとの、苦渋の波浪から逃れ出ようと君が奮闘していたときにも、押し寄せる大波の突然の高鳴りのさなかに、至福の世界から、目近に迫っていた目標が、しばしば君に現前したのであった。(10)

かつてしばしば、君の精神のまなざしが自己の衝動によって傾斜した道(11)を歩もうと欲したときに、不死なる神々は、密集した光の束をそそいで、君の眼《まなこ》が陰鬱な暗黒の内から眺めるように取り計らい、まっすぐな道を経て、君を神的な道である円周軌道(12)にまで引き上げたのであった。

しかもまた、深い眠りが君のまぶたをすっかり閉じさせてしまうことはなかった。まぶたにかかる重いかんぬきをはずして、うず巻くもやの中をただよいながら、君は自分の目で、人間のうちの知恵の探究者である者たちの、だれ一人として容易には見ることのできない、たくさんのすばらしい光景をかいま見たのである。

しかしついに今、君は神霊的な魂の幕屋(肉体)から解放され、墓標《セーマ》(すなわち肉体《ソーマ》)を後にして、快いそよ風に息づく神霊たちの群に来たり加わった。

そこには親愛の情が行きわたり、姿も優雅な思慕が見られる。その場所は清純な歓楽に満ち、神々から発する神々《こうごう》しい水流がつねにあふれていて、(惹《ひ》きつけて離さぬ) 愛の魅惑を運ぶ。吹く風は甘く、上天は晴朗である。

ここにはゼウスの黄金の血統に属するミノスとラダマンテュスの兄弟が住む。ここには義人アイアコスが⑬。ここには神聖なるプラトンが。ここには高貴なるピタゴラスが、またそのほか、不死なる愛の唱舞団を結成し、至福の神霊たちと親族となることを得た者たちが住む。そこでは心は永久に祝宴と悦楽に酔う。

ああ浄福なる者よ、君はいかに多くの試練に耐えたことか⑭。そして今や君は、強大な生命を付与されて、聖なる神霊たちのあいだに伍する。

ではミューズたちよ、われわれは、プロティノスを称える合唱とにぎやかな舞踊のよどみなくめぐる輪を、ここでとどめようではないか。私の黄金の琴が、かの幸多き者のために語るべきことは、これだけである。

(1) ヘシオドス『神統記』35からの引用。「木や岩」は無価値なものをあらわす。ロンギノスの証言も、次のアポロンの神託がある以上は不要だ、という意味。
(2) リュディアのクロイソス王が使いを出してデルポイのアポロンの神託を伺ったときの、神託の冒頭のことば。ヘロドトス『歴史』第一巻第47章。
(3)ディオゲネス・ラエルティオス第二巻第37章、プラトン『ソクラテスの弁明』21a参照。
(4)以下の神託の原文は、揚抑抑、六歩格の詩形をとっている。この神託中には、ホメロスから取られた詩句が散見するが、いちいち指摘しない。
(5)「柔和なる友」はプロティノス、「私」はアポロンの神。
(6)ホメロスの『イリアス』全体が、ミューズたちによって歌われた詩という体裁をとっている。
(7)ポイボスは、「光輝く者」の意。元来アポロンの冠称だが、単独で別名のようにも用いられる。
(8)アポロンがプロティノスに呼びかけたのである。
(9)『オデュッセイア』第五巻で、カリュプソーの島から小舟で出発したオデュッセウスが嵐に遭って舟を捨て、悪戦苦闘の末、幸福な人々の住むスケリエーの地に泳ぎ着く。そのイメージがこの箇所の背後にあるらしい。
(10)次章のポルピュリオスの解釈によれば、プロティノスがすでに生前に一なる者と合一したことを言っている。
(11)「自己の衝動によって傾斜した道」とは、曲った、誤った道。惑星の軌道が連想されているのかもしれない。
(12)恒星の運行する道が連想されているのであろうか。
(13)以上三名ともゼウスの息子。公正な立法者としての生前の功により、死後、死者を裁く役目に任ぜられたという。プラトン『ソクラテスの弁明』41a、『ゴルギアス』523e以下参照。
(14)プロティノスとしての一生のみでなく、前生における試練まで含まれているのかもしれない。転生

23

再生をくり返し、魂の浄化された者が、至福者の列に加わる。

以上の神託において、彼は「柔和で」親切できわめて優しく穏やかな人であったと述べられているが、これはわれわれも、そのとおりであると証言したことである。[1]また、彼は眠り込んでしまわない(つねに目覚めている)人で、「清らかな魂」をもっていて、つねに神的なものを目ざして努力し、心魂を傾けてそれを愛した、と述べられている。さらに、彼はこの世の「血で養われる生」の「苦渋の波浪から逃れ出る」ために、あらゆる手を尽くした、と語られている。

かくて、この神霊的な人物、自己の思念によって、かつまたプラトンが『饗宴』において示した道程[2](方法)に従って、自分を第一位の超越的な神のもとに「しばしば」参入させたこの驚くべき人物の前に、別して(特にたびたび)、かの神が、姿もいかなる(種類の)形態ももたず、知性といっさいの知性対象を超えて鎮座ましますかの神が、現前した。

まことにこの神に、(現在)六十八歳[3]の私ポルピュリオスもまた、一度だけ接近し、合一したことを断言する。

かくしてプロティノスにとって、「目標は目近に迫っていた」のである。というのは、彼にとって目的つまり「目標」は、すべてのものの上にある神に近づき、合一することであったからである。ちなみに、私が彼のもとにいた時期（二六二～二六八年）に、ことばで言い表わすことのできない（魂の）活動《エネルゲイア》によって、四度ばかり彼はこの目標に到達した。

また、しばしば「傾斜した」道をたどる彼を、神々が「密集した光の束をそそいで」、正しい道に引き上げたと述べられているが、これは、神々の監督と指導のもとに彼の著作が書かれた、という意味である。

そして、内面的にも外面的にも眠らないで眺め続けていたことから、哲学に携わる人間たちのうちの「だれ一人として容易には見ることのできない、たくさんのすばらしい光景を、君は自分の目でかいま見た」と神託は告げている。というのは、たしかに人間の観照が人間並み以上のものになることはありうるが、それとても神の認識に比するならば、すばらしいものではありえても、神々のように奥底にまで透徹できるほどのものではないからである。

さて以上は、彼がまだ肉体をまとっていた間に、どのような努力を続け、何に到達したかという点に関して、神託が明かしたことである。他方、肉体から「解放された」後には、彼は「神霊たちの群」に参加した。そこでは「親愛」と「思慕」と「歓楽」と神に由来する「愛」が支配する。

そこにはまた、神（ゼウス）の子で（死者の）魂の審判者であると言い伝えられるミノスとラダマンテュスとアイアコスが配置されているが、彼は彼らのもとに、裁かれる者としてではなく、他の最優秀者たちと同様に、彼らの同席者としておもむいた、と述べられている。同席するのは、プラトン、ピタゴラス、その他「不死なる愛の唱舞団を結成した者たち」である。

それから、「至福の神霊たち」がそこで誕生して、「祝宴と悦楽」に満ち満ちた生活を送る。彼らはこの生活をいつまでも送り続ける。神々によって祝福された生活を。

（1）9章参照。

（2）『饗宴』210〜211.

（3）ポルピュリオスは六十八歳のとき神と合一し、『プロティノス伝』を書いたのはそれ以後とする解釈が以前は通説であったが、最近では、この文章を書いているときが六十八歳で、合一の体験はそれ以前という解釈が有力である。

24

さて以上が、われわれの報告するプロティノスの一生である。

次に、彼自身が著作の配列と校正の仕事をわれわれ（私）に委ねて、私もまたこの仕事を果たすことを生前の彼に対して約束し、他の弟子たちに対しても言明したのである以上、まず第一に、著作（の配列）を発表された年代順に、（内容的には）無秩序なままで放置しておくことを、正当なこととは私は見なさなかったのである。

そこで私はアテナイの人アポロドロス[1]と、ペリパトス派のアンドロニコス[2]を範として——この二人のうち、前者は喜劇作家エピカルモス[3]（の作品）を（ちょうど）十巻に編集し、後者はアリストテレスとテオプラストスの著作を、関連する題材を扱ったものを同じ所に集めるという仕方で、（いくつかの）論文集に区分したのであるが——そのように私もまた、五十四篇あるプロティノスの著作を前にして、これを六つのエネアス（九論集）に区分した。六という数の完全性[4]と、エンネアス（という数）とに、たまたま遭遇したのは嬉しいことであった。そして、それぞれのエンネアスごとに、関連する内容の著作を集成し、しかもその際、比較的容易な問題に第一順位を与えたのである。

すなわち、第一エンネアスは次のごとく[5]、比較的倫理学的な著作を含んでいる。

1　生命あるものとは何か、そして人間とは何か　(53)
　その始めは「快楽と苦痛は[6]」
2　徳について　(19)
3　問答法について　(20)
4　幸福について　(46)
5　幸福は時間の長さに依存するか　(36)

6　美について　（1）
7　第一の善とその他の諸善について　（54）
8　悪はどこから来たか　（51）
9　理性的な自殺について　（16）

このように、第一エンネアスは、比較的倫理学的な題材を一括し、以上の諸篇を収める。

次に第二エンネアスは、自然学的題材を集成したもので、世界《コスモス》についての著作、および世界に関連する問題を扱う著作を収める。それは以下のものである。

1　世界について　（40）
2　（天の）円周運動について　（14）
3　星は作用するか　（52）
4　二つの素材について　（12）
5　可能態と現実態について　（25）
6　質と形相について　（17）
7　通全融合について　（37）
8　なぜ遠くから見られたものは小さく見えるか　（35）
9　世界創造者は悪者であり、世界は悪であると主張する人々に対して　（33）

次に第三エンネアスは、やはり宇宙についての諸問題を対象として、宇宙に関する考察を取り扱う次の著作を包含する。

1　運命について　（3）
2　神のはからいについて、第一篇　（47）
3　神のはからいについて、第二篇　（48）
4　われわれを割り当てられた守護霊について　（15）
5　愛（エロス）について　（50）
6　非物体的なものの非受動性について　（26）
7　永遠と時間について　（45）
8　自然と観照と一者について　（30）
9　雑考　（13）

（1）アポロドロスは、前二世紀の著名な学者。年代学、神話研究、その他多くの分野で活動した。
（2）アンドロニコスは、ロドス島出身の前一世紀の哲学者。アリストテレスが創設した学校の第十一代目の学頭であったと伝えられる。『アリストテレス著作集』の編集によって、多大の貢献をした。
（3）エピカルモスは、前五世紀の喜劇作家。
（4）「六という数の完全性」とは六を割りきることのできるすべての除数で除したときの商の和が六で

あること（具体的には$\frac{6}{6}+\frac{6}{3}+\frac{6}{2}=1+2+3=6$）。（六以外の）すべての約数の和がもとの六になる。
このような数は完全数とよばれた。中公バックス版『世界の名著』13の「解説」四三ページ参照。

（5）以下であげられた表題のうちには、4～6章であげられたものと多少異なるものがある。

（6）以下、各篇の冒頭部分が付記されているのを省略し、代わりに（　）内に年代順番号を付記する。

25

以上三つのエンネアスを、われわれは一巻①（一冊）にまとめた。

なお『われわれを割り当てられた守護霊について』を第三エンネアスに配した理由は、それ（守護霊）についての研究が一般的な形で行なわれており、しかもこの問題は、人間の生誕について考察する人々によっても、取り上げられているからである。また『愛について』の論文に関しても、同様なことが言える。また『永遠と時間について』をわれわれがここへ配したわけは、それが時間について取り扱っているからである。また『自然と観照と一者について』は、自然についての章を含むゆえに、ここへ配置されたのである。

次に第四エンネアスは、世界に関する諸篇の後に位置していて、魂についての諸論文を割り当てられた。それは、次の諸篇を有する。

1　魂の本質について、第一篇　(21)
2　魂の本質について、第二篇　(4)
3　魂についての疑問、第一篇　(27)
4　魂についての疑問、第二篇　(28)
5　魂についての疑問、第三篇、あるいは視覚について　(29)
6　感覚と記憶について　(41)
7　魂の不死について　(2)
8　魂の肉体への下降について　(6)
9　すべての魂が一つであるかどうか　(8)

かくて第四エンネアスは、魂それ自体についての題材（プロティノスの研究）をすべて包含している。これに対して第五エンネアスは、英知に関する題材を取り扱っているのだが、しかし各篇ともここかしこで、（英知の）かなたの者についても、また魂に内在する英知についても、またイデアについても、ふれているのである。それは、次の諸篇である。

1　三つの始元的（原理的）存在について　(10)
2　第一者の後の者たちの生成と順位について　(11)
3　認識する存在と、そのかなたの者について　(49)

4　いかにして第一者から第一者の後の者たちが生じたか、および一なる者について（7）
5　英知対象は英知の外部には存在しないこと、および善なる者について（32）
6　有るもののかなたの者は思考しないこと（24）
7　個物にもイデアがあるか（18）
8　英知的な美について（31）
9　英知とイデアと有について（5）

（1）巻物か冊子かは断定できない。パピルスや皮紙を用いた冊子本は、このころから普及し始めたらしい。

26

ところで、以上の第四と第五のエンネアスをもまた、われわれは一巻に集成した。そして残る第六エンネアスを、別の一巻にまとめた。その結果、プロティノスの全著作が三巻から成り立ち、その第一巻は三つの、第二巻は二つの、そして第三巻は一つのエンネアスを含むことになるわけである。

さて第三巻、つまり第六エンネアスに属する著作は、次のとおりである。

1　有るものの類について、第一篇（42）

2 有るものの類について、第二篇 (43)
3 有るものの類について、第三篇 (44)
4 有るものは、同一のものが同時に全体として、あらゆる所に存在するということについて、第一篇 (22)
5 有るものは、同一のものが同時に全体として、あらゆる所に存在するということについて、第二篇 (23)
6 数について (34)
7 いかにしてイデアの群が成立したか、および善なる者について (38)
8 一なる者の自由と意志について (39)
9 善なる者、あるいは一なる者について (9)

かくて、五十四篇ある著作を、以上のふうに、六つのエンネアスに、われわれは配列したのである。

なおまた、無秩序（不ぞろい）にではあるが、著作の何篇かに対して私は注釈書[1]を著わした。これらの諸篇に対して、学友たち[2]が、自分たち自身のために注解が欲しいと考えて、書くようにと私にせがんだからである。

のみならず私は、『美について』を除く――これだけは（その当時）私の手もとになかったのである――全著作の（くわしい）内容目次を、著作が発表された時間的順序に従って、作成したことがある。しかし現在のこの版では、著作の各篇に対する内容目次[3]のみならず、さらに論旨要約も付されていて、これには内容目次に対応する（同じ）番号数字がつけられている。

さてそれではこれからわれわれ（私）は、著作の各篇に目を通して行って、句読点を付すこと、および字句に誤りがあれば訂正することを試みよう。またそのほかに、われわれが（手を加えるよう）動かされる点が何かあるとすれば、（それがどのような点であるかは）この仕事自体が示すことであろう。

（1）この注釈は伝わっていない。しかし『エネアデス』五十四篇中十七篇については、いくつかの写本に、欄外に一連の番号が付されていて（例えばVI 8の全体が1～72の番号で区分されている）、この番号はポルピュリオスの注釈の番号に対応するのではないかと推定されている。

（2）「学友たち」はプロティノスの弟子たちとも、ポルピュリオスの弟子たちとも解しうる。

（3）「内容目次」（ケパライア）は主要論旨で、「論旨要約」（エピケイレーマタ）は主要論旨を支える議論の要旨ではないかと推定する人もある。いずれも伝わっていないが、『エネアデス』IV 4の最初から34章までに対する内容目次らしいものが、アラビア語訳で残っている。底本にはその英訳が収載されている。

善なるもの一なるもの[1]

『エネアデス』第六論集 第九論文（VI 9）

田中美知太郎 訳

本篇は、プロティノスが九番目に書いた作品で、彼の第一期の著作群に属するが、プロティノス哲学の最終目的であるたましいの一者との合一を最も詳細に説明していて、ポルピュリオスにより『エネアデス』五十四篇の最後を飾る位置に配された、きわめて有名で、「古典的な」作品である。

内容の概略は次のとおりである。

1　およそ何かであるものは、一体性によって何かである。ものに一体性を与える究極の原因は、たましいではない。たましいは多なるものである。

2　有るものが一なる者ではない。個々の有るものも、普遍的な有るものも。知性（英知）も一なる者ではない。これらは多様性を含んでいる。

3　一なる者は無形相であるので、たましいがそれをとらえることは困難である。たましいは知性にならねばならぬ。

4　一なる者は、学問的知識や直知の対象にならない。人は障害となる重荷をすべてなげうって、たましいの内の、一なる者と親近的な力によって、かのものと接触するほかはない。

5　たましいの存在を認める人は、知性の存在を承認しなければならない。学問的認識は知性に起因する。知性は不可分の多である。知性の上に単一なものが存在する。かのものは何かであることを超越している。かのものを一なる者と名づける理由。

6「一なる者」の「一」の意味。彼の力の不可分性と無限性。彼のみが自足的である。彼は自己にとっての善ではない。自己を直知することすら必要としない。

7　一なる者を見るための条件。たましいがいっさいの形相を捨てること。かのものは、あらゆるものと共にある。われわれは自己の内に帰ることによって、かのものをとらえることができる。

8　たましいの本性的な運動は、自己の中心へ帰る円環的運動である。たましいが自己の中心点を万有の中心点に重ね合わすとき、一なる者との合体がおこなわれる。球とその大円の比喩。合唱隊と指揮者の比喩。

9　善なる者は与えて減じない。たましいと善なる者とのつながりが絶えることはない。たましいは彼から出たのであり、愛にみちびかれて彼のもとに帰ったとき、幸福となる。たましい（プシュケー）が愛（エロス、キューピッド）によって救われるという民話もそれを示している。この世の愛は、かのものへの愛の影にすぎない。

10　たましいがかのものを長く見続けることのできない理由（肉体の煩わしさと理性的思考）。かのものを見る力は、理性以上のものである。見るというよりも、一つになるはたらきである。

11　たましいが一なる者と合体するときの状態（単一なものとなる。感情、欲望、思考などを捨てる。美、徳性などを超える。脱我の状態。自己をかのものの似姿とした上で、かのものへいたる）。

1

すべての存在は、一つであることによって存在なのである。このことは第一義的な意味の存在についても、何らかの意味において存在のうちに数えられるものについても、みなそうなのである。なぜなら、いったい何が、一つでなくても、なお存在しうるであろうか。ものが一つのものとして語られる、その一つということを取り去られるならば、そこに語られていたものとしては存在しえないからである。すなわち軍団は、一つのものとなっていなければ存在しないであろうし、合唱舞踊者の一団も家畜の一群も、一体をなしていなければ、存在はしないであろう。いや、家でも船でも、一つということを欠いては存在しないであろう。なぜなら、家も船も一つのものであって、一つということを失えば、家はもはや家でありえず、船も船ではありえないであろう。つまり、連続によってひとつの大きさをもつものも、これに一つということが加えられていなければ、存在しえないであろう。すなわち連続体が分割される場合には、一体性を失う範囲において、有様《ありよう》をかえるからである。そしてこのことは植物や動物の肉体について特にそうであって、その名は一つなのであって、これが多に細分されて、一体性から遠ざかる場合には、所有していた自己自身の本来のあり方をなくしてしまい、いままであったものではもはやなく、これと違ったものになってしまうのである。しかもその違ったものというのも、一つのものである限りのそれなのである。また健康というようなことも、その肉体が綜合的に一つに秩序づけられるところに成り立つのであり、美ということも、一体性の支配が身体の部分部分に行き渡っているということなのである。またたましいのよさ（徳）というものも、それが一体化されて、一つところに合致し、一つとなることにおいて成立するのである。

ところでたましいは、生命の始元（根源）として、[2]工作、形成、形容、[3]綜合などのはたらきによって、万物を一へとみちびくものであるから、いっそわれわれの考察も、たましいにまで及ぼして、そもそも一体性を与える根本のものはたましいであり、たましいがすなわち一というものなのであると、こう言うべきではないだろうか。しかしながら、たましいが根本になって肉体に与えるものは他にも、たとえば形容[4]や形相《けいそう》のようなものがあるけれども、それらについてはたましいがそのまま直接に、自分の与えるものと即一されるのではなく、[5]それらはたましいとは異なるものとして与えられるのであるが、ちょうどそれと同じように、たましいは肉体にまた一体性を与えるけれども、たましいの与えるその一体性は、たましいそのものとは異なるのであって、たましいは一なるものをかなたに仰ぎ見ながら、それぞれのものを一つにするのだということを認めなければならない。それはちょうどかなたに人間の形相を仰ぎ見ながら、人間をつくるようなものであって、たましいは人間をとらえることによって、同時にそのうちにある一体性をもつかまえることになるのである。すなわち一つであると言われるものは、それが正にあるところのありよう（本質）をもつ仕方に応じて、それぞれ一つなのである。したがって、あり方の少ない存在は、それが一つであることの程度も低く、存在度の高いものは、それだけ多くの一体性をもつわけである。そしてたましいにおいてもまた特にそうであって、たましいは一なるもの（一者）と異なるけれども、より高い、真実の存在である割合に応じて、それだけ多くの一体性をもつものである。しかしたましいは、一そのものではない。なぜなら、たましいは一つのたましいであって、その「一つの」ということは、ある意味において、外からたましいに付加されたものだからである。つまりたましいと一つのということでは、それは二つなのであって、ちょうど肉体と一とでまた二つになるようなものなのである。かくて合唱舞踊者の一隊のような、分散的な存在は一者からもっとも遠く、連続体の方がもっと一者に近いのである。そしてたましいはさらにいっそう近いのであるが、しかしそのたましいとても、一体性の一分を共有するものにすぎない。

これに対しては、たましいが一つのものでなければ、たましいでもないだろうということを理由にして、たましいと一者を同じものにしようとする人があるかもしれない。しかしながら、まず第一に、一つであることを存在の条件とするのは、他のものも皆それぞれそうなのであるが、しかしそれにもかかわらず、それらのものから一は区別されるのである。また次に、たましいはたとい一体のたましいであっても、多様の存在である。それは部分から合成されるものではないにしても、そのうちには推理、意欲、把握など、非常に多くの能力がふくまれていて、それがちょうど締め縄にくくられたように、一によって連続綜合されているのである。たしかにたましいは、他に、一体性をもたらすとともに、それ自身も一体をなすところのものである。しかし自己のその一体性は、たましいもそれ自身またこれを他から受けているのである。

（1）文字通りに訳すと、「善なるもの、あるいは一なるものについて」ということになる。ここでは「あるいは」を「すなわち」の意味に解して、簡単に「善なるもの一なるもの」としておいた。しかしこれらの表題は、ポルピュリオス（『プロティノス伝』4）の証言によると、プロティノス自身がつけたものではなく、人々の呼び方も一定していなかったらしいから、「善について」と「一者について」の二通りの呼び方が行なわれていたのであろうとも想像される。この「一者」という呼び名はプロティノスの哲学における最高者の呼び名として従来広く用いられてきたようである。「一なる者」では他の場合にも広く用いられるので意味があいまいになるから、訳文中においては従前通りの「一者」という言葉をそのまま用いることにした。旧訳（一九四八年、創元社版）では「善一者」という表題になっている。あるいはこの方がよかったかもしれない。

（2）「生命の始元として」という一句は、「たましいは」という訳語の意味を補足説明するための付加で、あるいは余計だと批評されるかもしれぬ。この「たましい」にはまた「生命力」あるいは「いのち」の意味があるわけであって、工作・形成などの仕事をするのはむしろこの意味の「たましい」であると考えられる。原語の「いのち」「生のもと」という意味についてはプラトン（『パイドン』105d,

『クラテュロス』339de,『国家』353d)、アリストテレス(『魂について』414a12,『ニコマコス倫理学』1098a13,『エウデモス倫理学』1219a24)、『エネアデス』IV 4, 10など参照。なお拙著『近代思想と古代哲学』のうちの「古代唯心論の理解のために」(『田中美知太郎全集』第六巻所収)を参照。

(3) 文字通りの「形容」を意味し、形態を与えるはたらきを指す。

(4) 右のはたらきによって与えられるものを指す。フィチーノのラテン訳では、形相(エイドス)に対して species を当て、形容(モルペー)に対しては、forma を用いている。しかし両者とも、文字通りの意味であって、術語的に考える必要はなさそうである。

(5) 形相とたましいとは別であることについて、たましいは、「生」とともに、また「形容」や「形相」を他のもの(生物)にあたえるとしても、「形相」そのものと同じではない、という意味。

2

さて、それでは、部分にわかれた一(個別的な一)にとっては、そのどれにとっても、その有(存在)と一とは同じではないのだとしても、しかし部分にわかたれない全体としての存在者と存在(有)にとっては、有と存在とははたして一と同じものなのだろうか。つまりそうすれば、そのような存在を見出した者は、またすでに一をも見出したことになり、有そのものが即(すなわち)一そのものだということにもなる。一例をあげると、いまその有が知性だとする。そうすれば知性は、知性であると共にまた一でもあるわけで、それが第一義的な存在だとすれば、また第一義的な一でもあることになり、その他のものに対しては、存在を分有させるとともに、また同じ仕方で同じ程度に、一をも共有させるものとなるだろう。

なぜなら、もしそれがそれらを離れても自体としてあるのだとすれば、それは何だと言えるだろうか。というのは、あるいはそれは存在するもの一般と同じかもしれないからである。なぜなら、「人」(単数)といっても、「ひとりの人」といっても同じだからである。[1] あるいはそれぞれの事物の一つ以上の数をかぞえてもいい。それはきみが何かを二つと言うとしたら、ちょうどその通りに、何か単独のものには、一つと言うことになる。そこでもし数が存在するもののひとつだとすれば、一もまた存在のひとつであることは明らかである。

そしてそれが何であるかを探求しなければならないことになる。しかしもし数えるということが、心(たましい)がものの表面をひとわたり当たって行くはたらきの所産にすぎないとすれば、一は実物のうちの何ものでもないことになるだろう。しかしながら、さきに言われたところでは、それぞれの事物は、もし一を失えば、全くのところ何ものでもないことになるだろう。

かくて、各個において、一と存在とが同じものであるかどうか、また、全体的の存在が一と同じものであるかどうかを見なければならない。しかしながら、各個の存在は多であるのに、一は多でありえないとすれば、両者は各《おのおの》異なることになるであろう。たとえば人間は、動物であって、ことを弁《わきま》えるものであり、また多くの肢体部分からなるものであって、これらの多は一によって結び合わされているから、人間と一とは、一方は部分に分けられるけれども、他方は不可分であるかぎりにおいて、別々なのである。そしてこのことはまた特に全体的な存在においてそうなのであって、それはすべての存在を自己のうちに含むことによって、ますます多となり、一から異なるものとなるであろう。そしてそれが一体性を保っているのも、ただこれを分取し、分有しているからであるということになる。またその存在は、とにかく死体ではないのだから、生命もあり、知性もあることになるが[2]、そうすればいよいよ存在は多でなければならぬ。

これに対しては、その存在をただちに知性体[3]であるとすることも考えられるが、しかしそのようにしてみても、多となることは必然である。それにもし形相（イデア）が含まれるとすれば、多はますますなお多となるであろう。なぜならば、イデアがまた、各個にも、また全体としても一つのものではなくて、むしろますます数多なるものであって、それの一体性はあたかも宇宙の一体性のごときものだからである。これを全体としてまとめていえば、一者が第一者なのであって、知性も形相も存在も第一者ではないのである。すなわち形相はいずれも多から合成されていて、それだけまた後のものなのである。なぜなら、ものが何かから成る場合には、いずれもその何かの方が先にあることになるからである。

ところで、知性が第一者でありえぬことは、また次の理由からも明らかである。すなわち知性は必然に知性のはたらきをしていなければならない。直知していなければならない[4]。特に最上の知性体ともなれば、眼目を外部に向けるものではないから、自己の先にあるものに対して知性をはたらかさねばならない。すなわち自己自身に向かって反《かえ》ることは、始元に向かって反《かえ》ることなのである。それで、一、もし知性が自分だけで、知性をはたらかしながら、同時にまたそのはたらきを受けているものだとするならば、(直知し直知されるものとして)それは二重性のものとなり、単一性のものではなくなるであろう。またしたがって一者ではないことにもなるであろう。二、またしかし自分以外のものを相手にするのだとすれば、その相手はどうしても自分よりすぐれたもの、自分より先のものでなければならない。三、しかしまた自分を相手にするとともに、自分よりすぐれたものを相手にするとも考えられるが、それでも知性は二次的なものとなる。また実際に知性というものは、一方においては、善であり、第一者であるところのもののかたわらにあって、これに眼を注ぐとともに、他方にあっては、また自分自身ともいっしょにいて、自分自身を相手に知性をはたらかせながら、自己がすなわち万有であることを知るというような、そういうものであるとしなければならない。したがって、それは多様複雑のものであるから、なかなかもって一者とはなしがたいのである。

それゆえ、一者は万有ではないであろう。万有なら、一者はもはや一者でありえないからである。また一者は知性体でもないであろう。なぜなら、知性体はすなわち万有であるから、一者は知性体であることによっても、やはり万有となるであろうから。また一者は存在でもないであろう。なぜなら、存在は万有だからである。

（1）アリストテレス『形而上学』第四巻1003b22〜34参照。

（2）「知性もあることになる」ということばは、底本では削除されている。

（3）「知性体」は「知性」と原語は同じであるが、「知性」と「知性体」は「生物」＝「生命体」との関係に似ている。「知性」だけでは「知性をもつもの」「知性をはたらかせるもの」の意味が出せないので、文章の前後関係によって、同じ原語に二通りの訳語を用いた。「知性体」は「知性対象」（ノエートン）の意味ではない。

（4）「知性のはたらきをしている」を説明して、もう一度「直知している」と訳してみた。原文では一つである。知性は直知するものを指す。知性体は直知されるものを指すが、プロティノスでは直知「するもの」と「されるもの」は、一つであり、ひとつの知性界をなす。

3

それでは、一者は何なのであろうか。いかなる自然の本性をもつものなのであろうか。しかしむろん、これに答えることは容易ではない。すでに存在や形相についても、それは容易ではないのに、われわれの知識は形相に依存するものだからである。ところが、その形相もないところへたましいが向かうとなれば、それだけはまた把捉が全然きかないことになるから、何も得るものはないのではないかと恐れて、たちまちたましいはそこから脱け出ることになる。なぜなら、そここではたましいが何か印象のようなものを受けて、限定されるということがないからである。〔すなわちその印象を与えるものというのは多くの様相をもつものなのである。〕たましいがこの種の努力に疲れて、むしろ下降をよろこぶのはこの故であって、しばしば万事を放擲して、脱落したたましいが感覚物にいたり、そこで初めて手ごたえのあるものを得て、いわば休息するようなことが生ずるけれども、これはちょうどまた視覚が、細かいものを見るのに疲れると、視力を落として、大きいものを見たがるのに似ている。しかしたましいが、純粋に自分単独で見ようとする場合には、ただ相手といっしょになることによってのみ見るのであって、それは一者となっていることなのであるから、まさにその一者であることによって、自分の求めているものを未だ得ていないように思うのである。つまり知られるものが自分のほかに別にはないからである。しかしとにかく、一者について真実を知ろうとする者は、以上の方法によるより外はない。

かくて、われわれの求めているものは一なるものであって、われわれが考察しているのは、万物の始めをなすところの善であり、第一者なのであるから、万物の末梢に堕して、その根源にあるものから遠ざかるようなことがあってはならない。むしろ努めて第一者の方へと自己を向上復帰させ、末梢にすぎない感覚物からは遠ざかり、いっさいの劣悪から解放されていなければならない。なぜなら、懸命な努力の目標は善にあるからである。そして自己自身のうちにある始元にまで上りつめて、多から一となるようにしなければならない。ひとはそれによってやがて始元の一者を観るであろう。すなわち知性になりきって、自己のたましいをこれにまかせて、その下におき、知性の見るところのものを正覚のたましいが受け容れるようになし、一者をこの知性によって観るようにしなければならない。その場合、感覚はどれ一つさし加えてはならぬし、また何にもせよ、感覚から出たものを知性のうちに受け容れてはならぬのであって、この上ない純粋のものを観るのには、知性も純粋の知性をもってしなければならず、その純粋知性の第一等のところをもってしなければならない。したがって、このようなものを観るの任にある者が、大きさや形や量を、この本性をもつものの周囲に想像するとしたならば、その者の観照には知性が指導していないことになる。なぜなら、本来そのようなものを見るのは知性の任ではなく、そのような仕事は感覚や感覚に従う思いなしのなすことだからである。

とにかく、知性から、それにできる範囲の報告を入手しなければならない。ところで、知性の見ることができるものといえば、それの先にあるものか、それの所有に属するものか、それから分かれて出たものかである[1]。そして純粋なことは、それのうちに属するものも純粋ではあるが、しかしそれの先にあるものどもの方がなおいっそう純粋で、いっそう単純である。〔いやむしろそれの先にあるひとつのものは、と言った方がよい。〕したがって、かのものは知性体でさえもない。むしろ知性以前のものでなければならない。なぜなら、知性体は存在のうちの何かであるけれども、かのものは何かではなくて、それぞれの先にあるもので、しかも存在でもないものなのである。

すなわち存在といえども、存在といういわば形容のごときものをもっているが、かのものは形容なしであって、知性によって直知されるような形容さえも有しないのである。

まことに、万有を生むものとしての、一者自然の本性は、それら万有のうちの何ものでもないわけである。したがって、それは何らかのもの（実体）でもなし、また何かの性質でも量でもないわけである。それは知性でもなければ、たましいでもない。それは動いているものでもなければ、また静止しているものでもない。場所のうちになく、時間のうちにないものである。それはそれ自体だけで、唯一つの形相をなすもの[2]なのである。否、むしろ無相である。なぜなら、それはいっさいの形相以前であって、運動にも、静止にも先んずるものだからである。すなわち、これらは存在を取り巻いて、これを多ならしめるものだからである。すると、運動していないのに、どうして静止していないのかという疑問が起こるかもしれない。それは存在については、この二つのうちのどれか、あるいは両方が必然だからである。また静止しているものは、静止によって静止しているのであって、静止しているものと静止そのものとは同じではないからで、そうすれば静止はそのものに外から付加されたことになるであろうし、またしたがってそれはもはや単一なものとしてあるのではないことになる。すなわち原因としてかのものを語るというようなことを、これを何かかのものの上に加えられた規定として術語づけることではなく、むしろわれわれ側のこととして語らなければならない。なぜなら、われわれはかのものから由来するところの何かをもっているけれども、かのものは自分だけで自分のうちにあるからである。否、厳密な言葉づかいをするとなれば、「かのもの」とも、「そのもの」とも言ってはならないことになる。ただわれわれはいわばその外側のようなところを走りまわって、われわれ自身の体験を言葉に直して言おうとしているにすぎない。それも時には、志向するところに近づくこともあるが、また時には、それに付随するところのいろいろの困難によって、的《まと》を離れたところに落ちてしまうこともある。

（1）この「それから分かれて出たものか」ということばは、底本では削除されている。
（2）プラトン『饗宴』211b にあることば。

4

ところで、この困難というのは、主として次のような事情に由来するのである。すなわちかのものの会得は、学問的知識によるのでもなく、また他の知性対象のごとく、知性の直知によるのでもない。それは知識以上の直接所有の仕方によるのである。しかるにもしたましいが、何かの知識を取り入れるとするならば、その場合にはたましいは、一つであることから離れて立つの悩みを受け、全般的には一つでないことになる。なぜなら、知識というものはひとつの言論であって、言論はすなわち多なるものだからである。したがってたましいは、数多に堕して、一体性を逸脱することになる。それ故に、すみやかに知識を越えて行かなければならない。決して一体性の外に踏み出してはならない。知識と知識の対象になるようなものから離れて立たなければならない。否、すべての他のものから離れていなければならない。それには美しい見ものといえども例外ではない。なぜなら、いかなる美もかのものよりは後であって、かのものから発しているのだからである。それはちょうど昼間の光明がいずれも太陽から発しているようなものである。それをしてこの故に「語られもせず、記されもせず(1)」というようなことが言われるのである。これをしかしわれわれが語ったり、書いたりするのは、ただ(人を)かのものの方へと送りつけて、語ることから観ることへと目ざめさせるだけなのであって、それはちょうど何かを観ようと意《おも》う人のために道を指し示すようなものである。すなわち道や行程は教えられるけれども、実地を観ることは、すでに見ようと意《ねが》った者の仕事なのである。

しかしこれを観るにいたらない者があるかもしれない。またそのたましいはかしこの光輝を会得せず、これを見ても、恋する者が自分の愛するものの懐に憩う時の、あの愛情のようなものを自己のうちに懐くことも、感ずることもなしに終わる者があるかもしれない。それは真実の光明を受けて、たましい全体は近接によって一面の光明に照らされているけれども、そこまで上って来ていても、なお背後に、観照の妨げをなすような、重荷を背負っているからであって、その者は単身で上って来たのではなく、かのものへ近づくことを妨げるようなものをもって上って来たのである。あるいは未だ合体して一となるところまで来ていないのかもしれない。つまり、かのものは何ものからも離れてはいないが、またしかし、いっさいのものから離れているのである。したがってそれは現にあるけれども、しかしそれを受け容れることができて、それに自己を適合させるだけの用意があり、一種の同化作用によってそれにいわば接したり、触れたりすることのできる者のところでなければ、それは現在しないのである。その接触には、かのものから由来し、かのものと類を同じくする能力をうちにもっていて、それによって、その能力がかのものから来たった時と同じ状態にある場合、かのものの本性で観られうるかぎりは、すでにこれを見ることができるのである。かくて未だかの境地にいたらずに、その外に止まる者があるとすれば、それはあるいは上述の理由によるかもしれず、あるいはまたそこに導く説明に欠陥があって、それについて確信を与える上に足りないものがあるためなのかもしれない。もし原因が前者にあるならば、とがむべきは自己自身にあるのであって、万事を放擲して、自己ひとりになることを試むべきである。しかし説明のうちに何か足りないものがあって、未だ確信がもてないのなら、それについては次のように考えてほしい。

(1) だれの言かプロティノスは明言していないが、プラトンの考えを指すものと一般に解されている。しかしこれがプラトンのどのことばに当たるかは、正確にきめることができない。ブレイエは『パルメニデス』142a を挙げているが、ことばは一致していない。ただ思想だけの一致なら、『第七書簡』

341cの方が、かえってことばも近いであろう。

5

ひとによっては、存在の秩序は偶然によって、ひとりでにつくられるものであって、それの統一は物体的な原因によって保たれているのだと信じている者[1]がもしかするとあるかもしれないが、そのような者は、神とか一者の認識とかいうことからは、遠くかけ離れているのであって、われわれもそのような人たちを相手に話をしようとするのではない。われわれの相手は、物体のほかにも他の種類のものの存在を認める人たちであり、たましいへの反省をもつ人たちでなければならない。そしてまたその人たちには、たましいの本性というものをよく知ってもらわなければならない。特にまた、たましいというものが知性体から出ているのであって、たましいの徳は、知性にもとづく理法の一分をたましいが自己に共有することによって、得られるものだということを知ってもらわなければならない。その次には、推理計算する能力、いわゆる勘考能力から、知性を別なものとして捉えてもらわなければならない。推理計算はすでに分裂と運動のうちにあるがごときものなのである。また、学問的知識が、たましいのうちに内在化された言論としての、そのような性格をいますでに明らかにしているのは、知性がそれら学問的知識の原因として、たましいのうちにすでに内在しているからだということを知らなければならない。

そしていま知性は把捉されうるものなのだから、これをさながら感覚物のごとくに見るとするならば、知性はたましいの上に君臨していて、たましいの父とも仰がれる知性界であることが見られるから、ひとは知性をもって揺らぐことのない静かな運動となし、自己のうちに万有を含み、すでに万有であるものとして、それは不可分の多であるとともに、また逆に分別の明らかな多であることを認めなければならない。すなわちそれは、命題が現に今一つ一つ知られて行く場合のように、別々に分かたれているのでもなければ、またそのうちに含まれているものがいっしょくたになってしまっているのでもない。なぜならば、各《おのおの》は分明にあらわれて来るのであって、それはたとえば学問的知識において、すべてが不可分の関係にありながら、しかもその各が区別を明らかにしているようなものだからである。とにかく、このひとまとめにされた多がすなわち直知される世界（知性界）なのであって、それは第一者に次ぐものである。そして理論上それの存在は、もしひとがたましいの存在をも認めるとするならば、必然的にそれも認めなければならないようなものなのである。しかしそれはたましいよりも優位な存在であるとはいえ、第一者ではないのである。なぜなら、万有の始元となる一者は単一なものであるけれども、それは一つのものではなく、また単一なものでもないからである。かくて、もしまことに何かが知性よりも先に存在しなければならないとすれば、それは存在のうちのもっとも高貴なものよりさらに先のものということになる。すなわち知性は一であることを志しながらも、一つにはなっていないのであるが、しかし一つのもののすがたをしている。それは知性が一者の次にあるものとして、一者に近いものであるが故に、自己自身を分裂させるというようなことはないから、自己自身[2]によっては知性は分散させられてしまわずに、自己自身と真実合体しているのであるが、しかし何らかの仕方において一者からは離れて立つことをあえてするものだからである。つまりそのような知性に先立つ驚異すべきものがすなわち一者なのであって、それは存在ではないのである。なぜなら、もし存在だとすれば、すでにそこにおいて一者は、他のものを前提して、その下に述語づけられるものとなるけれども、それは許されないことだからである。本当をいえば、一者には合う名前が一つもないのである。しかし何らかの名前で呼ばなければならないとすれば、これを共通に一者というのが適当であろう。むろんその場合、まず他のものを考えて、それからそれを一者と呼ぶようなわけではない。したがって、それの認識は困難であって、むしろそれから生み出されたものとしての有（存在）によって徐々に認識されることになる。またそれは知性を存在へと導くものであって、それの本性はおよそ最善なるものの源泉となるがごときものであり、存在を生む力として、自己自身のうちにそのまま止まって、減少することのないようなものであり、またそれによって生ぜしめられるもののうちに存在するということもないものなのである。なぜなら[3]、ちょうどまたそれらに先立つものだからである。われわれがこれを一者と名づけるのは、互いにこのものを表示するための必要に出ずるのであって、われわれはこの名称によって、不可分なるものの思念に導き、たましいの統一を計ろうとするのである。すなわちわれわれの言う一や不可分は、点や数の一の意味ではないのである。なぜなら、このような意味の一は、量の単元となるものであるけれども、しかしその量というものは、あらかじめ存在となるものや存在以前のものがなければ、成立しなかったであろう。したがって、このようなところに考えを向けてはならないのであって、ただそれが単一で、多や分割を免れている点において、類比的にこれらをかのものに似ているとなすことが許されるだけである。

(1) プロティノスが具体的にだれのことを考えていたかは、明らかでない。しかしこのような考えが、すでにデモクリトス(アリストテレス『自然学』第二巻 196a24～28, シンプリキオス『自然学注』p.327, 15～16) 以来存在したことは確かである。しかしプロティノスは、いわゆるアトム論者に直接接触したのではなくて、むしろプラトンの『法律』(第十巻 888e 以下) を通じて、間接的にそのような主張の存在を知っていたのかもしれない。

(2) 底本の読みではこの人称代名詞三格が何を指すのかあまりはっきりしない。「ひと」と「ロゴス」と「知性」の三つが一応考えられるけれども、前二者は直接のつながりが弱いようである。「知性」なら再帰代名詞に読んでもいいわけである。フィチーノ訳もそう読んでいるようである。

(3) 底本では「なぜなら」以下が独立の別文章となっていて「これらの先になるものは何でも」というような意味になるが、「何でも」という意味のとり方や、接続的な小辞の欠けているのが難点である。

6

それでは、われわれのいう一はどういう意味なのか。またそれを知性の理解力に適合させるのには、どうしなければならないのか。むろんそれは、数の一や点が一つのものとされるのよりは、もっと優越した仕方において一とおかれるのでなければならない。なぜならば、これらのものにおいては、ものの大きさや数の多を取り除いて行くことによってたましいは、最後にその最小なるものにいたり、そこにおいて何か不可分なるものにぶつかるのであるが、しかしこれはすでに部分に分けられるものの中に含まれていたのであって、他者のうちに存在するものなのであるが、しかしわれわれのいう一者は、他者のうちに存在するものでもないし、部分に分けられるものの中に含まれているものでもなく、また最小者の意味において不可分なのでもないからである。なぜなら、むしろそれはあらゆるものの中の最大のものだからである。もっとも、その最大というのは大きさにおいてではなく、能力においてなのである。したがって、それの不可分[1]ということも能力においてなのである。すなわち、それから後の存在といえども、それが部分に分けられずに不可分であるのは、能力によるのであって、容量によるのではないからである。

またそれを無限のものとして考える場合においても、それは大きさや数がきわめつくされないからというよりは、むしろその能力が捕捉すべからざるものであるということによるのでなければばならない。すなわち君がそれを知性もしくは神のごときものであると考えても、それはそれ以上のものとなるからである。またさらにそれを君が思考の上で一つのものとしてみたところで、その場合においても、たとい君が神を、君の知性によって把握される以上の一体性をもつものであると想像するにしても、それはなお神以上のものなのである。(2) すなわちそれは、自分だけであるものなのであって、何ものもこれに外から加えられることのないものなのである。

しかしこの自足性ということによって、ひとはまたかのものの一体性をも理解することができるかもしれない。すなわちかのものは、あらゆるものの中でもっとも充足的かつ自足的なものであるからして、不足分を他に求めるようなことの何よりも少ないものでなければならない。これに反して、すべて多なるもの、一ならざるものは、多からなるがゆえに、足らざる分を求めなければならない。すなわちそれの存在には、一体性が必要欠くべからざるものとして求められるのである。しかし一者は、自分がそれであるから、自分自身を不足分として求めるようなことはない。また実際、多なる存在は、それを構成しているだけの多を必要欠くべからざるものとするのであって、そのうちに含まれているものの各《おのおの》も、爾余のものとともにあるのであって、自分だけであるのではないから、やはり爾余のものを必要欠くべからざるものとするのであって、ひとつびとつについてみても、またその全体についてみても、このようなものは不足を訴えたり、求めたりするものとなるのである。かくて、もし本当に何か自足的なものがなければならぬとすれば、一者こそそれでなければならぬ。なぜなら、ひとり一者のみが自己自身に対しても、また他に対しても不足を訴えたり、求めたりするようなことのないものだからである。すなわちそれは、自分がただあるためにも、またよくあるためにも、何ら他に求めるところのないものであって、自分がそこに座を与えられるために何かを必要とするようなことも決してないものなのである。なぜならば、自分以外のものに対して、それらの存在因となっているものが、自己の正にあるところのものを他から授けられてもつということはないし、またそのよくあるということにしたところで、一者にとって一者以外の何がそれでありえようか。すなわち一者にとっては、よきということは外から付加されるようなものではないのである。それはつまり自己自身がまさにそれだからである。また一者にはいかなる場所も必要がない。それは座を与えられることを必要としないからであって、そのようなことを必要とするというのは、自己自身を保つ能力のないことを意味するのであり、座を与えてもらわなければならないものというのは、座が与えられなければたちまち転落する物量であり、たましいのないものなのである。むしろ他のものに座を与えるのは、ちょうどまたそれらのものを存立せしめると同時に、それらのものに配置の場所を得せしめるところのものなのである。これに対して場所を求めるものというのもまた、不足分をもつものということなのである。しかし最初にあるものが、それ以後のものを不足分として求めるということはない。そしていっさいの最初をなすもの（始元）は、いっさいのものに不足しないのである。

すなわち何にもせよ、不足分をもつものというのは、不足の分を求めることによって、始元を希求しているのである。これをもし一者が不足分をもつとするならば、それが求めるところのものは、むろん、一者でないことよりほかにはない。するとそれは、自己を亡ぼすものに不足して、そのような不足の分を求めているということになるであろう。しかしながら、およそ不足分を求めると言われるものは、いずれもよくあることを求めているのであり、また自己を保全するものを必要として求めているのである。かくて一者にとっては、それが求めなければならない善というものは一つもないのである。またしたがってそれは何ものをも欲しないのである。むしろそれは善を超越したものであって、他のものに対しては、それらのものが何かそれの一分を共有することができる場合においては、善となるけれども、自分が自己自身に対して善であるということはないのである。

またそれには、知性のはたらきとしての直知というものはない。これは分別（相異）というものを予想するからである。また一般のはたらき（作用）というものがすでにそれにはない。すなわちそれは作用以前のものであり、またしたがって知性の作用たる直知以前のものだからである。つまり、何をいったいそれは直知すべきであろうか。むろん、自己自身を直知するのでなければならない。すると、直知しない以前には、それは無知の状態にあるということになるであろう。そして自己充足者たるものが、自己自身を識るために、直知するはたらきを不足分として求めるということになるであろう。それゆえ、一者は自己自身を識別したり、直知したりすることがないけれども、それだからといって無知がそれを取り囲んでいるわけではないことになる。なぜなら無知というものは、他に異なるものがあって、その一方を識らない場合に生ずるものだからである。しかし自分だけしかないのだとすると、それは識ることもないし、また無知の対象となるものをもつこともないわけで、ただ一つあるものとして、自己自身に合体しているから、自己自身を直知する必要は別にないのである。とはいえ、その自己自身と合体しているということさえも、もし君が一者をしっかり見ておこうというのなら、余計につけ加える必要はないのである。否、直知するということも、合体しているということも除き去るべきであり、また自己自身を知ることも、その他のものを知ることも取り去ってしまわなければならない。すなわちそれは直知する者の側よりは、むしろ直知する作用の側におかるべきものなのであるが、しかし直知する作用といっても、それが直接にそのような作用となって直知するのではなく、他のものが知性をはたらかせて直知するような場合に、それの原因となるだけなのである。しかしながら、原因というものは、それを原因として生ぜしめられたものと同じではないから、したがって万物の原因となるものは、万物のどれでもないことになる。またしたがってそれは、他のものに善を供給するけれども、それ自身は決して善と呼ばるべきではなく、むしろあるいは他のいっさいの善を超越した善と言わるべきものなのである。

（1）原文の ἀμέγεθες は、フィチーノ訳に従い、ヴィトリンガとともに、むしろ ἀμερές と読むことにした。
（2）ここの原文はフォルクマンやブレイエの読み方に従った。

7

しかしもしそれがこれらのどれでもないというのでは、それをどう認識するのか、君も見当がはっきりしないで困るというのなら、君の立場をこれらの事物のうちに定めて、そこから観ることにしてもいいのだ。しかしそこから観るといっても、それの外に注意を突出させて観ようというのではない。観られなければならない当のものは、自分以外のいっさいのものから自分自身を引き払って、どこかほかのところに存在するというのではないからである。むしろこれに触れることのできる者のためには、それは現にそこにあるというかたちで存在しているのであるが、しかしそのような接触の能力をもたない者に対しては現在しないのである。またほかのものの場合に、別のことを考えたり、別のところに注意を向けたりしていたのでは、どんなものにしたところで、それを知るということはできないのであって、知られるものが純粋にそれだけで捉えられるためには、知られる当のものには、余計なものは何もつけ加えてはならないのであるが、ちょうどまたこの場合もそのとおりなのであって、たましいのうちに他の事物の印影を保有していたのでは、その印影が作用するから、かのものの直知は不可能となることを会得しなければならない。また他方、たましいが他の事物によってすでに占有されてしまい、現にまた占有されつつあるような場合には、これと正反対のものの印影によって印象づけられることも不可能であることを知らなければならない。素材については、それがあらゆる事物の印影を受容すべきものだとすると、またあらゆる事物の性質を欠いていなければならないということが言われているが[1]、ちょうどそのようにというよりは、むしろなおさらたましいは、いやしくもそれが第一者によって充実され、照明されるためには、それの妨げをするようなものが一つでもそこに潜んでいてはならぬとすると、いかなる形相も有することのないものとならなければならない。そうすると、あらゆる外物から身を引いて、内部への全面的転向を必要とすることになる。すなわち外物のいかなるものへも偏倚することなく、万事何ごとについても関知することなく、それもはじめは心構えだけのものであったのを、いまは形相の点までも知らぬということを押しすすめて、ついにかのものの直観のうちに自分自身を忘れるところまで行かなければならぬ。そしてかのものに合体して、いわばそれとの交わりのごときものを充分に尽くした後に帰って来て、もしできるなら、他の者にもかしこにおける合体交合の模様を伝えるようにしなければならない。かのミノス王[2]も多分このような交わりに与《あずか》った一人なのであろうか、ゼウスを知己にもつ者だと評判され、その交わりの記憶にもとづいて、それの面影を法律に写し定めたのであるが、彼を立法者たらしめたものは、神的なるものとの接触による自己充実なのであった。あるいはまたしかし、政治上のことは自分の仕事とするには足りないと考えて、自分の意志で、かしこに止まるのもさしつかえない[3]。かのものを見ることが多ければ、ちょうどまたそのような気持になるであろうから。ひとのいうように、それはいかなるものに対しても、その外にあるものなのではなく、むしろあらゆるものとともにあって、それと合体しているのであるけれども、ただ必ずしもすべてのものがそれを知っていないだけのことなのである。それは自分からもとめて、かのものの外——というよりは、むしろ自分自身の外に逃げて出ているからなのである。とにかく事実、自分の方で逃避しておいて、それを捉えるということはできないし、また自分自身をなくしてしまっておいて、他者を求めるというのもできないことである。しかり、狂気によって自己を失った子供もまた父を見知らないであろう。しかし自己自身を識る者は、また自分がどこから由来するかということを知るであろう。

（1）プラトン『饗宴』を見よ。拙著『プラトン「饗宴」への招待』第一章参照。

（2）クレテ島の支配者となるために、ラダマントス、サルペドンなどと競争した話、ポセイドンから牛を贈られた話、ダイダロスに迷宮をつくらせた話、そこに住むミノタウロスという怪牛の話、これを退治するテセウスの話、アリアドネの話など、いろいろな伝説が彼の周囲に形成されている一方、ゼウスの特別な寵を得た人、正義と知恵のほまれたかき人として、立法者司法者の名を得ている。ゼウスとの関係についてはホメロスの『オデュッセイア』第一九歌一七八行を見よ。しかしプロティノスの考えているミノスは、プラトンの『ミノス』(318e以下)に取り上げられているミノスであろうと思われる。ミノスの取扱い方がプラトンと全く同じだからである。おそらくこれもプロティノスがプラトンをよく読んでいたことの一例となるであろう。なお『法律』第一巻624ab参照。

(3) 底本に従うと、「……と考えて(ミノスは)永久にかしこに止まりたいと望んでいるのでもあろう」というような意味になるかもしれない。しかしミノスについて「あるいは」とまた別のことを、しかも「望んでいるのでもあろう」と言ったりすることはおかしい。ミノスについていつまでもくだくだと語る必要はないようである。やはり従来の校本のように不定法で読む方がよいであろう。

8

かくて、他日もし何らかのたましいが自己自身を知るようになり、そしてたましいの運動というものは、それが挫折する場合を除いては、直線的なものではなくて、むしろそれの自然の運動は、何かをめぐる円環運動のごときものであり、しかもそれは何か外にあるものをめぐるのではなくて、自己の中心をめぐるのであり、円はそれを中心にして、そこから成立せしめられるようなものであることを知るならば、たましいは自分がそこから出て来ているものをめぐって運動するようにするであろう。そして自分自身をそこへもって行って、それに合体させることによって、自分をそれに掛からせようとするであろう。そしてその同じところへすべてのたましいの運動が向かわなければならないはずなのであるが、しかし常々これに向かって運動しているのは神々のたましいなのである。つまりこれに向かって運動するたましいが神々なのである。すなわちかのものと接触合体したものが神であり、それから遠く離れて立つものが人間――それも雑多に分裂した人間――であり、動物なのである。

それでは、このたましいの中心点のようなものがわれわれの求めているものなのであろうか。否、むしろ中心点みたいなものがすべてそれひとつに集中するところの、何かもっと別なものを認めなければならない。しかしこのように言うのも、人々の知っている円を例にとって、それの中心点というようなものを類推に用いるかぎりにおいてであるということを知らなければならない。すなわちたましいは、幾何学図形のような意味において円なのでは決してないのであって、ただそれの始元となるような性質のものがそれ自身の中に、それをめぐって考えられるからという意味なのである。またたましいは、そのようなものをもとにして、そこから出て来ているからという意味でもあり、またさらに、たましいは別々に離しても、ひとつびとつが全体をなしているというようなことも、このような類推のいっそう有力な拠りどころとなっているわけである。

ところで現実には、われわれの一部分は肉体によって占められ、あたかもひとが足を水中に入れて、身体の他の部分で水の上に出ているようなものであるから、つまりその肉体に浸されていない部分で、肉体の上に超出し、これによってわれわれは、われわれ自身の中心点において、いわば万物の中心点のごときものに接触して、これに合体するわけで、それはちょうど球の中心点に、それに含まれているもっとも大きな円それぞれの中心点が接触合体するようなものであって、われわれはそこにおいて安定を得るのである。ところで、それがもし物体の円であって、たましいの円ではないのだったなら、それと中心点との接触合体は場所の上で行なわれ、中心点がどこかにおかれていると、円はそれをめぐって存在していたであろう。しかしたましいはそれ自体知性的な存在であって、かのものはその知性すらも超越するものであってみれば、その接触合体はもっと別なものの力によって生ぜしめられるものと思わなければならない。すなわちそれは直知する者がまさにそれによって直知されているものに対してもつ接触合体の仕方であって、それは相似性と同一性にもとづいて、直接そのもののところにあって、何ものにも妨げられることなしに、自分の同類たるものと接触合体することになるわけで、このようなことは、直知する者の場合よりも、この場合においてこそいっそう多く考えられなければならないことなのである。すなわち物体は物体によって妨げられて、相互に共同することができなくなるけれども、物体でないものは、物体によって分けへだてられるということはないのである。またしたがって、それらが互いに離れればなれになるのは、場所の上のことではなくて、分別（相異）と差別によるのである。したがって相異（分別）がそこになければ、それらは互いに異なるところがないのであるから、直接お互いのところにあるということになる。するとかのものは、分別相異を知らない一者であるかぎりにおいて、いつも直接そこにあるわけであり、われわれは分別（相異）をもたない場合においてのみ、直接そこにあるわけである。またかのものは、われわれを中心目的にして、われわれをめぐる存在となることをもとめるものではないけれども、われわれはかのものを憧憬の中心にして、かのものをめぐる存在となることにつとめているのである。否、いつもわれわれはかのものを中心にして、そのめぐりに存在しているのであるけれども、しかしいつもかのものの方を視てはいないで、ちょうど（劇の）エクソドス（終幕）[1]にうたう合唱舞踊隊は、中心に指揮者をもっていても、観衆の注意の外に向きを取っていることもありうるわけであるが、しかしそれが向きを直すと、美しい合唱が生まれ、指揮者が真実その中心となるように、われわれもまた常にかのものを中心にもっているのであって、もしかのものを中心にしないならば、われわれは完全に解体して、もはや存在しないことになるのであるが、しかしわれわれはいつもかのものの方を見ているとはかぎらないのである。しかしわれわれがひとたびかのものを見るにいたるならば、そのときこそわれわれは最終目的を達成して、そこにやすらいを得ることになるのであって、うたい損いもなく、真実かのものを中心に、神来の妙なる合唱歌をうたいながら舞っていることになる。

（1）以下に言われることは、必ずしもエクソドスだけに限られるものではないように思われるが、一応文字通りに訳しておいた。劇のコーラスの役割は、登場人物の対話する場面に重要性が与えられる割合に応じて、いろいろ違うわけであるが、コーラスが休んでいる時と、活動する時とがあるわけである。

9

そしてこの合唱舞踊のうちにたましいは、生命の源であり、知性の源であるもの、存在の始めをなし、善《よ》きことの因をなし、たましいの根となるものを直視するのである。これらのものはそこから流れ出て来ているけれども、それによって本《もと》のものが減らされることはない。それは物量ではないからである。もしそうなったら、そこから生まれたものは亡びるものとなっていたであろう。しかし現にそれは永遠不滅なのである。それはこれらの始めをなすものが、これらに分割解消されてしまうのではなく、全きままに止まって、同じ状態をつづけているからである。つまりそれだからこそ前者もそのまま止まっているのである。それは太陽がそのままならば、陽光もまたそのままあるようなものである。それはつまり、われわれのところに忍びこんで来ている肉体の性が、自分自身の性の方へどんなにわれわれを引きよせたにしても、われわれがかのものから切り離されてしまわず、全く別になってしまわないで、依然息をつづけて、生命を全うしている所以《ゆえん》のものは、かのものが一度与えたきりで、後は身を退くというやり方ではなく、それがまさにあるところのものであるかぎり、いつまでもわれわれの合唱舞踊のために、すべての賄《まかな》いをつづけていてくれるからだということなのである。否、われわれの存在は、われわれがかのものの方に傾きさえすれば、それだけ存在度が多くなるのであって、その存在をよき存在たらしめるものもまたかしこにあるのである。そして存在がかのものから遠ざかれば、それだけで存在度は少なくなるのである。かしここそたましいのいこい場なのであって、いっさいの邪悪から清められたその場所へ駆けのぼることによって、たましいは邪悪を脱するからである。たましいが知性にめざめるのもそこにおいてであり、もろもろの悩みを受けずにすむのもそこにおいてなのである。否、真実の生というものもそこにおいてこそ生きられるのである。なぜなら、現在の生、神なき生というものは、実は生命の影に過ぎないのであって、かしこの生を模したものなのである。これに対して、かしこの生はすなわち知性の活動なのであって、この活動あることによって、[1]それは神々を生むのであるが、これはまたかのものへの静かなる接触によるのである。そして美を生み、正を生み、徳を生むのである。つまりこれらは、たましいが神にみたされることによって、うちに孕《はら》むところのものだからである。[2]そしてこれがたましいの終始するところのものなのである。始めというのは、たましいはかしこから出て来たものだからであり、終わりというのは、究極において求められる善がかしこにあるからであって、たましいはかしこに生ずることによって、自分自身が本来あったところのものになるからである。というのは、この世にあって、この世のものによって生きるというのは、脱落の結果であり、追放のためであり、天かける翅《はね》を失ったからなのである。[3]

また究極の善がかしこに求めらるべきものであるということは、たましいに生来やどっている愛のこころがまたこれを明らかにしているのであって、愛情（Eros）とたましい（Psyche）のこの関係は、[4]ちょうどまた絵画や物語において、両者が一対に取り扱われている所以のものなのである。すなわちたましいは、かの神とは異なるが、しかし神から出たものとして、神への愛情をいだくことは必然なのである。そしてたましいは、かしこにあるかぎりは、天上のきよらかな愛をもつけれども、ここではそれは世俗的な愛欲となるのである。[5]すなわちアプロディテも、かしこにあっては天（Uranos）の一族としてのきよらかさを保っているけれども、ここでは誰かれの区別のない、いわば娼婦化された世俗のアプロディテとなるが、ちょうどまたたましいは、どれもすなわちアプロディテなのである。そしてまさにこのことが、アプロディテの生誕と、エロスがアプロディテといっしょにされることとの[6]隠された意味なのである。かくてたましいは、それが生来の持前を保っているかぎり、神への愛情をいだいて、神と一体になることをこいねがうものなのであって、それはあたかも処女が、よき父に対して美しい愛情をよせるがごとくである。しかしそれが生成の世界に来て、求婚者の誘惑のごときものに欺かれる時、父を見すてて、もう一方のはかない愛欲に見かえ、これに耽溺《たんでき》するにいたるのである。しかしさらにまたこの地上的な耽溺が厭わしくなる時、たましいはこの世のものから自己をきよめて、ふたたび父の膝下にわが身を寄せることに、よろこびを感ずるようになる。

またもしこのようなよろこびを識らないという者があるならば、この世の愛をもとにして、そこから推して知るべきである。ひとが愛の対象として、まず何よりも求めているものを獲得することが、どんなよろこびであるかを思え。しかもそこに愛の対象とされているのは、やがて失われるはかないものであり、有害なものであり、仮象を対象とするうつろいやすい愛であることを忘れてはならない。それはもともと真実の愛の対象たるものではなかったのであり、われわれの究極の善として、われわれが求めているところのものではなかったからである。むしろ真実の愛の対象となるものはかのところにあったのである。そしてかのものに合体することも、かのものを分取して、真実これを所有する時にこそ可能なのであって、この真実の所有ということは、外部から肉によって包まれていない者にして初めて許されることなのである。しかし見たことのある者は、誰でも私の言おうとしていることを知っている。たましいがかしこにおもむいて、すでにかしこに到着し、かのものを分有することになると、その時は生活が一変して、そのような生活状態におかれることによって、真実の生命を賄ってくれる者が直接その場にいることを知るようになり、もはやそれ以上何も必要としないようになる。否、むしろ反対に、他のいっさいのものを脱ぎすてて、ただそれひとつだけに立ち止まらねばならなくなる。すなわちわが身に纏《まと》う、その余のいっさいの残りのものは、これを断ち切って、そのものひとつだけにならなければならない。したがってわれわれは、この地上から逃れ出ることを急がねばならず、われわれ自身の全体をもってかのものを抱擁し、われわれが神に接触するのに用いることのないような、いかなる部分もわれわれのところにはないようにしようというのに、あらぬ方へ束縛されているわが身の上を嘆かねばならなくなる。

かくて、そこに見ることができるのは、見ることが許されるかぎりの、かのものであり、また自己自身なのである。その自己自身は、知性的な光明にみたされて、ひかり輝く自己自身であり、あるいはむしろ光そのものとなって、きよらかに、軽やかに、何の重荷もなく、神と化したというよりは、むしろすでに神であるところの自己自身なのである。それはこのような場合においては光明が点じられているけれども、しかしふたたび重荷が加えられるなら、まるで火の消えたようになる自己自身なのである。

(1) テクストはキルヒホッフに従う。
(2) プラトン『饗宴』212a 参照。
(3) プラトン『パイドロス』246c, 248c など参照。
(4) プシュケーとエロスの恋物語は、アプレイウス『変身(黄金のろば)』(IV 28 以下)などによって、一般によく知られている。呉茂一・国原吉之助の共訳(岩波文庫)がある。
(5) 天上のきよらかな愛と、世俗的な愛欲との区別は、プラトンの有名な教えで、プロティノスも『饗宴』180e における、プラトンの言葉をそのままここに用いている。

（6）エロスとアプロディテとの不離の関係は、プラトンの『饗宴』180d において言われているように、万人の認めるところであって、ヘシオドス（Theogonia 201）以来いろいろに説かれ、プシュケーとエロスの物語などでは、アプロディテはエロスの母となっている。プラトンの『饗宴』203b 以下では、母はペニア（貧困）となっているが、またしかしアプロディテとの特別な因縁も、やはり別の仕方で説明されている。

10

それでは、どうしてかしこにそのまま止まらないであろうか。むろん、この世からの脱出が未だ完全ではないからである。しかしやがて何時か、肉体の重荷をもはやひとつも負わされないで、観照を持続するような時も来るであろう。われわれのたましいにあっては、そのような重荷を負わされているのは、見るはたらきに終始する部分のことではなくて、もっと別の部分なのであり、それは見る部分が観照を休止している時でも、休みなしに証明とか説得とかいうような、たましいの論証するはたらきのうちに、知識をはたらかせている部分なのである。しかし見るはたらきも、またそのはたらきによってすでに見るところのものも、もはや論理ではない。むしろそれは論理以上に大いなるものであり、論理に先立ち、論理の上に君臨するものなのであって、そのことは見られる側のものについても同様である。かくて自己自身を見る者は、まさにその見る時に、何かかくのごとき自己自身を見るであろう。否、むしろかくのごとき自己自身に合体し、すでに一体となっている自己自身を、かくのごときものとして感得するであろう。しかしたぶん、「見るであろう」というような言い方もしてはならないのかもしれない。むしろ見られるものというようなものは、その見るものと見られるものを二つにして言わなければならず、両者を一つにするものではないとすると、奇矯《ききよう》な言い方ではあるが、その場合、見る者はそのようなもの（すなわち見られるものというようなもの）を見てはいないのである。見る者はそのような区別を設けもしないし、またむろんこれを二つのものとして現前させるようなこともない。それはたとえば自分が自分のものでもなければ、また自分自身でもなくなって、他者となり、かの邦《くに》の一員として登録されているようなものである。そして自己をかのものに所属させることによって、それは一つになっているのであって、それはちょうど中心を中心に合わせることによって、円が一つになるようなものである。すなわちこの場合においても、円は合することによって一つとなり、離れることによって二つとなるからである。われわれもいま一者をわれわれとは異なるものとして語るとすれば、それはそのような分離の結果である。そして観たことを話すということの困難な所以《ゆえん》もまたまさにここにあるのである。なぜなら、かのものを観ていた時には、それを自分とは異なるものとしてではなく、むしろ自分と一体をなしているものとして見たのであるのに、それをどうしてひとは自分とは異なるよそごととして語りつたえることができるであろうか。[1]

（1）テクストは底本によらないで、A, E写本に従う。底本に従うと「かしこで」。

11

世の密教のいましめに、門外不出ということが言われているが、そのこころはまさにこのことを明らかにしようとしたものであって、かの神事は外部に伝えることのできぬものであるとして、よその者には、自分でもまた直接にこれを見るという仕合せをさずかった者でなければ、誰にも明かすことを禁じたのである。

かくて、見る者は見られたものと相対して二つになっていたのではなくて、見られたものと自分で直接に一つになっていたのであるから、相手は見られたものというよりは、むしろ自分と一つになっているものというべきであったろう。したがって、かのものと交わりつつあった時にひとが何者となったか、もしその記憶があるならば、ひとは自己自身にかのものの面影をとどめて、もっていることになるであろう。ところで、その場合ひとは、自分自身がまた一体者となっているのであって、自己のうちには、自分自身に対しても、また他についても、何らの相違も含んでいないものだったのである。すなわちその場合の彼には、何の動きもなかったのである。激しい感情はむろんのこと、他に求める欲望も、そこまで登りつめた彼のところには存在しなかったのである。否、言論も、何らかの知るはたらきも存在しなかったのである。もしそこまで言う必要があるならば、まるで自己自身でさえもなかったと言ってもよいであろう。むしろちょうど、それは肝をうばわれたり、あるいは神憑《がか》りにかかったりした時のように、虚白の状態のまま静寂に帰してしまうのであって、自己の存在にはいささかの動揺も見られず、どの方面にも偏向はなく、自己自身を中心とする回転さえも存在せず、全体にわたって静止し、いわば自分が静止そのものになり切るようなものなのである。それはまた美の仲間にも止まらないで、すでに美というようなものも急速にのり越えて、もろもろの徳のおどり仲間さえもすでに超越しているのであって、ちょうどそれらは不可侵の玄宮(1)に参入した者が背後にのこして来た宮の神像のようなものであって、玄宮から出て来れば、それがまた玄宮内で見たものに次いで第一位のものとなるわけであるが、かしこの交わりは直接本物との交わりであって、影像や肖像とのそれではなかったのであるから、これらは要するに第二位の観ものとなるわけである。否、あれはたぶん観ものというべきものではなくて、視るとは違った仕方があったのであろう。すなわちそれは没我（エクスタシス）であり、一体化であり、自己放棄であり、接触への努力であって、また静止であり、思念を凝《こ》らしてかれへの順応をはかることなのであって、いやしくもひとが玄宮内部のものを観ようとするならば、このようにするより外はないのである。それをもしあらぬ見方をするようなことがあれば、何もそのような者の見るところには存在しないことになる。

かくて、上述のもろもろのものは模像たるにすぎないのであるが、神のこころを解くことのたくみな者に対しては、またその上、かの神がいかにすれば見られるかということの謎をかけてもいるのである。そしてたくみな聖職者ならば、その謎をといて、かしこに参じ、真実に玄宮のうちを観照することであろう。またもしかしこに参入しなかったとしても、その不可侵なる玄宮の存在を何か眼に見えないものとして認め、これを源泉とも始元ともして、始元を見るには始元をもってするの仕方を悟るであろう。そうすればそこに合体が生ずるのであって、しかもそれは似たもの同士のそれであるから、およそ神的なるものは、たましいとして所持し得るかぎり、一物をものこさないのである。そしてすでに観照を前にしては、観照から求めるのは、なおそれでものこされねばならなかったものだけとなる。しかもそこにのこされねばならなかったものとは、すでに万物を超越し来たった今においては、まさに万物以前であるところのものでなければならない。

すなわちたましいというものは、元来全くの非存在にいたるというようなことはむろんないのであって、それは下降によって劣悪なものにいたり、またその意味において非存在にいたるところはあるにしても、全然の非存在にいたることはないはずなのである。また急いで逆の方途に引き返すにしても、たましいは自分と違ったものの中へ入りこむことになるのではなく、自分自身のうちにかえることとなるのである。すなわちこの意味においてたましいは、自分とは違った他ののうちにあるという仕方において、非存在のうちにあるということはないのであって、たましいは自分自身のうちにある。しかもそれはただ自分のうちにだけあるのであって、かのものを何か存在するものとして、自分がその存在のうちにあるというようなことはないのである。なぜなら、この場合、ひとが自分だけになるといっても、それは存在になることではなくて、かのものと自分が交わるかぎりにおいて、存在を超越した彼方にいたるのでなければならないからである。

かくて、もし自分がこのようなものになるのを視るにいたるならば、そこにひとは自己をかのものの似すがたとしてもつことになるわけである。そしてまたこのような自己をぬけ出して、いわば模型に対する原型のごときものへと歩を移して行くとき、ひとは行程の目的をそこに完了したことになるであろう。そしてそのような観照から外れて下へ落ちて来るにしても、またふたたび自己のうちの徳を呼び起こして、自分がすっかり秩序を回復してしまっているのをしかと認めるにいたるならば、またふたたびわが身は徳の力によって軽くなり、知性にいたって、知恵を通して直接かのものに到達することになるのであろう。そしてかくのごときが神々の生活であり、人間のうちでも神々のごとき、幸福なる人々の生活なのである。それはすなわちこの世の他のいっさいからの解脱《げだつ》であって、この世の快楽をかえりみぬ生活なのである。自分ひとりだけになって、かのものひとりだけ(2)を目ざしてのがれ行くことなのである。

（1）常識的には神像のあるところの本殿、パルテノンでいえば、ヘカトンペドンのようなところが、内陣とも玄宮とも考えられるが、プロティノスでは、さらにそれの奥の殿が文字通りの不可侵の場所（玄宮）と考えられている。それが具体的にどう考えられるのか、よくは分らない。パルテノンにも、本来のパルテノン（乙女の間）や、さらにその後のオピストドモスが一種の奥殿をなしているとも見られるが、それは壁によって、ヘカトンペドンから区別されているようであるから、プロティノスの文章にあるような、出入を考えることは困難に思われる。しかしこれはパルテノンではなくて、プロティノスの時代のもっと別の神殿の場合を考えた方がよいのかもしれない。なお玄宮の類例は、『三つの原理的なものについて』6章にも見られる。

（2）「自分ひとりだけになって、かのものひとりだけ」という言い方について、ブレイエは、ヌゥメニオスの——エウセビオス（Praeparatio Evangelica XI 22）による——「感覚物から遠くはなれて、自分ひとりになって、善ひとりだけと交わる」という言葉に似ていることを注意している。

三つの原理的なものについて[1]

『エネアデス』第五論集 第一論文（V 1）

田中美知太郎 訳

本篇は十番目、つまり「善なるもの一なるもの」のすぐ次に書かれた、やはり第一期著作群に属する有名な作品である。表題の「三つの原理的（始元的）なもの」とは、むろん善なる者、知性（英知）、たましいの三者をさしている。

ただし本篇の主要な目的は、この三者を記述することよりも、むしろわれわれのたましいに自己反省を迫って、その内面的な豊かさと尊厳性を自覚させることの方にあるので、この表現はあまり適切でないと考える人々もある。

なお本篇は、三位一体論との関連などから、キリスト教の教父たちによって最もひんぱんに引用ないし言及されたプロティノスの著作であると見られている。

内容の概略は次のとおりである。

1 向こう見ずな進出が、たましいに父なる神を忘れさせるいとぐちとなった。たましいをその本源へ還帰させるための二種の言論。その一つをここで試みる。

2 生物に生命を与えるのはたましいである。世界霊魂が世界に生命を吹き込む様子を想像してみよう。世界におけるたましいの遍在性と一体性。天と天体を神々たらしめるのもたましいである。われわれのたましいと世界霊魂との同質性。

3 たましいの上方に知性が隣接し、たましいは知性の影像である。たましいの理性的活動は知性に依存する。知性の尊貴なること。

4 感性界の上に知性界があって、そこでは、感性界に見られるすべてのものが、純粋で完全な姿で存在する。その永遠性。知性と有るものとは一つであるが、直知する者とされる者としては二つである。さらに異、同、動、静、数、量、質があり、これらから他のすべてが成立する。
5　知性界は多であるが、多は一から生じたはずなので、たましいは知性の上位のものをさらに求める。知性界の「数」とは形相である。
6　一者から、なぜ、どのようにして多が生成したか。一者は不動のままで、知性が生まれた。成熟した者は生む。生まれた者は生んだ者を愛する。知性の一者に対する親密さ。
7　一者が知性を生む仕方。生む者の自己集中から生まれる。無限定のものが生まれて、生んだ者によって完成される。知性の豊満さ。知性からたましいが生まれる仕方。
8　三始元説は、プラトンが信じていたことである。パルメニデスもある程度それを知っていた。
9　アナクサゴラス、ヘラクレイトス、エンペドクレスも三始元説をある程度知っていた。アリストテレス批判。超越的一者を信じるのはピタゴラスとペレキュデスの伝統である。
10　人間のたましいの内部も三層から成る。たましいの推論する部分の肉体からの超越性。たましいの他の部分をも上方へ導くべきである。
11　われわれのたましいの内に知性が存在するという根拠。知性が推論を可能にする。知性があれば一者も存在する。一者は不可分のまま多の内にある。
12　知性と一者をたましいがいつもは意識しないわけ。たましいの耳をすませて、上方からの響きを聞け。

1

はたしていったい何ものが、たましいに父なる神を忘れさせてしまったのであろうか。自分はかしこから分派されたものであって、全体がかのものに依存しているわけなのに、そういう自己自身をも、またかの神をも識ることのないようにしてしまったのはいったい何であろうか。むろんそれは、あえて生成への一歩を踏み出して、最初の差別を立て、自分を自分だけのものにしようと欲したから、それがたましいにとってそのような不幸のはじめとなったのである。特にこの自分勝手にふるまいうることのよろこびというものは、一度たましいがこれをおぼえたと見えてから、その自己主動性の濫用というものはすでにはなはだしいものがあったのであって、たましいは逆の一途を急転して、非常に遠くまで離反してしまったので、自分がかしこから出て来た者であるということすら識らぬにいたったのである。それはちょうど小児が、生後間もなく父の手許から引き離されて、長い間遠方で育てられたために、父が誰であるか、自分が何者であるかを識らないようなものである。かくて、もはやかの神をも自己自身をも見ることのないたましいは、自己の素性を識らないため、自分を卑《いや》しんで、他を尊び、何でもむしろ自分以外のものに驚嘆し、これにこころを奪われ、これを称美し、これに頼り、自分が軽蔑して叛《そむ》き去って来たところのものからは、できるだけ自分を決裂離反させるにいたったのである。したがって、かのものをまるで識らないということについては、自分を卑しんで、この世の事物を尊ぶということが、その一因であるということになって来る。すなわち他のものが追求され、驚嘆されるということは、同時にまたこれを追求し、これに驚嘆する者が、自己の劣悪を承認することだからである。しかしながら、自分を、生じ来たり、亡び去るもろもろの事物よりも劣ったものだときめて、自分を何よりも無価値な可死物であると考え、他のものをむしろ価値ありとしているのでは、思いを神の本性や能力に致すことは決してできないであろう。

それゆえ、このような心理状態にある者に対して、彼らを逆の方へ、すなわち最初にあったものの方へ転向させ、向上して最高第一の一者に到達するところまで導いてやろうとするならば、その言論は二通りに分かれて来なければならない。すなわち、その二つとは、それぞれ何であろうか。一つは現在たましいによって価値ありと尊ばれている事物の無価値を明らかにするものであって、これは他の機会において詳説するであろう。もう一つの言論は、たましいに自己の素性がいかなるものであるかを教え、自己の真価を想起させるものであって、この言論の方がいまの(もう一つの)言論よりも先であって、これが明確にされれば、またいまの言論をも明白なものにするであろう。ここではこれについて語らなければならない。なぜなら、これは所求の目的に近く、かつ前者の言論にも役立ちうるからである。すなわち探求する者はたましいなのであるが、たましいは自己が何ものであることによって探求するのかを識らなければならない。それは自分がそのような事柄を探求する能力をもっているかどうか、これを視るような眼をもっているかどうか、またこれを探求するに適当であるかどうかをあらかじめ知っておくためなのである。なぜなら、求められているものが自分の性に合わないなら、何の探求の必要があろうか。しかし性に合うなら、探求は適当であり、発見も可能だからである。

（1）直訳すると、「三つの始元的な存立原理について」とでもなるであろうか。しかし題名はプロティノス自身のものでないことは、さきの「善なるもの一なるもの」の場合と同じであると考えられるから、簡単に「三つの原理的なものについて」と訳しておいた。というのは、ここに「存立原理」と直訳した原語（ヒュポスタシス）は、ラテン語の哲学用語 Substantia に対応するものとして、三一論などに重要な意味をもつことになるけれども、プロティノスはこの論文で、この言葉をそう重要な意味には用いていないし、むろん、また三原理をこの言葉で包括的に取り扱うようなこともしていないからである。この論文を通じて、この言葉は四回ほど、3章に二回、7章に二回出てくるけれども、それは「生命を与えて他のものを存立させる」とか、「存在基礎」とか、「存立」とか、「存在として成立している」とか訳されるもので、それと同根の動詞形の場合——3章一回、4章一回、6章二回ほど——を考えても、基礎を与えて、そこに立たせる、外面化するという他動的な意味と、そういう基礎を得て、そこに立つという自動的な意味が区別されるだけで、特定の術語的用法は考えられず、また多少その傾向があっても、それがプロティノス哲学における、主要な術語になっているとは考えられない。したがって、題名だけを術語的に訳すことは、かえって誤解のもとになると信じたので、形容詞「三つの始元的な」に主な意味をもたせて、名詞（ヒュポスタシス）は軽く「もの」くらいに取っておいた。

2

それでは、まず第一にすべてのたましいが留意すべき[1]は次のことなのである。すなわち生物はすべてこれに生命を吹きこむことによって、自分がこれを生物たらしめたのであって、地のはぐくむところのものも、海のやしなうところのものも、空中にすむものも、天にある聖なる星も、みなしかりである。また太陽を太陽たらしめているのも自分ならば、この大きな天を天たらしめているのも自分なのであって、自分が宇宙の秩序をつくり、自分がこれに規則正しい運行を与えているのである。しかもその自分は、自分が秩序を与え、自分が運動させ、自分が生命をもたせている当のものとは、異なる性質のものなのである。否、それらよりも尊いものでなければならない。なぜなら、それらが生じて来るのも、亡びて行くのも、たましいがそれらに生を補給してくれるか[2]、それともそれらをおき去りにして行ってしまうかによるのであるが、たましいは自分が自分自身を離れ去ることはないので、常住存在しているからである。

ところで、それが宇宙の全体とそのうちの各個に生命を補給する、その賄《まかな》い法はいかなるものであろうか。これについては次のように考えてみるがよい。すなわち大宇宙に宿るたましいを眺めてみることである。むろん、これを眺める自分は、それとは別のたましいではあるが、しかし決して卑小なものではなく、他のたましいを迷わせてしまっているもの、すなわち欺瞞から解脱《げだつ》しさえすれば、宇宙のたましいを眺めるだけの資格をもつようになるのであって、それには静観寂滅の法をもってするがよい。しかしその場合、静寂に帰さなければならないのは、たましいを外から取り囲んでいる肉体と、その肉体の波瀾だけではなく、さらにまた周囲の全体が静止していなければならない。すなわち他の静止はむろんのこと、海も空気も、またさらに上位の天そのものまでも静止しているものとしなければならない。そして八方から、その静止せる天の中へたましいが、外からいわば流れこみ、注ぎこみ、八方からその中へ入りこんで、その中を照らすがごとき有様《ありよう》を考えてみることである。あたかも暗雲を日光が照らして、これに金色の様相を与えて光り輝かすように、たましいもまたまさにそのごとく、天の体軀のうちに入って、これに生命を与え、これに不死を与え、天を眠りから呼び起こしたのである。そして天はたましいの思慮ある導きによって、永遠の運動をさせられ、幸福な生活体となったのである。そして天に尊厳が加わったのは、たましいがこれに宿ってからのことであって、たましいが来る前までは、それは屍体にすぎず、単なる土と水だったのである。否、むしろ素材だけの暗黒であり、非存在なのであって、ひとの言う「神々の悪《にく》みたまうところ[3]」のものだったのである。

しかしたましいの本性と能力とをいっそう明白かつ判然とさせるためには、それがどのような仕方で天を包括し、これを自分の意志にしたがってどのように導いて行くかということを、このところでよく考えてみるのがよいであろう。すなわち天はどれほど広大であるにしても、その大きさの全体に対して、たましいは自己自身を与えたのであって、そのために大小いずれの間隔を取ってみても、みなすでにたましいの生気を帯びるにいたっていたのである。しかもその場合、体はそれぞれ違った場所には違った部分があったわけで、これはここ、あれはかしこというふうで、しかもそのあるものは正反対のところにあり、他はまた互いに別な依存関係をもっていたわけであるが、しかしたましいがこれらに生気を与える仕方はそのような区別にはよらないのである。すなわちたましいは自己を部分になし崩して、その自分の各個部分によってものを生かすのではなく、万物が生きているのは、一全体としてのたましいによってなのである。すなわちたましいは一全体としてあらゆるところに現在するのである。その遍在性と一体性において、たましいは生みの父（知性）に似ているのである。そして天も、多なるものであって、それぞれ異なるところに異なる部分をもっているにもかかわらず、たましいのこの力によって一体をなしているのである。そしてこの世界はこのたましいの故に神となっているのである。また太陽も、たましいをもつがゆえに、神として存在しているのであり、その他の星辰もまたしかりである。否、われわれもまた、もし何らかの点において神のごときものであるとすれば、それはまさにこの理由によるのである。まことに「不浄物を投げ棄てなければならぬとすれば、たましいなき屍体はなおさら」[4]なのである。

かくてたましいは、神々が神々であることの原因なのであるから、それはそれらの神々よりももっと古い（先在的な）神でなければならない。そしてわれわれのたましいもまたこれと同種類なのである。すなわち余計な付加物を取り除いて、完全に純粋なそれを捉えて、よく見るならば、君はそこに同じ尊いものを見つけるであろう。それが本来のたましいなのであって、およそ肉体的、物体的なもののすべてにまさる価値をもつものなのである。すなわち物はすべて土なのである。また火だとしても、[5]これを燃え立たせるものは何なのであろうか。またこれらから合成されるかぎりのものも、たといこれに水や空気を付け加えても、やはり同じことなのである。しかしこれらのものが希求されるのは、それにたましいの生気があるからだとするならば、なぜひとは自分自身を等閑に付して、他の者を追い求めるのか。もし他のものにおいて君があがめるのは、そのたましいだとするならば、君自身をこそあがむべきである。

（1）ここで「留意すべき」ことを命じられている主語は、たましいなのであり、「自分がすべての生物を生物たらしめている」というのも、やはりたましいである。『善なるもの一なるもの』八〇ページ（2）を参照。それはいわゆる世界霊魂としてのたましいなのである。しかしまたわれわれ自身の自己なのである。これらについては、拙著『近代思想と古代哲学』のうち、「古代唯心論の理解のために」を参照。

（2）「善なるもの一なるもの」1章および八〇ページ（2）を参照。
（3）『イリアス』第二十巻65参照。
（4）ヘラクレイトスの言葉。ディールス＝クランツ編『初期ギリシア哲学者断片集』B96.
（5）ストア派およびストア派によって復活せしめられたヘラクレイトスの考えを指すものであろう。

3

実にかくのごとくたましいは尊くかつ神のごときものなのであるから、今は神の後を追うのに、かくのごときものに信倚《しんい》し、かくのごとき根拠を供として、かの神のところへとのぼって行かなければならない。いずれにしても君はそう遠くまで出て行くには及ばないだろう。間を隔てるものも多くはないのである。

それでは、たましいも神のごときものではあるが、これよりもいっそう神のごときものが、たましいの上方に隣して存在するから、これを捉えるようにしたまえ。たましいはそれの後につづいて、それから出て来たものなのである。すなわちたましいは、上述の説明によって明らかにされたようなすぐれたものなのであるが、しかしなお知性の影像のごときものに止まるのである。あたかも口外された言論が意中のそれに対するがごとく、たましい自身がまたちょうどまさに知性の言論的表現なのであって、それの全体の活動は、知性がこれによって、自己と異なるものの存在を基礎づけるために、生命を表《おもて》に送り出すところのものなのである。(1) たとえば火の熱には、火といっしょにあるものと、火がほかへ給与するものとの別があるようなものである。もっとも知性の場合には、その活動は流れ出て行くものと考えるべきではなく、それは知性のうちに止まっているものと考えなければならないが、しかし別にまた他の活動がその間《ま》に成立するものと考えなければならない。

かくてたましいは、知性から出ているがゆえに、知性的なのである。そして推理計算のうちにたましいのもつ知性が発揮されるのであって、その完成もまたもう一度知性から仰がねばならないのである。すなわち知性は父親のごときものであって、自分の生んだ息子が、自分自身にくらべて未だ不完全であるから、これを養育するようなものである。かくて、たましいの存在基礎も知性から来ているし、その言論的表現も、現実の活動はたましいが知性を見ることによって営まれるのである。すなわち視線を内面の知性に向ける時、その内面からたましいは、直知の対象となるものを、しかも自家固有のものとして得来たって、活動を営むのである。そしてたましいの活動と呼ばるべきは、ただかくのごときもののみにかぎられねばならないのであって、それはいずれも知性的で、しかも自家のうちから来るものにかぎられねばならない。これ以下の劣ったものは、他から来たったのであって、それ相当の劣等なたましいの受容するところのものでなければならない。かくて知性は、いやが上にもたましいをますます神のごときものたらしめるのであるが、それは知性がたましいの父親であって、現在その側《そば》についていて、これに助力するからなのである。側についているというのは、両者の間には、両者が別ものであるということ以外には、何も分け隔てするものが存在しないからなのである。否、むしろ両者は前後に接続するがごとき関係にあって、一方は形相《けいそう》のごとく、他はこれを受容する素材のごとき関係にあるのである。[2] しかし知性の素材となるものは、素材でも知性的であるから、美しくかつ単純で、その点はまさに知性のごとくでなければならない。そしてまさにこのことによって、すでにたましいがかくのごときものであるとはいえ、知性はこれよりもさらにすぐれたものであることが明らかになる。

（1）テクストはキルヒホッフの修正に従う。底本の読みだと、「……たましい自身が知性のロゴス（言論）であり、別のものを存在せしめるために知性が送り出す全体的な活動力であり、生命なのである。」となる。この読みでは「ヘー・パーサ・エネルゲイア」の定冠詞が邪魔になるだろう。

（2）たましいを形相の受容体とする考えについてはアリストテレス『魂について』第三巻8章431b29など参照。知性的素材についてはプロティノスの『エネアデス』「素材」（II 4）を見よ。

4

しかしこの点はまた次のことからも視られるであろう。すなわちこの感覚される世界は、その大きさにおいて、その美しさにおいて、またその永遠にかわらぬ運動の秩序において、これを眺めやる者をして感嘆せしめるものがあるにしても、またこれには神々が――眼に見える神々も、またあらわには見えなくともなおいます神々も――宿りたまい、ダイモンや動植物もこれに宿っていて、すべてが感嘆の種ならぬはないにしても、ひとはなおこれが原型となっている、もっと真実性の多い世界へと昇って行って、そこにもこれらすべてが直知の対象となって存在しているのを視なければならない。そこにも自己の意識と生命とをもつ永遠の存在があるのを視なければならない。そしてこれらの先頭にはまじりけのない知性が立っており、はかるべからざる知恵が立っているのを視なければならない。そこに視られるものこそ真実のクロノス（Kronos）――すなわち豊満（Koros）[1]と知性の神なるクロノス――治下の生活なのである。すなわちこの豊満神はいっさいの不死なるものを自己自身のうちに含んでいるのであって、知性のすべて、神のすべて、たましいのすべてがそのうちに含まれて、永遠に静止しているのである。なぜなら、すでに満足すべき状態にある者が、何で変化を求めよう。またいっさいを自己のところに所有している者が、どこへ転出を求めよう。むしろすでにこの上なく完全な状態にあるから、この上の増加さえも必要としないのである。このゆえにまたこの知性神のところにあるいっさいのものも完全でなければならない。それは知性がすべての点において完全であって、そうでないような点は一つもない者でなければならないためである。また知性は、自分が自己自身のうちにもっているもので、自分の直知しないものは一つもないような者なのである。しかもその直知作用は、探求者のそれではなく、すでに所有しているものを直知するそれなのである。

またその浄福も後から獲得されたものではなく、むしろ何もかも永遠のうちにあるのである。しかもそれは真の永遠なのである。時間はこれの模像[2]にすぎず、たましいの周辺を馳せめぐって、去るものを送り、来るものを迎えている。すなわちたましいの周辺には、他のものに代わって、またさらに他のものが来るからである。すなわちある時にはソクラテスが、また他の時には馬がというふうに、存在の何かが絶えず一つ一つ現われて来るわけである。これに反して知性は、ただちにそのすべてを知るのである。かくて知性は、同じところに静止したままの万物を、自分自身のうちに把持しているのである。そしてただひとえにあるだけなのである。「ある」ということがいつも言われるだけである。そしていかなる場合にも「将《まさ》に来たらんとす」ということはない。なぜなら、その将来においても、あるだけなのだから。また過去もない。なぜなら、そこには何も過ぎ去ってしまうものはなく、すべてはその場にいつも静止しているからである。それは自己のそのような有様《ありよう》に満足するかのように、すべてが同じままにあるからである。

ところで、これらの各《おのおの》はひとつずつの知性であり、存在なのであるが、これらを合わせた全体は、知性の全体であり、存在の全体なのであって、その場合知性は直知することによって、存在を存立せしめ、存在は直知されることによって、知性にその有様を与え、直知することを得させているのである。とはいえ、直知の原因となるものは別にあるのであって、それはまた存在に対しても原因になっている。つまり両者に対して同時に原因となるものが別にあるのである。というのは、両者は同時に、しかもいっしょにあって、互いに見棄てることのない関係にあるけれども、この知性と存在のいっしょになっている一者は二者なのである。直知し直知される一者は二者なのである。すなわち知性は直知する作用に即してあり、存在は直知されるものの側にある。これはすなわち、異の対立[3]がなければ、直知は成り立たないであろうということなのである――むろんまた同もなければならないが。かくて知性、存在、異、同などの諸原理[4]が成立する。これにはしかしまた動と静も取り入れなければならない。すなわち直知の作用があるとすれば、動もまたなければならないし、同じということがあるためには、静止がなければならない。また異は、直知するものに対して直知されるものがあるためである。これをもしそうしないで、異の対立を君が取り除くならば、両者は一つになって黙するであろう。また直知されるものの間にも、相互に対する異なりがなければならない。これに対して同は、ものが自己自身と一つであるかぎりにおいて、またすべてに共通する何かがあるかぎりにおいて、なければならぬものなのである。そしてその間の差別(種差)は異となるわけである。そしてこれらの原理は、すでに一つではないから、数をなし、量を成立させるのである。また質もこれらの各に属する特異性がこれをなすわけである。そしてこれらを根本原理として、これらから他のものが出て来るわけなのである。

(1) Kronos と Koros とが、語呂が合うため、結びつけられたらしい。クロノスの治世を黄金時代とすることは、ヘシオドス（『仕事と日々』110〜126）以来の考えで、豊満の神（Koros）という考えも、これに合うわけである。一五一ページ（7）参照。（プラトンの『クラテュロス』396bによると、「クロノス」とは「コロス・ヌゥス」で、この「コロス」は「まじりけのない」という意味の形容詞である。）

（2）プラトンの『ティマイオス』37dに言われている有名な言葉。プロティノスは、『永遠と時間について』III 7において、これらの問題を取り扱っている。

（3）フィチーノの訳に従って、ここの原語*ἑτερότης*は、単なる「異」ではなくて、二者間の「対立的な異」（alteritas）であると解した。すなわち*θάτερον*の意味である。

（4）プラトン『ソピステス』254d、『パルメニデス』145e〜147c参照。いわゆる「カテゴリアイ」が、ここにおいて導出されるわけである。

5

かくてこの知性神は、その多様豊富な存在を、われわれのこのたましいの上に重ねているのであって、われわれのたましいは、離反の意志さえなければ、これに結びつけられて、これらのものの間に存在しているわけなのである。そしてこの知性に近接し、ほとんどこれと一体になってしまったかのような状態において、不断に生きつづけるのである。それでは、いったい何者がこの神を生んだのか。このような多様神に先立つ単一者は誰なのか。この神の存在と多様性の原因となっているのは何なのか。何者がこの数を生ぜしめるのか。というのは、数[1]（＝複数）は最初のものではないからである。すなわちすでに二の原理となるもの[2]に対しても、これに先立つ一があって、二の原理は二番目に来ることになるからである。この原理的な二は、一から生まれて、一を限定者としてもつわけであるが、しかしそれ自体は、自分の方からは何の限定も有しないものなのである。[3]しかしひとたび限定された時は、すでに数となっているわけである。しかも数は、独立存在としての数なのである。[4]そしてたましいもまたこのような数なのである。というわけは、万物の最初に現われるのは、嵩《かさ》や大きさではないからである。すなわち感覚が存在と信じている、あの厚ぼったい物は、後になって生じたものなのである。のみならず、種子の場合にしてみても、貴重なのはその水分ではなくて、それの目に見えないところなのである。それはつまり数であり、また言論に表現された形相（ロゴス）なのである。つまりかしこにおいて数と言われているものと原理的な二は、かくのごときもろもろの言論的表現であり、また知性なのである。ただし、原理的な二[5]は、それのちょうど基本みたいな役割に関して考えられる場合には、限定のないものなのであるが、しかしそれと一との組合せから生ずる数の一般は形相の役割をするのである。すなわち各事物は、数のうちに出来ているもろもろの形相によって、いわば形成されるのである。ただし、形成されるといっても、一からなされる形成と、数から来る形成とでは、その様式が異なるわけである。（以下欠文あり）[6]……あたかも現実に作用している視覚のようなものである。すなわち直知は、見るはたらきが現に見ている場合なのである。そして一者は両者なのである。

（1）数はつねに多として考えられ、厳密な意味では、一は除外されねばならぬ。エウクレイデス『原論』第七巻、定義二を見よ。

（2）すべての二の始元となるような、二そのもの、イデア的な二と考えてよいであろう。それは数えられ、加減される二とは異なる。そのようなイデア的な数については、たとえばアリストテレス『形而上学』第十三巻第6章を見よ。

（3）二はそれ自体では、不定であり、限定を欠いていて、その限りにおいて素材的であり、すべての素材的なものの原理となる。

（4）限定されて成立した二は、最初の多として、すでに数であり、数の始元であるが、かくして成立した数は、他の事物の形容となったり、他の事物について述語づけられたりするだけの、付加的限定（accidens）ではなく、それ自体で独立に存在する実体（substantia）なのである。数は数えられる事物から抽象されて、はじめて存在するのではなく、まず二として、数として、第一者についで、精神的、知性的な存在として、すでに存在しているのである。ある意味では、直知し直知される、知性と存在が、かくのごとき二の原理なのかもしれない。

（5）一と基本的な二との組合せから数一般が形成される。この場合、二は素材で、一は形相の役割をする。ところが、そこに形成される数は、二をはじめとして、すべてが他の事物の形成に、形相の役割をすることになる。しかし一が形相となる場合と、二などの数が形相となる場合では、形成の様式が異なるわけである。数の形成については、たとえばプラトン学派の説として、アリストテレスが紹介していることが参考されてよいであろう。『形而上学』第一巻6. 987b21～25, 33 ; 988a8～14 ; M8. 1084a3～7など参照。プロティノスは、一と二からの数とイデア（直知されるもの）の成立に、V4の「第一者から第一者以後のものがどうして出て来るか」の2章でちょっと触れているが、やはり詳細は明らかではない。いわゆる不定なる二、素材的な二も、プロティノスでは、知性界という二元的なものが、一者のつぎに考えられた時に、原理的に与えられてしまっていると言うべきであろう。いかに素材的、不定的なものも、原理的には知性的であると考えられる。

（6）底本では無造作にここを連結させているが、「……様式が異なる」という文章と「あたかも現実に作用している視覚のようなものである」という文章とは直接のつながりは認め難い。欠文を考える方が、無理な解釈をほどこすよりも、妥当であろう。他の校本参照。

6

それでは、どのようにしてそれは見るのであろうか。また何を見るのであろうか。否、一般にそれの存立の仕方はどのようなものだったのであろうか。すなわちかのものからそれが生じて、ちょうどまさに見るようになるのはいかにしてなのであろうか。というのは、今やたましいは、以上の多を含む知性界存在の必然性を了解しながらも、なお昔の学者たちによっても絶えず問題にされて来た、ちょうど次の事柄について知ることを切望しているのである。すなわち一者がわれわれの言うような性質のものだとすると、そのような一から、多なり、二なり、数なりの、およそ何ものかが存立することを得て来たのは、どのようにしてなのであろうかということである。むしろどうして一者が自分だけに止まっていないで、これほどの多が流れ出て来てしまったのであろうかということである。しかもその多は、もろもろの存在のうちに見られるとはいえ、われわれはこれを直接かのものへ導きかえさなければならないと考えているのである。

かくてわれわれは、直接神の助けを呼んで――といっても、声高な言葉を用いるのではなく、たましいの上で自分自身を引っ張り上げて、神への祈りに導くのであって、われわれはこのような仕方によって、他のものを交えず、神と自分だけになって、直接神に祈ることができるのであるが、それはとにかく――次のように言うとしなければならない。つまり、かの神がいわば宮の内深いところに自分だけでいて、いっさいの事物の彼岸に静寂を保っているのを観ようとする者[1]は、いわば外面に向かって、すでに立ち現われているいくつかの神像から観て行かなければならない。否、むしろ神像が初めてひとつ外に示現されたばかりのところを観るとしなければならない。それはすでに次のような仕方で示されているのである。すべて動くものには、動いて行く方向に何か目標となるものがなければならない。ところが、かのものには何もそのようなものはないとすると、われわれはかのものを動くと考えてはならないことになる。むしろ何かもしそれの後に生ずるものがあるとしたならば、それはかのものがいつも自分自身の方へ向くのを、そのままにして生じたのでなければならない。ただし、生ずるといっても、時間上の生成はわれわれの問題外におかれなければならない。なぜなら、われわれの論じているのは、常住永遠の存在についてだからである。そしてわれわれが言葉の上で「生ずる」という言葉をそれに結びつけるとしても、それは因果関係とその順位を示すためなのである。かくて、とにかくこの意味において、およそかのものから生ずるものがあるならば、それはかのものが動くことなしに生ずるのだと言わなければならない。なぜなら、もしかのものが動くことによって何かが生ずるとするならば、そこに生成して来るものは、かのものの動きについで、その後から生ずることになり、その順位はかのものから三番目となり、二番目ではなくなるであろうから。したがって、もし何かが二番目にかのものの後から生ずるとするならば、かのものは不動のままでいなければならぬ。すなわち、それは一片の意向も意欲も動かさず、動くことが全然なくて、それでしかもかの何かが存在するにいたるのでなければならない。すると、それはどのようにしてなのであろうか。すなわち、かのものは静止させておくとして、その周囲にはまた何を考うべきであろうか。ひとつの円光を考うべきである。それはかのものから発するのであるが、しかしそのかのものは不動のまま止まるがごとき円光である。その類例となるものは日光であって、太陽の周囲には、これを馳せめぐる輝かしい光が見られるのであるが、しかしその場合、太陽は静止したままで、しかもそこから不断にその光が生まれ出ているのである。のみならず、存在するものは総じて、それが存在するかぎりにおいて、それのあるがままの存在から、それの周囲に、それの外に向かって、それに依存するところの存在を、それが現にもっている能力から、必然に成立させるものなのであるが、そこに成立せしめられる存在は、それを出生させたものをいわば原型とする、ひとつの影像なのである。すなわち火は、それから発する熱をかくのごときものとして成立させ、雪もまたその冷たさを自己の内部のみに保有するものではないのであるが、しかしこれが最大の証拠となるのは、およそ芳香をもつものの存在である。すなわちそれが存在しているかぎり、それからは何かがそれの周囲に出て来るのであって、これの近くにいるものは、いずれもそれの存立から快感を与えられるのである。

またさらに、およそすでに成熟完全の域にあるものは、すべて生むのであってみれば、常住完全の状態にあるものは、常住永遠に生むはずである。ただし、自分自身より劣った存在を生むのではあるが。すると、この上なく完全なかのものについては、何と言ったらよいであろうか。かのものからは、ただかのものの後につづくもので、しかもその最大者のみが生ずると言わなければならない。ところで、かのものの後につづく最大者はすなわち知性なのであって、これが第二位の存在なのである。事実、かのものは知性が見るための対象なのであって、知性はかのものを、しかもかのもののみを必要欠くべからざるものとして求めるからである。これに対して、かのものは少しも知性を必要として求めることはないからである。また知性よりすぐれたものから生ぜしめられたものといえば、それは知性だと言わなければならない。すなわち知性は、いっさいに優越せるものなのである。なぜなら、それ以外のものは、それ以後に生じたものだからである。たとえばたましいのごときも、知性の言論的表現であり、またそれが現実に営む作用のごときものなのである。これはちょうど知性がかのものの言論的表現であり、現実の作用であるのと同様である。しかしながら、たましいとなって表現された言論はすでに薄弱である。なぜなら、それは知性の影像にすぎないので、それだけまた知性のうちに、模範となるものを仰ぎ見なければならないからである。またしかし知性も、知性としてあるためには、かのものに対して同様の関係になければならない。しかし知性がかのものを見るのは、離れて見るのではない。否、知性は、かのもののすぐ後につづいて、その間には何ものも介在させないから、そういう（離れて見る）ことはしないのである。これはたましいと知性の間についても同様である。またすべて生まれたものは生んだものを慕い、かつこれを敬愛するものであって、この愛情は、生んだ者と生まれた者とが彼らだけで、他人を交えずにいる時に、もっともこまやかなのであるが、いま生んだものがちょうどまた敬愛すべく、この上なくよきものであるとすれば、両者がいっしょになっていることとは必然なのであって、両者が区別されているのは、ただ両者が異なっているということだけによるのである。

（1）ここのテアーテスは「観る者」であるよりもむしろ「観ようとする者」の義であろう。
（2）ここに「言論的表現」と訳されているのは、例のロゴスであって、精神は知性のロゴスであり、知性は一者のロゴスであるということになる。これの一半はすでに3章においても言われた。しかしこのロゴスは、キリスト教の三一論におけるがごとき独立性はもたず、ひとつの外面化、ひとつの発現として、むしろ発現せぬままのものに優位が与えられている。それはアリストテレスの考えとは逆に、現実の作用や活動よりも、それらの作用や活動の能力——アリストテレスの考えでは可能——の方が、それのもとにある根本者として、かえって優位におかれていることを意味する。

（3）エウセビオス（Praeparatio Evangelica I 14）の引用におけるように、この「生まれたもの」を補って読む。

7

しかし、もっと明確に言っておく必要があるから言うのであるが、知性はかのものの肖像《にすがた》なのである。まず第一、生まれたものは何らかの意味において、かのものなのであり、かのものの多くの特徴を保有し、かのものに対しては、ちょうどまた陽光の太陽に対するがごとき、同類性がなければならないからである。しかし、かのものがそのまま知性となるのではない。すると、どのようにして知性を生むのであろうか。むろん、自己自身の方をふりむいて、完全に見てしまうことによってである。そしてこの見るはたらきが知性なのである。すなわち何か他のものを捕捉するのには、感覚か知性によらなければならないのであるが……（以下欠文あり）……感覚を線その他……⑴（以下欠文あり）……ところが、円は部分に分けられるような性質をもっているけれどども、このものはしかしそうではないのである。あるいはまた、そこにおいても一なるものが存するわけであるが、しかしその一なるものは、万物を生むことの可能な力[2]として存するのである。ところで、その力によって生み出される事物については、知性の直知作用が、そのような力から、いわば自己を引き裂くことによって、それらの事物を直視するのである。さもなければ、知性は存在しなかったであろう。他方、かのものの側からも知性は、そのような力のいわば自覚のごときものをもらってすでにもっているのである。[3]すなわち自分自身で存在を生むことができるという自覚であり、その有様《ありよう》を、かのものから受けた力によって、自分のために限定することができるという自覚である。またその存在は、かのものの所有にかかる事物の、いわば何か一部分のごときものであって、それはかのものから出て、かのものによって強化され、存在への完成も、かのものを出発点とし、かのものから与えられるということの感得である。しかしながら、知性が直接に見るのは、生や直知などの万物であって、それを知性はかのものから出た自己自身によって見るのであるが、この自己自身はちょうど部分に分かつことのできないものから出てはいるけれども、自分はすでに部分に分かたれているがごときものである。これはすなわち、かのものが決して万物の一つではないことを意味するわけである。というのは、万物がかのものから出て来ることになるのは、かのものが絶対単純な一者であって、かのものは、どんな形容によっても、占有されてはいなかったという事情にもとづくからである。またもしそれがただちに万物なら、それはもろもろの存在のうちにあることとなっていたであろう。④

このゆえに、かのものは決して知性のうちに含まれているようなものの一つではないのであって、むしろそれらのすべてがかのものから出ているのである。そしてそれらのものがすでに独立存在としてある所以《ゆえん》もまたそこにある。なぜなら、そのいずれもすでに限定されてしまって、いわば形容のごときものをもっているのであるが、およそ存在するものは無限定のうちに、いわば観られるがごときもの⑤であってはならないのであって、むしろすでに限界と立場で固められてしまっていなければならないからである。しかも直知されるもののために立場（スタシス）を固めるのは、定義（限界づけ）と形容なのであるが、これによってちょうどまたそれは存立（ヒュポスタシス）⑥を得ることにもなるからである。

まことに、われわれのいう知性はかくのごとき素性のものであってみれば、この上なく純粋なものとしてのこの知性には、第一の始元以外のところからは決して生じえないというのが、当然のことでなければならない。またひとたび生ずる時は、すでに自分自身とともに存在のすべてを生むのでなければならない。すなわちそれは美しいイデア界の全体と、知性的な神々の全部を生むのである。そして自分の生んだこれらのものどもによって充たされ、ちょうどまたもう一度これらを自己の腹中に呑みこんだようなかたちになっているのである。というのは、つまり自分自身のうちに収めてもっていて、これが間違って素材のなかに落ち、レア（流転）⑦の手で養育されるようなことのないようにしている点がそれなのである。これはつまり密教や神話などで、むかしゼウスよりも前にクロノスという神様があったが、これは大へん賢い神様で、そのことは自分の生んだものを、もう一度自分の腹中に入れてもっていたことによっても知られるというふうに語られる場合の、隠された意味なのであって、これがクロノス、すなわち知性の充実し、豊満なる所以なのである。そして密教神話の物語るところによれば、こうしたことの後で、クロノスはゼウスを生むことになるのであるが、その場合のクロノスはすでにかくのごとき豊満神だったのである。すなわち知性はたましいを生むのであるが、その場合の知性は、知性として完成の究極にあるわけなのである。実際、成熟完成の究極にあっては、クロノスは生まざるをえなかったのであり、かくも大いなる可能の力が、生むものをもたぬということはありうべからざることだったからである。しかしこの場合においても、生まれるものは生むものよりもすぐれたものでありえなかった。むしろ劣っていて、それの影像たるにすぎなかった。すなわち同様にまた無限定で、生むものがこれにはじめて限界を与え、[8]いわば形相化するがごときものであった。

ところで、知性から生まれたもので、一種の言論的表現であり、またひとつの存在として成立しているものに、たましいの知性的な部分がある。[9]これは知性を中心に運動して、どこまでも知性に依存するような、知性の光彩であり、また跡形なのである。すなわち一面においてそれは、知性とひとつに結合されて、そのために知性にみたされ、知性を楽しみ、知性の仲間入りをして、直知作用を営むのであるが、他面また、それの後から出て来るような事物に接触し——というよりは、むしろ自分でまたそのような、必然にたましいより劣るものを生むのである。しかしこれについて語ることは後にしなければならない。すなわち以上のところは、まだ神々のごときものについてなのである。

（1）ここの原文は、満足な意味を与えないから、いろいろに補正の読みがなされているけれども、いずれも不充分であって、むしろ前後に欠文ありと見て、そのままにしておく方が無事かと思う。しかし他の読み方を一つ二つ紹介すると、「感覚の把握は直（？）線的であり、知性の把握は円環的である」（ヴィトリンガ）とか、「円は知性を真似、線その他は感覚を模倣する」（ミュラー）とか、「感覚ではない。なぜなら、それによっては一つも把握されないからである。すると知性ではないか。しかし知性は云々」（ブレイエ）とかいうことになる。

（2）この「可能な力」に優位が与えられていると考えられる。一四五ページ（2）参照。

（3）テクストはヴィトリンガによる。底本に従うと、次のようになる。「とにかく知性は自分が自分で、その有様を、かのものから受けた力によって、自分のために限定することにもなるからである。また存在（有）は、かのものの所有する事物のいわば一部分であって、かのものから出ているのであるから、かのものによって強められもするし、かのものによって、かのものから、完成されて存在となるからである。」

（4）フォルクマンはここに欠文を認めている。底本では欠文はないと判断されている。

（5）「無限定のうちにある」という言い方が、この場合できないので、「何というか、まあ観られるとでも言っておくか」というような意味であろう。だから、「観られる」ということ、そのことに意味の力点があるのではないであろう。この訳文は写本のまま。底本ではハインツの修正を採り入れ、「いわば宙ぶらりんである」と読ませようとしている。

（6）存立（ヒュポスタシス）については、一二七ページ（1）参照。

（7）レアはクロノスとの間に、ヘラ、デメテル、ヘスティア、プルトン、ポセイドン、ゼウスなどの子を生んだけれども、クロノスは子供たちによってやがて自己の地位を失わなければならなくなることを恐れて、これらの子のうち、ポセイドンまでの五人を、生まれると呑み込んで自分の腹中におさめ、レアの手に渡さなかったが、レアは自分の生む子がみな見えなくなるので、これを悲しみ、これを両親に相談し、ゼウスを生む時には、クレテ島に行き、これを祖母のガイアに託したというような、古来の有名な神話がここに考えられているわけで、レア（Rhea）はさらに、流れる（rheo）という言葉に引っ掛けて、流転の意味にも解されているようである。ヘシオドス『神統記』453～467 ; Apollodorus, Bibliotheca I 1.5～7など参照。なお一三七ページ（1）参照。

（8）生むものによって限定が与えられるということは、すでに5章においても、数の形成について言われたことである。

（9）ここはいろいろ違って訳されているが、満足なものはない。拙訳もそのひとつの試みである。

8

またプラトンの三段説もこれによるのである。すなわち彼は、「すべて万物の王たる者の周囲には第一次的なものが、また第二次的なものは第二級の事物の周囲に、また第三級の事物の周囲には第三次的なものが」[1]ということを主張しているのである。そしていっさいの原因となるものについても、さらにそれの父となるものがあることを語っている。[2]この場合、彼が原因と言っているのは、知性のことなのである。[3]すなわち彼のいう知性は世界制作者[4]なのであって、この者がたましいをかの混合容器[5]のなかで作るのだと主張しているからである。他方、この原因者――すなわち知性という存在――の父としては、知性をも存在をも彼方に超越するところの善[6]が挙げられている。そして多くの場所で彼は、この存在と知性とをイデアとして語っているのである。したがってプラトンは、善から知性が出、知性からたましいが出ていることを知っていたわけである。また実際、われわれがここに説いていることは別に新しいことではないのであって、今ならぬ昔においてすでに言われたことなのである。ただそれはすっかり明けひろげては言われなかったので、今ここに説かれているようなものが、それの解説として出て来たわけなのであるが、ここに説かれている思想そのものが昔からあったということに関しては、プラトンその人の書物が証拠となって、われわれの説くところに保証を与えてくれるのである。

それから、またパルメニデスも、もっと前の時代において、存在と知性をひとつに結びつけようとして、存在を感覚されるもののうちにおこうとしなかったところからすれば、同上の思想に到達していたわけである。すなわち「直知するのも、存在するのも同じだ」[7]というのが、彼の言葉であり、存在の不動を説くに当たっては、これに直知作用を付加容認してはいるけれども、いっさいの物体的な運動は、これを存在から取り除いて、存在が同一の有様《ありよう》に止まるようにしているのである。また彼は、存在をひとつの球体になぞらえているが、これは存在がいっさいのものを包括しているからであり、それの直知作用が外部に向かわずに、それ自体のうちに止まっているからなのである。しかし彼は、彼自身の書物のなかで、存在を一なるものと呼んでいるために、あたかもその一者の多なることが見出されるというので、非難を招いていたのである。しかしこの点は、プラトン対話篇のパルメニデスが、もっと厳密な論理を用いて、第一の一者を正当な意味の一、第二の一者を多なる一、第三の一者を一にしてまた多なるものというふうに言い、これらを互いに区別しているのである。そしてこのようにすれば、パルメニデスその人といえども、われわれの三原理に協調しうる者となるのである。

(1) プラトンの『第二書簡』312e に出ていることば。プロティノスがプラトンをよく読んでいたことを示すひとつの例になるであろう。
(2) プラトン『第六書簡』323d 参照。
(3) プラトン『ピレボス』28c 参照。
(4) プラトン『ピレボス』27b, 30e〜31a など、『ティマイオス』29d〜30c 参照。
(5) プラトン『ティマイオス』41d 参照。
(6) プラトン『国家』第六巻 509bc に説かれている。

（7）ディールス＝クランツ編『初期ギリシア哲学者断片集』B3.
（8）前掲書 B8, 26〜38.
（9）前掲書 B8, 42〜44.
（10）前掲書 B8, 6.
（11）プロティノスのいう第一の一者は、プラトンの『パルメニデス』137c〜142a に説かれているもの、第二の一者は、同じく 142b〜155e、そして第三の一者は、同じく 155e〜157b に説かれているものを指すと考えられる。プロティノスのこのような『パルメニデス』解釈は、また新プラトン派の他の人々の解釈ともなっているように思われる。このような解釈の起源が、はたしてどこにあるのか、われわれはプロティノスに影響を与えたと思われる、前代のプラトン学者のうちにそれを求めて、あるいはついにスペウシッポスにいたるかもしれない。そしてこのプロティノスの解釈は、中世の否定神学からライプニッツやヘーゲルの解釈を経て、現代においても、いろいろの形で復活されているのを見ることができる。

9

またアナクサゴラスは、知性を純粋でまじりけのないもの[1]として語っているが、これによって彼自身もまた、第一のものを単純者と定め、この単一者を他から離れた超越者にしていることとなるわけである。しかし何分にも昔の人のことであるから、これを精密に取り扱うことを怠ったのである。またさらにヘラクレイトスも、一者が永遠者で、知性的なものであることを知っていたのである。すなわち、物体は不断に生成して、流転するものだからである。またエンペドクレスにとっては、争いは分割原理であるが、愛は統一原理[2]なのであって、彼も自身[3]これを非物体的なものだとしている。これに対して、かの四元[4]は素材の役割を演ずるわけである。

またアリストテレスは、もっと後の時代になって、第一者を他から離れた超越者で、知性的なものであるとなしたのであるが、しかしそれを自分で自分自身を直知するもの[5]だというふうに説明しているため、また逆にそれを第一者ではないものにしているわけである。また彼は、知性体をほかにたくさんこしらえて、これを天球の数に等しくし、これによってその各《おのおの》の知性体が天球の各を動かすようにしているが[6]、知性界の事柄をこのように説明するのは、プラトンのやり方とは異なっていて、これは必然の理由を挙げることができないで説得的なもっともらしさをつくろっているにすぎない。しかもそのもっともらしささえ、はたしてもっともかどうかひとは異議をさしはさむことができるであろう。なぜなら、天球の全部は集まって全体として一つの秩序をつくるために共同しているのであって、その際に一なるもの、すなわち第一者が彼方に仰ぎ視られているのだとする方が、もっと説得的だからである。またその多なる知性体は、アリストテレスにとって、第一者という唯一つのものから出ているのか、それとも知性界の第一原理（始元）となるものは多数にあるのか、ひとはこれを問題にすることができるであろう。そしてもし唯一つのものから出ているのなら、むろん、それらの知性体は、感覚界の天球が順々に他を包む関係にあって、最後に外側の天球が一つだけ他の天球すべてを包括する支配者としてのこるという事実に対して、これと類比の関係をもつであろうから、したがって、かの知性界においても、第一者がすべてを包括し、そこに秩序ある一世界としての知性界が成り立つことになるであろう。また感覚界においては、天球は空虚なものではなく、一番目の天球には星が充満しているし、その他の天球も星を含んでいるから、ちょうどこれと同じように、かの知性界においても、天球を動かす知性体は自分自身のうちに多くのものを含んでいることになるであろう。しかもそこに含まれているのは、感覚界のそれよりももっと真実なものでなければならない。しかしまた、知性体の各がそのまま第一原理（始元）なのだとすれば、それらは偶然のめぐり合わせによってそこにあるにすぎないこととなるであろう。すると、それらが相共に存在して、天全体の調和という一つの仕事に向かって、その知性作用を一致させるようになるのは、何によるのであろうか。また動因としての、それら知性体に対して、感覚される天体の数が等しいというのは、いかにしてなのであろうか。またそれらは非物体的で、区別原理となる素材をもたないのに、それでもなおかつ多数に存在するというのは、いかにしてなのであろうか。

　かくて、古人のうちでは、以上にわれわれがいうような根本原理について関心をもったのは、ピタゴラスとピタゴラス派と——それからまたペレキュデス[7]——の教えに与《くみ》することのもっとも多かった人たちである。しかしながら、これを自己の著述のなかで詳細に取り扱ったのは、その一部の人たちだけであって、他の一部の人たちは、これを著述のうちに示さないで、書物にはならない口述のなかで、これを明らかにしたのであり、さらにまた他の人々は、全然これに触れることをしなかったのである。

（1）ディールス＝クランツ編『初期ギリシア哲学者断片集』B12.

（2）ディールス＝クランツ、前掲書 31B17. 7 ; 26. 7 ; 35. 5 など参照。なお争いと愛とについて、そのはたらきがいかなるものであるかは、B20 ; 22 ; 26 ; 30 などに語られている。

（3）エンペドクレス自身の言葉（Fr. 17, 20）によって見ると、彼はむしろそれを物体的に取り扱っていることが知られる。アリストテレス（『形而上学』第一巻 10. 1075b3）も、それが混合の一部となり、素材因として取り扱われねばならぬような、一面のあることを指摘している。あるいは原文の *αὐτῶς* は、クロイツェル提案のごとく *αὐτό* と読む方がよいかもしれない。しかしプロティノス自身のエンペドクレス解釈を、われわれが修正する権利はないとも言える。

（4）「かの四元」は、エンペドクレスのいう、火・空気・水・土などの根本物質を指す。

（5）アリストテレス『形而上学』第十二巻第7章（1072b19～20）に言われている有名な言葉を指すのであろう。

（6）『形而上学』第十二巻第8章（1073a36～38）に語られている。アリストテレスの天球の数についての考えは、同書（1073b17～1074a15）に語られている。実際に見られる天体運動の複雑さを説明するためには、一つの基本的運動を想定するだけでは充分でないとして、五十五の天球を考えようとしている。アリストテレスのこの考えは、エウドクソス、カリッポスの天文学説に依存するものであるが、アリストテレスの考え方は、数学的理論的であるよりも、実際的であるところに特色があるとも言われている。それがつまりプロティノスによって「説得的なもっともらしさをつくろっているにすぎない。しかしそのもっともらしささえ、はたしてもっともかどうか」という言葉で批評されたゆえんである。「もっとも」（エウロゴン）という言葉はアリストテレス――同書1074a14および17――自身の言葉である。なお『天体論』第二巻第12章（292a20）で考えられているような、天体を生物と見る考えは、精神の存在を考えさせることになるが、しかし天球を動かす知性は、これと直ちに同一視されないであろう。動かす仕方が超越的だからである。

（7）ペレキュデスは紀元前五四四年頃の人。七賢の一人に数えられることもある。ヘシオドスの『神統記』につながるような、なかば神話的な考えで、宇宙の創成を取り扱ったらしい。拙稿『ギリシア人の知慧』のうち、「ミュートス」四章参照。

10

それで、すべては以上のごとくであることを認めなければならない。すなわち存在を彼方に超越するところの一者がまずあるわけで――このようなものを以上の説明においてわれわれは、これらについて明白にすることができるだけは、明らかにしようと意図したのである――次にはこれにつづいて存在と知性があり、三番目にはたましいという自然原理が来るのであるが、これをこのとおりであると認めなければならない理由は、すでに明らかにされたところである。しかし自然のうちに、いま言われたそれらのものが三段になってあるとすれば、われわれのところにも同様それらのものがあることを認めなければならなくなる。といっても、感覚されるわれわれの上を言うのではない。なぜなら、以上の原理はこれらを超絶したものだからである。そうではなくて、感覚界の外にあるわれわれの上を言うのである。すなわちその外というのは、ちょうどまたかの諸原理が天全体の外にあるのと同じことであって、それは同様にまた、プラトンが「内なる人間」[1]として語っているような、人間の一面をも意味するのである。

さて、われわれのたましいもまた何か神のごときものであって、別の性をもつものである、それはたましいの性一般がそうであるように。しかしそれが完成に達するのは、知性をもつことにおいてである。ただし、知性には推理する知性と、推理させる知性とがある。ところでそのたましいの推理する部分であるが、これは推理に何らの肉体的な器官を必要としないで、自己の活動を純粋のままに保ち、それによってちょうどまた推理を純粋に営みうるようにしている場合、肉体に混合せずに、これを超絶するから、ひとはこれを知性界の第一におくとしても、間違いにはならないであろう。すなわちわれわれは、これに座を与えるための場所などを求めてはならないのである。むしろこれをあらゆる場所の外におかなければならない。すなわちかくのごとくにして、それがそれだけでひとりある時に、それは肉体の類からは何ものも受けないで、ただそれ自体だけであるものとなり、外に超越しているものとなり、素材のないものとなるのである。プラトンがこの万有の世界について、「世界制作者はまたさらに外側からたましいをそのまわりに蓋《おお》いかぶせた」[2]と述べているわけはそこにあるのであって、彼はこれによってたましいの一部が知性界に止まっていることを示しているのである。ただしわれわれについては、それを「頭のいただきにある」[3]と遠まわしに言っているのである。そしてまた超絶の勧め[4]も、場所の隔絶という意味で言われているのではない。なぜなら、そのような隔絶はすでに自然によって与えられているからである。むしろそこに意味されているのは、たとい想像の上だけでも、肉体の方へ傾くことをせず、肉体に対してはよそよそしくするという意味の超絶なのである。このような超越は、ひとが何らかの仕方で、たましいの他の部分までも上方へ導いて、この下界に根を張り、肉体の制作と形成をもっぱらにし、肉体の世話を専業とするがごとき、たましいの部分をも上方にともなう場合にも考えられることとなのである。

（1）「内なる人間」という言葉は『国家』第九巻（589a）に出ているが、意味については、『法律』第十二巻（959a）や、『アルキビアデス』（第一）130c が近いかもしれない。
（2）『ティマイオス』34e および 36e のことば。
（3）『ティマイオス』90a.
（4）『パイドン』67c など参照。

11

ところで、たましいには正や美について推理する部分があって、これは正しいかどうか、あれは美しいかどうかということの、答を求めて推理が行なわれるのだとすると、何かまた確乎不動の正なるものが存在していて、そこからちょうどまたこの推理がたましいの領界内に生ずるのでなければならないことになる。そうでなければ、どうして推理ができるであろうか。そしてまた時によってたましいはそれらについて推理することもあり、推理しないこともあるとするならば、そういうふうに推理するのではなくて、いつも正を把持している知性というものが、われわれのうちになければならないことになるし、また知性の根源とも原因ともなるもの、すなわち神もまた、なければならないことになる。われわれのうちにあるといっても、それは部分に分かれてそうなるのではなく、かのもののままでそうなのである。またそれは場所のうちに存在するものではないけれど、他方また、いわばもう一つのそれのごときものを受け容れることのできる者があれば、その各《おのおの》の場合に応じて、多くの者どものうちに観られるのでなければならない。ちょうどそれは円の中心がそれだけで存在するとともに、円周上の各の点からの終点にもなっているようなもので、半径はこの中心に対して、それぞれ別個の関係を結んでいるのである。すなわちわれわれもまた、われわれのうちにもっている、このようなものによって、かの中心に接触し、これと存在をともにし、これに全く依存しているのである。そしてかの一点にすべてを傾ける時、かのものの中にわれわれは確乎たる地歩を占めることになるのである。

12

それならば、これだけのものをわれわれはもっていながら、どうしてこれに気づかずに、多くの場合、これらの活動を無駄に遊ばせ、人によっては、全然このような活動をしようとさえしないのであろうか。むろん、かのものはいつもその活動のうちにある。知性と知性以前のものとは、いつも自分自身のうちにある。そしてたましいに不断の運動があるのも、これと同じ仕方においてなのである。すなわちたましいのうちにあるものなら、何でもすでに知覚されているのではなく、われわれの知覚のうちに入って来て、はじめてわれわれの意識に入るのである。これに反して、活動していても、その各《おのおの》がこれを知覚する部分の共同に移さなければ、それは未だたましい全体に徹底したことにはならないのである。したがって、それだけでは、未だわれわれは覚らないのである。なぜなら、われわれは知覚器官を具えている者であって、たましいの一部分だけがわれわれなのではなく、われわれはたましいの全体でなければならないからである。またさらに、たましいの器官の各はいつも生きていて、不断に自分だけで自分自身の活動をしているわけなのであるが、しかしそれの意識は、これを知覚部分の共同に移し、われわれがこれを捉えることによって、はじめて生ずるのである。それ故に、いま言われたような仕方でわれわれのところにあるはずのものを、もし捉えようとするのなら、またこれを捉える役目のものを内面に向けて、そしてかしこに注意を集中しなければならない。それはちょうど自分の欲する音を聞こうと待ちかまえている人が、ほかの音はおいて、聞こえて来るもののうちで、何よりも有りがたいその音が、何時やって来るかと、耳をはたらかせているようなもので、たしかにこの場合も、感覚をもって聞くことは、必要やむをえないものだけにかぎって、他はこれを放下し、たましいの把握能力を純粋に保つように注意し、もって天来の響きを聞くの用意をしなければならない。

幸福について

『エネアデス』第一論集 第四論文（I 4）

田之頭安彦 訳

この論文はプロティノスの生涯も終わりに近くなった頃（すなわち、ガリエヌス帝在位十五年頃、西暦二六七〜二六八年頃）に書かれたもので、ポルピュリオスの作品分類によれば、四十六番目の作品にあたる（『伝』6を参照）。ただしこれは、必ずしもこの作品が四十六番目に書かれたものであることを意味するわけではない。

ポルピュリオスの編纂になる『エネアデス』では、この作品は第一の九論集（エネアス）の第四論文として収められているが、ポルピュリオス自身も指摘しているように（『伝』24）、第一の九論集に収められた作品は倫理的な題材を取り扱ったものが多く、この『幸福について』もその例外ではない。すなわち、この作品は晩年のプロティノスの心を強くとらえていた問題、つまり「われわれがよく生き、真の〈善〉を得るためにはどうすればよいか」という、きわめて倫理的・実践的な問題を、彼と見解を異にする者たち（もしくは一般読者）の質問や反論に答えるという一種の問答形式をとりながら、追求していこうとするものである。以下、内容を簡単に観ていくと、次のようになる。

この作品は二つの部分からなっている。すなわち4章までが第Ⅰ部で、そこでは、「よき生は知性（ヌース）にもとづく生であって、それは外的な環境や物体的・感性的なものに満ち足りた生とは無関係である」というプロティノスの基本的な立場が、当時の有力な諸学派、すなわちアリストテレス学派やストア学派、エピクロス学派などの見解を批判的に吟味することによって確立される。そしてプロティノスは、この知性にもとづく生を賢者のなかに見出し、第Ⅱ部を構成する5〜16章で、⑴苦しみ、病気、運・不運などは真の幸福に何の影響もあたえない（5〜8章）、すなわち、⑵知性の活動もしくは知恵（ソピア）にもとづく生は外的なものや肉体的なものによって影響されることはないのであるが（9〜10章）、この知性にもとづく生こそよき生つまり真に幸福な生なのであるから、賢者の生こそ真の幸福に値するものであり、それは外的なものによっては決して左右されることのないものである（11～16章）と、具体的な事例をあげながら説いていくのである。

ところで、プロティノスの作品は、文章も内容もともに難渋で、研究者たちを困惑させる面も多々あるが、この作品はすでに述べたとおり、倫理的な色彩が強く、いわゆる形而上学的な論述は意識的に避けられているので、比較的くみしやすい作品ではないかと思われる。まず倫理道徳的な作品を手がかりとして彼の作風や考え方になじみ、それから形而上学的・純理論的な作品に目を移していくのも、プロティノスの教説を知るうえでの一つの方法であろう。

追記　『幸福について』『悪とは何か』『徳について』の訳は、訳者が筑摩書房版「世界人生論全集」第三巻にすでに発表したものである。しかし当時（昭和三十九年）は訳者も若輩で未熟な点が多く、今回、ふたたび右の三作品を翻訳する機会をあたえられたので、徹底して大幅な改訳を試みてみたつもりである。

1

もしわれわれが〈よく生きること〉と〈幸福であること〉を同じこととみなすなら、[1]ほかの生きものにも（われわれと同様に）、その〈よき生〉や〈幸福〉を認めなければならないのだろうか。というのも、もしほかの生きものが、その本性にしたがって、何の妨げも受けずに生きていくことができるなら、それらの生きものも〈よき生〉をおくっていると言っても、何の差し支えがあろうか。それというのも、たとえ人が、〈よき生〉[2]を〈よき情念にしたがうこと〉[3]とみなそうと、〈自分に固有なことをなしとげること〉[4]とみなそうと、いずれにしても、ほかの生きものもまた（われわれと同様に）、〈よき生〉をおくっていることになるからである。すなわち、〈よき情念にしたがう〉とか〈自分の本性にあったことをする〉などということは、ほかの生きものにも可能なことで、たとえば、音楽の心得のある生きものたち[5]は、ほかのことでも楽しさを味わっているけれど、とりわけ、自分の本性にしたがって美しくさえずっている時がそうなのであり、この点において、その生きものたちはまた、自分に望ましい生をおくっていることにもなるのである。

そこで次に、「幸福は一種の目的のようなもので、本性に根ざした欲求の最終目標となっているものである」[6]というふうに定めてみても、それらの生きものがその目標に到達すれば、やはり彼らにも〈幸福〉を認めなければならないだろう。ただし、生きものたちがそこに到達した時には、彼らの内にある自然（ピュシス＝動植物の霊魂）は、彼らの生の全行程を通過し、彼らの充実した生を終わらせて、その活動を停止することになるのであるが[7]……。

　しかし、〈幸福〉を広い意味に解して、ほかの生きものに適用していくのを嫌う人がいるなら――つまり、そのようにすると、たいへん卑《いや》しい生きものにも[8]〈幸福〉を認めなければならないし、植物も生命活動を営んでいて、最終の目的へと進展していく〈生〉をもっているのだから、それらの植物にも〈幸福〉を認めなければならないことになるからだが――まず、その人が、ほかの生きものなどはまったくとるにたらないものだと思うということだけで、われわれ以外の生きものに〈よき生〉を認めないのであれば、それは不合理なことではないだろうか。次に、植物の方は、感覚をもっていないのだから、ほかのすべての生きものにあたえるものを、植物にあたえなければならないことはないかもしれない。しかし、植物も生きているのだから、おそらく、植物に〈よき生〉を認める人もいるだろう。つまり、生には〈よき生〉もあり、また〈悪しき生〉もあるのだから、植物のばあいでも、よき生を享受したりしなかったりすることがありうるわけで、それは言いかえれば、実《み》を結ぶか結ばないかに相当するのである。

　さて、このようにして、たとえ（エピクロス派の人びとのように）生の目的は快楽で、その中に〈よき生〉があると考えようとも、ほかの生きものから〈よき生〉を取りあげてしまう人は、理にかなわないことをしていることになるし、また、たとえ〈よき生〉は〈心の平静〉[9]であるとみなそうとも、同じことである。それにまた、たとえ（ストア派の人びとのように）〈自然《ピュシス》にしたがって生きること〉[10]が〈よく生きること〉であると主張しようとも、やはり同じことなのである。

(1)〈よく生きること〉と〈幸福であること〉が同じであるとする考えは、古代ギリシア人の間で受けつがれていた、伝統的な考えである。しかし、その〈善さ〉をどう解するかによって、いろいろな幸福観が生まれてくる。そこで、プロティノスは、この1～2章を通じて、当時有力だったペリパトス、ストア、エピクロスの三学派の幸福観を吟味し、3章以降で、彼の幸福論を展開していくのである。以下、〈よく生きること〉とか〈幸福であること〉などということばは、日本語としてはなじめないので、支障のないかぎり、〈よき生〉と〈幸福〉という訳語を、これにあてることとする。

なお、〈 〉で囲まれたことばは、各学派の専門用語か、あるいは訳者が強調したいことばである。

(2)原語はエウゾーイアー。幸福な人とは、よく生きている人のことであり、幸福はよき生（エウゾーイアー）であるという考えは、アリストテレスの『ニコマコス倫理学』第一巻1098bに見られる。

(3)原語はエウパテイア。ストア哲学では専門用語として用いられ、わが国では、「エウパテイア」とそのまま仮名書きで用いられるか、「よき情念」と訳されている。ストア派では、歓喜（カラ、快楽に対するもので、理にかなった高揚）、用心（エウラベイア、恐れに対するもので、理にかなった回避）、願望（ブーレーシス、欲望に対するもので、理にかなった欲求）の三つがエウパテイアとしてあげられているが、ここでは、そのような専門語としてのせまい意味ではなく、もっと広い意味に用いられているようである。しかし、プロティノスは、もちろんストアの用語にも通じていたわけであるから、ここで、この語をストアの用語とまったく関係なしに用いたと考えるのもどうかと思われるので、ストア的な意味も生かしながら、「楽しさを味わう」とか「よい経験をする」という広い意味を含めて、「よき情念にしたがうこと」(「よい情念にしたがって生きること」)と訳してみた。なお、アリストテレスの『ニコマコス倫理学』(第八巻 1159a) では、この語は「利益を受けること」(receipt of benefits) という意味で、プラトンの『パイドロス』247d では、真実在(イデア)の観照によって生じる法悦の境地をあらわすものとして、用いられている。

(4) 自分に固有な機能をじゅうぶんに発揮すること。プラトン(『国家』353b 以下)やアリストテレス(『ニコマコス倫理学』第二巻 1106a) では、この問題が徳(ものの卓越性)との関連で説かれている。

(5)「音楽の心得のある生きものたち」とは、小鳥たちのこと。

(6) 幸福を人生の目的とする考えは、アリストテレスの『ニコマコス倫理学』第十巻 1176a にも述べられているが、これは別にアリストテレスに限らず、古代ギリシア人たちの間では、自明の考え方であった。しかし、幸福を「本性に根ざした欲求の最終目標となっているもの」というふうに解すると、ストア的な考えが強くなってくる。

(7) 動植物の死を意味する。ここで述べられているピュシスは特に植物の霊魂を意味するので、植物が種子から成長して花を咲かせ、種子を実らせて、その一生を終わることを指している。

(8)「たいへん卑しい生きもの」とは、けものたちのこと。

(9)〈心の平静〉(アタラクシアー)とは、エピクロス派の用語で、外的な諸情念によって心を乱されない状態という。彼らは、そのような状態が幸福であり、これを実現するのが哲学の究極の目標であると考えた。

(10) ストア哲学の基本的な考え方で、「自然にしたがう」とは、「宇宙のロゴス（理性）にしたがう」ことであり、これを狭い意味にとれば、人間の場合には、「われわれのロゴス（理性）にしたがう」ことで、動物の場合には、「衝動（ホルメー）にしたがう」ことである。（ストア派は動物の根源的衝動として自己保存の衝動をあげている。）

2

ところで、感覚作用をもっていないことを理由にして、植物に〈よき生〉を認めない人たち[1]は、同時にまた、おそらく、生きとし生けるもののすべてに〈よき生〉を認めないことになってしまうだろう。

つまり、その人たちが〈感覚する〉ということを〈情念《パトス》に気付く[2]〉という意味で言っているのであれば、その情念は、人がそれに気付く前に、すでにそれ自体でよいものでなければならないのであって、たとえば、〈自然の状態にあること〉は、たとえそれに気付いていなくても、それ自体でよいことだし、〈自分に固有であること〉も、たとえ人が、まだ、それは自分に固有なことだとか、快適なことだというふうに認知していなくても――というのは、自分に固有なものは、快適なものでなければならないからだが――それ自体でよいことなのである。だから、このばあい、その情念がよいもので、現に在る時には、その情念をもっているものは、すでによく生きていることになる。だとすると、(〈よき生〉の条件をみたすために)なぜ感覚作用を加えもつ必要があるのだろうか。その〈よい〉ということを、実際に生じている情念にではなく、[3]認識作用や感覚作用にあたえるのならいざしらず、そうでなければ、そんな必要はないだろう。

しかし、このように論駁されると、彼らは、感覚作用そのもの、つまり、感覚的な生の働きが〈よい〉のだと答えるだろう。だが、もしそうなら、どんな情念でも感覚で把握しさえすれば、それで〈よき生〉をおくっていることになるだろう。(これも不合理である。)

だが、これにたいして、もし彼らが、(〈よき生〉の)その〈よさ〉は、たとえばこれこれの情念にたいする感覚作用というように、二つの要素からなっていると言うのなら、それらの一つ一つは(その時の彼らの主張では)〈よい、わるい〉に関係のないものなのに、どうして〈よさ〉がその二つからなっていると言うのだろうか。(これも、やはり不合理である。)

他方、もし彼らが、〈よさ〉は(感覚作用ではなく)情念の方にあるのであって、〈よき生〉とは、次のような状態、すなわち、人が自分にはいまそのよい情念が生じていると認知している状態をいう、と答えるのなら、われわれは彼らに、次のように質問しなければならないだろう。「それでは、その情念について、人が自分にはいまそれが生じていると認知すれば、それで、彼はよく生きていることになるのかね。それとも、自分に生じている情念が快適なものだということばかりでなく、よいものだということも認知する必要があるのかね」と。

けれども、このばあい、それがよいものだと認知する必要があるのなら、それはもはや感覚作用のすることとではなく、感覚力とは別のもっと大きな力のすることとだろう。だからつまり、〈よき生〉は快楽を感じている者にではなく、快楽はよいものだということを認知できる者に属することになるだろう。だから、生を〈よき生〉とするのは快楽でなく、快楽はよいと判定できるものだということになるだろう。けれども、〈判定するもの〉は情念《パトス》よりすぐれているのである。というのも、それは理性《ロゴス》もしくは知性《ヌース》だからである。しかし、快楽は情念《パトス》である。だが、非理性《アロゴス》（つまり情念）が理性《ロゴス》よりすぐれていることは絶対にない。だとすると、どうして、その理性《ロゴス》が、自分自身をすておいて、自分とは反対の類の中にある他のもの（すなわち情念《パトス》）を、自分よりすぐれたものとみなすことがあろうか。むろん、そんなことはないだろう。というのも、植物に〈よき生〉を認めない人びとや、一定の感覚作用に〈よき生〉を認める人びとは、ほかならぬ彼ら自身が〈よき生〉を（彼らが現在すごしている生よりも）大いなるものと考えて探し求めながら、そして、それをよりよきものとして（感性界の生よりも）いっそう明澄な生の中にあるとみなしながら、自分では気付いていないように思われるからである。（以上の説明で、理性《ロゴス》が感覚をとおしてあたえられた情念《パトス》にしたがう生を〈よき生〉と判定することはありえないということが、明らかになった。）

ところで、〈よき生〉は理性的な生の中にあるのであって、たんなる生の中にあるのでもなければ、また、その生が感性的な生であっても、その中にあるのでもないという人びとの説④は、おそらく正しいだろう。だが、ここで彼らに、なぜそうなのか、なぜ〈よき生〉を理性的な生きものだけに限るのか、その理由をたずねるのが道理というものだろう。すなわち……、

「すると君たちは、理性《ロゴス》の方が（感性よりも）手段としては有効で、〈自然的な根源者〉[5]を容易に探しだし、手にいれることができるという理由で、〈理性的な《ト・ロギコン》〉ということばを〈よき生〉の条件に加えるのかね。それとも、理性がそれを探しだすことも手に入れることもできなくても、やはり、〈理性的な〉ということばをつけ加えるのかね。けれども、もし理性の方が（感性よりも）それを見つけだす力に勝《まさ》っているという理由で〈理性的な〉ということばをつけ加えるのなら、理性をもっていない生きものでも、理性なしに生来の力で[6]、その〈自然的な根源者〉を手にいれることができるなら、幸福な生をおくっていることになるだろう。そして、理性はたんなる助力者にすぎなくなり、それ自身のゆえに望ましいのでも、その理性の完成——それが徳だと、われわれは言っているのである——が望ましいのでもなくなってしまうだろう。（したがって、〈理性的な〉ということばをつけ加える必要もなくなるだろう。）これにたいして、もし君たちが、理性は〈自然的な根源者〉を探しだしたり手にいれたりするから尊ばれるのではなく、それ自身のゆえに歓迎されるのだと主張するのなら、理性はほかにどんな働きをもっているのか、その本性は何か、それを完全なものとするのは何かを、説明しなければならない」と。

このように質問するのも、（彼らの説によれば）理性を完全なものとするのは〈自然的な根源者〉にたいする観照《テオリア》ではなく、⑦理性はなにか別のものに依存して完全なものとなり、別の本性をもっているのであって、〈自然的な根源者〉のひとつでも、その〈自然的な根源者〉の元《もと》となっているもののひとつでもなく、要するに、その部類にはいるのではなくて、そのどれよりもすぐれているのでなければならないからである。（これは理屈にあわないことだが、）こうとでも言わなければ、思うに、彼らは、理性がどうして尊ばれるのか、説明することはできないだろう。

しかし、それはそれとして、この者たちの方は、いまもなにかと検討しているものよりましなものを見つけだすまで、ここに、ほうっておこう。なにぶん彼らときたら、どのようにすれば〈よき生〉を得ることができるのか、われわれが問題としているものの中で、どれがそれを得ることができるものなのか、説明することができないので、ここに留まるつもりなんだから。

（1）アリストテレスとその学派を指す。『ニコマコス倫理学』第十巻1178bを参照。

（2）感覚内容もしくは経験内容を認知するという意味。パトスとは、外的な刺激によって心の中に生じた、快苦などを伴う情態をいう。

（3）読み方はハルダーにしたがう。

（4）ストア派の説を指す。一七三ページ（10）を参照。ここから2章の終わりまで、プロティノスは論点をストア派の学説の中でもっとも弱点と思われるところにしぼって、批判しているのである。しかし、ここの表現からもわかるように、彼は〈よき生〉をロゴス（理性）にしたがう生であるとする見解に反対しているわけではない。彼自身もそのように考えているのである。

（5）原語はタ・プロータ・カタ・ピュシン。すでに一七三ページ（10）で述べたとおり、ストア派は「自然にしたがって生きること」を重視した。ところで、「自然にしたがって生きること」が「根本衝動（プローテー・ホルメー）にしたがって生きること」、つまり「自己保存の欲求」にしたがって生きることであるいじょう、これに寄与するものを善として求め、害するものを悪として避けることも自然である。「自然的な根元者」とは、この根源的な欲求（the primary natural needs）と、それを満たすもの（les objets qui satisfont nos besoins primordiaux）を指す。（欧文訳は、ブレイエとアームストロングのもの。）

（6）「自然の本性によって」ということ。

（7）プロティノスの存在論は、一者（ト・ヘン、絶対善）←→知性（ヌース）←→魂←……→自然（ピュシス）という、上位・下位の関係であらわされ、下位のものは上位のものを観ることによって（テオリア、観照）、完全なものになると考えられている。プロティノスのこのような考えにたってストア派の〈自然的根源者〉をみてみると、それは理性より下位の段階にあるものであるから、理性がそれを観ることによって完全性を得るということは、考えられないわけである。ただし、これはあくまでもプロティノスの考えであって、そのような観点からなされた批判が妥当かどうかは、また別の問題である。

3

これにたいして、われわれの方は、とにかく、幸福をどのような意味に解しているのか、最初から出なおして、話していくことにしよう。

さて、われわれが、幸福は〈生〉の中にあるとみなすばあい、もしその〈生〉ということばを（どの生きものにもすべて同じ意味内容をもつ）同義語として用いたのなら、一方では、すべての生きものは幸福を手にいれることができるということを認め、他方では、すべての生きものがもともと手にいれることのできるもので、（どの生きものが手にいれようと、そんなことには関係なく）同一であるような或るものがあって、それを現に或る生きものがもっているなら、[1]その生きものは実際によく生きているのだということを認めることになっただろうし、理性的な生きものは幸福を手にいれることができるけれども、理性をもたない生きものはそうではないという説を認めるわけにはいかなかっただろう。[2]それというのも、〈生〉はどちらの生きものにも共通しているものであるし、幸福が或る種の生の中にあるのなら、その共通しているもの（すなわち〈生〉）は、〈幸福になる〉ということについては、同じことを受容することができるはずだからである。

この点から考えると、幸福は理性的な生の中にあると主張する人びとは、幸福がどの生きものにも共通した生の中にあるとはみなさないのだから、自分では気付いていないようだが、幸福を〈生〉とみなして考察をすすめているのではないことになるだろう。[3]そこで彼らは、理性的な力《デュナミス》は〈性質《ポイオテース》〉で、幸福はそれに依存していると言わなければならないようになったのだろう。[4]

しかし、彼らにとっては、その〈性質〉の基《もと》にあるのは、⑤理性的な生なのである。というのも、幸福はそれに全面的に依存しているからである。したがって、幸福は別種の生に依存していることになるだろう。もっとも、〈別種〉とは言っても、わたしはそれを、ことばで論理的に区別されたものとして言っているのではなく、⑥われわれはよく、或るものはより先に、或るものはより後にあると言うけれど、そのような意味で（すなわち、秩序においての前後という意味で）言っているのであるが⑦……。

だから、この〈生〉ということばは（同義語ではなく）、いろいろな意味で語られ、その〈生〉をもっているものが、秩序のうえではじめにあるものか、二ばんめにあるものか、それにつづくものかによって、〈生〉もいろいろと異なっているのだし、⑧また〈生きる〉ということも、いろいろな意味内容をもったことばとして語られ、――すなわち、そのことばが植物に語られるばあいと、理性をもたない動物に語られるばあいとでは、それぞれ異なった意味内容をもっているわけであるが⑨――それぞれの段階の生は、明澄さや漠然さにおいて異なっているのだから、それに対応して、〈よく生きる〉ということも、いろいろと異なってくるのは明らかである。それに或るものが他のものの映像ならば、前者の〈よき生〉が後者の〈よき生〉の映像であることも明らかである。⑩

そこで、〈生〉はすべての生きものがもっているのだから、たんなる〈生〉ではなくて）〈高度の生〉

をもっているものが——つまりそれは〈生〉のどの点にも欠けていないものということだが——幸福をもつとすると、高度に生きているものだけが幸福な生をおくることになるだろう。つまり、もろもろの存在の中で〈もっとも善いもの〉は、真実の生き方をしているもの、すなわち〈完全な生〉なのだから、高度に生きるものは、その〈もっとも善いもの〉をもつことにもなるのである。なぜなら、そのようなばあいには、その〈善いもの〉を自分の本性に関係のない外からあたえられたものとしてもつのでも、〈真実の生〉に関係のない他の領域からきたものがその基《もと》にあって、それを〈善いもの〉とするのでもないからである。というのも、〈完全な生〉を〈もっとも善い生〉とするために、それにつけ加えなければならないようなものが、何かあるのだろうか。（そんなものはないからである。）もっとも、もし人が〈善の本性〉⑪を、と答えるのなら、その人の説はわれわれになじみのふかいものではあるけれども、⑫いまわれわれが求めているのは〈完全な生〉とか〈もっとも善い生〉というばあいの、その完全さや善さの）原因ではなくて、（その生そのものに）含まれているもの⑬なのである。（したがって、彼の答えは、質問の主旨からはずれていることになるだろう。）

ところで、〈完全な生〉つまり真実で本来の姿をとっている生は、あの知的なものの中にある⑭ということや、それ以外の生は不完全で、（完全な）生の影にすぎず、完全でもなければ純粋でもないし、〈非生〉とくらべて、たいしたちがいのあるものではない⑮ということは、これまでにしばしば言われてきたことである。[16] しかし今は、それを簡単にして、生きているものはすべてひとつの源から生じるのだが、それぞれが同じ生き方をしているのではないから、その源は〈第一のもっとも完全な生〉でなければならないということが言われたとしよう。

(1)「すべての生きものがもともと手にいれることのできるもので、同一であるような或るもの」＝「どのような生きものでも生まれながらに（すなわち自然の本性にしたがって）もっているもの」。要するに、「どんな生きものでも、現に、自然の本性にしたがって、自分に固有な働きをじゅうぶんに発揮しながら生きているのなら……」ということ。

(2)プロティノスは自分の幸福観を述べるにあたって、まず、これまでの批判の総決算をしようとしている。すなわち、彼はここで、他の学派にたいする批判の結論として、「彼らは人間の〈生〉も他の生物の〈生〉も本質的には同じであると考えて幸福論を展開しているが、このような観点に立てば、すべての生物は幸福な生をおくり、よく生きることができるという結論にならなければならないのに、彼らはこれを否定している」と、彼らの考えの矛盾を指摘しているのである。

(3)〈生〉を同義語として用いているいじょう、「理性的な」ということばは何ら重要な意味をもちえず、たんなるつけたしにすぎない。つまり、その場合には、「理性的な」という条件のついた〈生〉も無条件の〈生〉も本質的には同じものになるから、幸福は〔理性的な〕生の中にあって生の中にないというのは、矛盾した見解である。したがって、この見解に固執するなら、〈幸福〉とよき〈生〉とは同じでないことになる、という意味。

(4)ストア派によれば、宇宙万物は〈作るもの〉としての〈ロゴス〉と〈作られるもの〉としての〈素材〉から成る。そして、素材は不生不滅で一切の性質をもたざるものであり、常に万物の基にあって、それらを存在せしめるものであるという意味で、ト・ヒュポケイメノン（基体）でありウシア（実体）であるとされるのにたいして、ロゴスは無形無質の素材に形と性質をあたえて、個物を形成するものという意味で、ト・ポイオン（本質的性質、本文に見られるポイオテース）と考えられた。このロゴスと素材の関係は、考えようによっては、プロティノスのそれに類似しているし、彼も〈万物の形成力〉すなわちデュナミスとしての〈ロゴス〉という自分の説をストア派のそれに結びつけて、本文のように解釈したのだろう。ただし、ストア派の〈デュナミス〉についての考えを、本文のように、ただちに〈ポイオテース〉に結びつけることができるかどうか、つまりプロティノスの批判が正しいかどうかは、また別の問題である。なお、プロティノスのVI 1も参照されたい。

（5）〈基にあるもの〉の原語は、ト・ヒュポケイメノン。プロティノスはここで、ストア派の幸福に関する考え方を、彼らの範疇論をあしがかりにして、批判している。ストア派は基体、性質、状態、関係的状態の四つの範疇をあげているが、彼らによれば、ト・ヒュポケイメノンは万物の基に横たわり、万物が変化しても変化しないもの（すなわち万物のアルケーとしての素材）である。しかし、プロティノスの考えによれば、もしト・ヒュポケイメノンがそのようなものであれば、これを性質その他と同一の類（ゲノス）に属するものとして同格に扱うのは誤りで、性質その他の範疇はそれより後のものでなければならない。すなわち性質はト・ヒュポケイメノンより後のもので、それに依存することになる。つまり、ここでプロティノスは、「幸福は、彼らの考えによれば、〈性質〉としての理性的な力に依存している。しかるに、その〈性質〉は〈ト・ヒュポケイメノン〉としての〔理性的な〕生に依存している。したがって、幸福は〔理性的な〕生に依存していることになる。つまり、幸福は別種の（＝理性的な）生に依存していることにならなければならない」と主張しているのである。
（6）アリストテレス『範疇論』14b33以下を参照。
（7）プロティノスによれば、〈生〉には知的生、感覚的生、植物的生の三つ、もしくは知性界における生と感性界における生の二つがあり、後者は前者の影であるとされる。
（8）前注（7）を参照。
（9）ブレイエにしたがって——で囲む。
（10）前注（7）を参照。
（11）絶対善、すなわち善一者のこと。
（12）プロティノスによれば、絶対善とも言うべき〈一なるもの〉が万有の根元にあって、それが万有をして万有たらしめ、すべてを善きものとしているのである。したがって〈完全な生〉とか〈もっとも善い生〉と言われている知性界の生も、もともとは絶対善からその善さを受けとることによってのみ、完全で善い生となることができるのである。ここの、「われわれになじみのふかいものではあるけれども……」という表現は、「その説は、われわれの見解に一致しているけれど……」というプロティノスの気持をあらわしている。
（13）「含まれているもの」の原語はト・エニュパルコン。内在的要素もしくは特質、属性のこと。
（14）「知的なもの」とは、知性（ヌース）もしくは知性界のこと。
（15）そのような生は死とかわらないということ。ただし、生理学的な死ではなく、精神的に死んでいるということ。つまり有意義な生ではないということ。
（16）これはプロティノスの根本的な考えで、他の諸論文でくりかえし言われていることである。たとえば VI 6. 18, 7. 15.

4

したがって、もし人が〈完全な生〉をもつことができるなら、その生をもっている人は幸福であることにもなるだろう。だが、もしそうでないとしたら、つまり、そのような生は神々の中にだけあるとしたら、人は神々の中に（だけ）幸福を認めることになるだろう。

さて、われわれは、この〈幸福〉が人びとの中にもあると言っているのだから、どうしてそうなのかを考察していかなければならない。

わたしの説は、次のとおりである。すなわち、すでにほかで述べられたことからしても明らかなことだが、人が感性的な生だけでなく、思慮や真の知性《ヌース》ももっているなら、その人は〈完全な生〉をもっていることになる、というのがそれである。

しかし、もしそうだとすると、その人は〈完全な生〉を、自分とは異なったものとして、もっているのだろうか。

いや、そうではない。潜勢的にであれ現勢的にであれ、とにかく、その〈完全な生〉をもっていない人は、要するに人間でもないのであって、実にそれを（現勢的に）もっている人こそ、われわれがまた幸福でもあると言っている人なのである。[1]

では、この種の〈完全な生〉は、彼自身の一部分のようになって彼の中にある、と言えばよいのだろうか。

いや、むしろ、われわれの説によれば、世間一般の人びとは、その〈完全な生〉を潜勢的にもっているから、それを或る種の部分としてもっていることになるだろうが、幸福な生をおくっている人は、実に現勢的にもその〈完全な生〉なのであり、その〈完全な生〉と同じ状態に移行してしまっているのだから、（その〈完全な生〉をもっているのではなくて）すでにそれになっているのである。このばあい、彼のまわりには（〈完全な生〉にかかわりのない）ほかのものが[2]付着しているとしても、それは彼の意にそって付着しているのではない[3]から、彼の一部とみなすことはできないだろう。とにかく、彼の意にそって結びつけられていたのなら、彼の一部だったかもしれないが、そうではないのである。

では、その人にとって、〈善〉とはいったい何なのだろうか。

彼は、〈完全な生〉をもっているのだから、彼自身が、彼自身にとって〈善〉なのである。[4]もっともこのばあい、知性のかなたにある善（すなわち絶対善）が彼のなかにある善の元《もと》（アイティオン）となっているのであって、これが絶対的なものとして善であるばあいと、彼の中にあるばあいとでは、同じ意味で〈善〉と呼ばれるのではないのであるが[5]……。そして、〈完全な生〉の状態にある人はほかに何も求めたりはしないということが、彼自身が善であるということを物語っているのである。というのも、他にまだ探し求めなければならないようなものが何かあるのだろうか。彼は劣悪なものは何ひとつもたず、最善なものと共にいるのである。

したがって、このような生をもっている人の生活は自足的で、幸福と〈善きものの所有〉の故に満ち足りており、その点で、彼はまた徳の誉れの高い賢者でもあるだろう。それというのも、彼は善いものはみなもっているからである。（だが、彼の生活が自足的だと言っても、他に求めるものがあるのも事実である。）しかし、彼の求めるものは、あくまでも〈必然的なもの《アナンカイオン》〉[6]であって、それも彼自身のためにではなく、彼に付属している或るもののために求めるのである。つまり、彼はそれを、彼に付属している肉体のために求めるのであるが、たとえ肉体が生きているとしても、それは、あくまでも肉体に固有な〈生〉を生きているのであって、自足的な賢者に固有な〈生〉を生きているのではない[7]。そして彼は、肉体の生に必要なものを知っており、肉体にあたえなければならないものをあたえても、彼自身の生からは、何も失うものはないのである。

右のような次第であるから、彼はかずかずの不運な出来事にみまわれても、その幸福を損うことは少しもないだろう。たとえそのような逆境におかれても、〈完全な生〉が（彼自身の中に少しも動揺せずに）留まっているからである。すなわち、たとえ彼の身内の者たちや友人たちが死んでも、彼は〈死とは何か〉をよく知っているし、死を受ける者たちが徳の誉れの高い賢者なら、やはりその者たちも、〈死とは何か〉を知っているのである。それで、身内の者たちや縁者たちが死んで彼を悲しませるとしても、悲しむのは、彼自身ではなく、彼の中の知性《ヌース》をもっていない部分で、彼自身がその部分の受けた悲しみを受けることはないだろう。[8]

(1) プロティノスにおいては、知性（ヌース）をもっているかいないかが、人間と他の生物とのわかれめになっている。とはいえ、人間はその知性を外部から与えられるようにして、「やがて持つようになる」のではない。人は生まれながらにして知性をもっている。いや、人間は知性そのものなのである。ところが、凡人は感覚世界の生のみを重視し、真の自分である知性を十全に活動させた生をおくることはしていない。凡人と賢者とのちがいは、ここにある。知性を十全に発揮し、いや、知性そのものとなって、感覚世界の俗事にとらわれないで生きることこそ賢者の生であり、幸福な生であるのだ。これがプロティノスの幸福観で、この章以後（そして他の論文でも）くりかえし述べられることである。

(2) 「ほかのもの」とは、肉体のこと。

(3) 知性そのものとなり、完全な生をおくっている人は、肉体およびそれにまつわることなどに執着することはない。

(4) 読み方はハルダー、ブレイエにしたがう。

(5) 知性（ヌース）および知性界における生が完全で善い生であるといわれるのは、あくまでも絶対善からその善さを受け取るからにすぎない。この点で、知性界の善は、絶対善の影にすぎないとも言われている。

(6) 〈必然的なもの〉とは、われわれが肉体的な生をおくるうえで必要なもの、すなわち肉体の健康とか、それを維持するうえで必要なものを言う。

(7) 真実の生は知性界における生のみである。肉体的な生などというものは真実の生の影にすぎず、肉体は真の意味では生きているとは言えない。したがって、一歩譲って肉体的な生を認めるとしても、それはあくまでも影の生であって、「自足的な賢者に固有な生」としての知性界の生ではない。

(8) 賢者の肉体は肉体的な生をおくっていても、賢者自身は真実の完全なる生、すなわち知性界の生をおくっていて、肉体的な生に影響されることはない。したがって、彼の肉親たちの不幸を見ても、あるいは次章で述べられるように、自分自身の肉体が病いに冒されるようなことがあっても、彼の知的な生がそれに影響されることはない。したがって、知的な生が幸福な生であるいじょう、そのような出来事のために彼自身が不幸になるようなことは、決してない。

5

だが、苦しみや病《やまい》、そのほか一般的に言って、生命の活動を妨げるものについては、どうだろうか。それにまた、賢者が自己意識さえももっていない時には、どうなのだろうか。薬や或る種の病によっては、意識を失うこともありうるのである。

では、いったいどうして、賢者は、苦しんだり病気になったり意識を失ったりしていても、〈よき生〉をおくり、幸福でありうるのだろうか。[1] (今から、この問題を取りあげて、検討していくことにするが) 貧しさや悪評などを取りあげて問題にする必要はないだろう。けれども、或る人[2]はそれらのことにも目をつけ、とりわけあの有名なプリアモスの悲運[3]に目をつけて、異議を唱えるかもしれない。すなわち……、

「賢者は貧しさや悪評に堪えることができても、しかも容易に堪えることができても、それは彼にとって望ましいことではなかっただろう。しかし、〈幸福な生活〉というものは、望ましいことでなければならない。（したがって、君の言うような賢者の生活が幸福だとは、とても考えられない。）つまり、君はいま、賢者をかくかくしかじかの（善い）魂と同視し、肉体というものを彼の実体《ウシア》の一部とみなしていないけれども、それはまちがいなのだ[4]」

「そうだよ」

と、彼の仲間は言うだろう、

「肉体の諸情念は、結局のところ、その人自身に関連しているのだし、それにまた、彼が選択したり拒否したりするのも肉体を通してなのだから、この点から考えるかぎり、彼の言っていることを受けいれるのは、たやすいことなのだ。それに、快楽が〈幸福な生活〉の中に数えられているのなら、不運や苦しみに悩んでいるばあい、たとえその悩みをもっている人が賢者でも、どうして幸福でありえようか。君がいま話している幸福や自足性の、そのような状態というものは、神々のみに可能なのであって、人間の方は劣った部分[5]を加えもっているのだから、その幸福の探究は、この世に生きている人間の全体をめぐっておこなわれなければならないの

であって、部分に拘泥してはいけない。――なぜなら、部分は、一方が悪い状態になると、その働きも本調子でなくなるから、他方のすぐれた部分も、それに妨げられて、自分の働きを充分に発揮できなくなるからである。[7]――もしそうでなければ、肉体や肉体のもつ感覚を切り取ってしまってから、幸福を手にいれるために、〈自足性〉というものを探究しなければならなくなるだろう」[6]

と。

(1) アリストテレス『ニコマコス倫理学』第十巻第6章を参照。そこでアリストテレスは、もし幸福を「状態」(ヘクシス)とするなら、生涯を眠ってすごしている人や非常に大きな悲運にあった人にも幸福を認めなければならないようになるという理由で、幸福を状態とすることに反対している。

(2) 「或る人」とは、ペリパトス派の人のこと。

(3) プリアモスはホメロスの叙事詩にでてくるトロイアの王。彼は五十人の息子と五十人の娘をもっていたと言われるが、その中で有名なのがヘクトルとパリスである。プリアモスはやがてつぎつぎと子供を失い、家も失って悲惨な死をとげることになるが、この悲惨な運命は、古代ギリシア人たちの間で、いわば運命的なもののひとつの象徴とされていた。なお、アリストテレスは『ニコマコス倫理学』第一巻 1100a, 1101a でこのプリアモスの悲惨な運命を取りあげ、このような悲運にあった者は幸福でないと断定している。

(4) ここまでの「 」で囲んである部分は、実際にはペリパトス派の者の言ではなく、プロティノスが、

「けれども、或る人は……異議を唱えるかもしれない。なぜなら……」という形で、異議を唱える理由もしくはその異議の内容を述べているのである。しかし読者の理解ということを考えて、このように訳してみた。

(5)「劣った部分」とは、肉体的部分のこと。

(6)「すぐれた部分」とは、精神的部分のこと。

(7)「もしそうでなければ」以下の文章をいかすために、——で囲む。

6

(右のような反論にたいして、われわれは次のように答えるだろう。)だが、君たちの主張が、幸福は〈苦しみを受けないこと〉とか、〈病気にならないこと〉とか、〈不運でないこと〉とか、それにまた、〈大きな災害にめぐりあわないこと〉とかの中にあるということなら、人は誰でも、そのような災いにあえば、それでもう幸福ではないということになっただろう。しかし、もし幸福が〈ほんとうに善いものを所有すること〉の中にあるのなら、どうして、この点に注目して幸福を判別しようとせず、これを見捨てて、幸福の中に数えられてもいないことなどを探究する必要があるだろうか。幸福が、もろもろの〈善いもの〉と〈必然的なもの〉[1]の、いやむしろ、それらも(君たちによれば)やはり〈必然的なもの〉ではなくて、〈善いもの〉と呼ばれているのだが、それらの集まりなら、人はそれらも手にいれるように努力しなければならなかっただろう。しかし、人の目指すテロス（目的）はたくさんあるのではなく、ひとつでなければならないのなら——そうでなければ、テロス（ひとつの目的）ではなくて、テレー（多くの目的）を求めていることになるからだが——最終のもっとも尊いもので、魂が自分自身の奥深くでつかもうと努めているあのもの[2]だけを手にいれるようにしなければならない。

だが（そうは言っても）、魂の努力や願望は、それら〈必然的なもの[3]〉から逃れることを目指しているのではない。魂はそれらを本性的なものとしてもっているわけではなく、それらが魂の傍《かたわ》らにある時に、魂のもつ思慮《ロギスモス》が、それらを自分の領域から遠ざけようとして避けたり、あるいはまた、つけ加えようとして求めたりするにすぎないのである。これにたいして、魂の真の欲求は、自分よりすぐれたもの[4]に向けられており、それが魂の中にあらわれると、魂はそれに満たされ、静かな状態になるのであって、これこそ魂の求めている真の生き方なのである。

そこで、われわれは〈必然的なもの〉が身に備わっていることにも（それなりの）意義を認めてはいるが[5]、もし人が〈願望〉ということばを正確に理解し、誤って用いなければ、「〈必然的なもの〉が身に備わっているように」などということは、願望の対象になりえないであろう。つまり、一般的に言って、われわれはかずかずの〈劣悪なこと〉を避けるけれども、そのような逃避は決して〈願望〉の対象とはならないのである。なぜなら、むしろ、そのような逃避などまったく必要としないということが、われわれの願望するところだからである。たとえば、人が現に健康で何の苦痛も感じていない時のことを考えてみよう。そうすれば、そのことがただちにわれわれの考えの正しさを証明してくれるだろう。というのも、健康や無痛などのどこに魅力があるのだろうか。とにかく、人は現に健康で苦痛を感じていないと、そんなことは軽くあしらって意にもとめないのだから。しかし、現に身に備わっている時には何の魅力もないし、幸福に寄与するものでもないけれど、身に備わっていない時には反対にわれわれを苦しめるものがあらわれることになるので、求められるようなものは、〈必然的なもの〉と言えば理にかなっているだろうが、〈善いもの〉と言うのは誤りだろう。

したがって、健康、無痛、その他の〈必然的なもの〉を、われわれの目的《テロス》（すなわち幸福）の中に数えいれてはならないのであって、むしろ、目的（つまり幸福）というものは、たとえそれらが備わっていなくて反対のものが備わっているようなことがあっても、何ら損われないで保持されているものでなければならないのである。

（1）一八八ページ（6）を参照されたい。

（2）「あのもの」とは、知性（ヌース）もしくは知性界の生、すなわち〈真実の生、完全な生、幸福〉のこと。

（3）読み方はハルダーにしたがう。

（4）「自分よりすぐれたもの」とは、知性（ヌース）のこと。
（5）健康であることは、われわれにとって決して意義のないことではない。われわれが肉体的生をおくるうえで必要なことである。ただし、それに執着して真実の生を見誤るようなことがあってはならない。われわれの魂が求めるのは知性界における生なのである。

7

すると、幸福な人が健康でありたいとか、苦しみのない生活をおくりたいと願い、反対に病気や苦痛などを避けるのは、なぜだろうか。

われわれは（この問いにたいして）次のように答えるだろう。すなわち、「彼が健康や無痛などを求めるのは、それらが何らかの役にたって幸福になるからではなく、むしろ（肉体的な）生存に役立つからである。これにたいして、病気や苦痛などは（肉体的な）生存を害するか、あるいは、そのようなことが彼の身に起こると、目的（つまり幸福）の邪魔になるから、避けるのである。ただし、われわれは『邪魔になる』ということを『幸福を奪うから』という意味で言っているのではない。むしろ〈最善なるもの〉（＝幸福）をもっている人は、ただそれだけをもっていたいと思い、別の或ることが彼の身に起こると〈最善なるもの〉が奪われる、というわけではないけれども、その〈最善なるもの〉があるから、そのうえに、ほかのことまで得ようとは思わないので、そのような意味で言っているのである」と。

要するに、もし幸福な人が欲しないことがあって、それが彼の身にふりかかってきても、そのことによってなにがしかの幸福が奪われるということはないだろう。そうでなければ、彼はたとえば子供を失ったり、何か財産を失うような災難にあって、日毎に不運な者となり、幸福を失っていくだろう。彼の意欲の及ばないことは無数にあるが、たとえそれらが彼の意に反することをもたらしても、彼に備わっている幸福を毫もぐらつかせることはないのである。

しかし——と彼らは言うだろう——（幸福を乱すのは）日々偶然に起こるようなどうでもよいしろものではなくて、大きな出来事なのだ。

だが、うつせみの世のことで、われわれの知っているどんなことよりも上（＝知性界）へとたどりつき、もはやこの下界（＝感性界）にあることなどには頼ることもない賢者から、軽くあしらわれることのない大きな出来事といえば、いったいどんなことなのだろうか。賢者は、幸運の賜物としては、たとえば王位、国家や国民の支配、植民、国家の建設などのような、かなり重要なことでも、またこれらを彼自身の力でもちえたばあいでも、大きな事とは考えないのに、支配権の失墜とか祖国の崩壊などということになると、何か大きな出来事でもあるかのように考えなければならない理由があるのだろうか。そんな理由はないだろう。だから、もしほんとうに、賢者がそんなことを大きな悪だとか、あるいはそうでなくても、要するに悪だと考えているなら、彼は滑稽な考えをもった者で、もはや賢者ではないだろう。われわれは、賢者は死について、肉体を伴う生よりも死の方がよいという信念をもたなければならないと言っているのに、木や石や、それに、おおゼウスも照覧あれ、うつせみの世の者どもの死を大きな出来事と考えるなんて！

しかし、賢者自身がいけにえとして捧げられる時には……？①

彼は祭壇のそばで死ぬことになるのだから、その死は自分にとって悪であると考えねばならないのだろうか。②（そんなことはあるまい。）

だが、もし彼が埋葬されなければ……？

彼の肉体は、地上に置かれようが地下に置かれようが、とにかく、そんなことにおかまいなく、腐ってしまうだろう。（ただ、それだけのことさ！）

しかし、もし彼の死が高い塔の記念碑に価《あたい》しないとみなされ、高い費用をかけないで無名の墓に埋葬されるとしたら……？

そんなことは、些細なことだ！

では、戦場で捕虜となって、連れていかれるとしたら……？

もし彼が幸福に生きることができなければ、彼には、そこから逃れる道が開かれているのだ。③

しかし、もし彼の身内の者たち、たとえば息子や娘たちが、捕虜となって連れていかれるとしたら……？

それでは——と、われわれは言うだろう——もし彼が、そのようなことを何も見ないで死んでしまうならどうだろうか。はたして彼はこの世を去るにあたって、そんなことは起こりえないと信じることができるだろうか。もしそうなら、彼は愚か者だろう。したがって、彼は、そのような不運が身内の者たちにふりかかってくる可能性があると考えるのではないだろうか。すると、はたして、そのような不運が未来に起こるかもしれないと考えれば、それで彼は、幸福ではなくなるのだろうか。そんなことはないだろう。彼はたとえそのように考えても、幸福なのである。だからまた、実際にそのようなことが起こっても、幸福なのである。それというのも、彼は、この宇宙の自然《ピュシス》というものは、このような不運をもたらすもので、われわれは従者のようにそれに従わなければならないようになっているものだということに、留意するだろうからである。それにまた、とらわれの身となって、以前よりもいいようにやっている者もたくさんいるだろうし、とらわれの身の重荷に苦しんでいる人のばあいには、そこから逃れる術《すべ》(4)もあるのである。つまり、彼らがそこに留まっているばあいには、理《ことわり》の命ずるままに留まっていて、恐ろしいものは何もないか、あるいは、留まってはいけないのに、理にそむいて留まっているかのいずれかで、後のばあい、責めは彼ら自身にあるのである。というのも、賢者なら、たとえ〈他人〉が身内の者であるような時でも、その他人の愚かさのために自分も悪(災い)にまきこまれたり、他人の運・不運に左右されたりすることはないからである。

（1）以下、五つの条件文が続くが、ともに条件（プロタシス）と帰結（アポドシス）を切り離し、プロタシスの方は「……？」で結んで問いとする。
（2）イピゲネイアの犠牲の物語を、エピクロス派の人びとが罪悪であると考えていることにたいするプロティノスの反論と思われる。
（3）自殺すること。ただしプロティノスは、通常の状態のもとでは、自殺することを認めていない。ただ絶体絶命のぎりぎりの環境におかれた時にのみ、やむをえない手段として、自殺を認めているのである（『エネアデス』I 9を参照）。
（4）「逃れる術」とは、自殺すること。

8

他方、賢者自身のもつ苦しみについてはどうかと言うと、たとえその苦しみがいかに激しくても、彼は全力をあげて耐え忍ぶだろう。だが、苦しみの方が彼の力をうわまわるなら、彼をこの世から奪い取ってしまうだろう。賢者は激しい苦しみにおそわれながらも、他人の憐れみを受けるようなことはしないにちがいない。彼のこころの灯《ともしび》は、外の激しい嵐や寒い北風に吹きさらされながら、なおも輝きつづけるかがり台の光のように、あかあかと燃えているのである。[1]

しかし、彼が苦しみのために意識を失ったり、あるいは、死にいたるほどではないけれども、その一歩手前というような激痛におそわれている時には、どうだろうか。

そのような時には、彼は自分がしなければならないことに思いをめぐらすにちがいない。[2] そのような苦しみにおそわれていても、彼自身の自由な力が奪われることはないからである。われわれは、肉体的な苦しみなどはどれも、世間一般の人びとと賢者では、受け取り方がちがうし、苦しみも悲しみも、他のどのようなことも、賢者のこころに深くはいりこんでいくようなことはないということを、知らなければならない。

　すると、他人との関係で苦しみが生じる時には、どうなのだろうか。

他人のことで苦しむのは、われわれの魂が弱いからである。われわれは、「他人の苦しみなどには気付かない方が身のためだ」と考えたり、「他人の苦しみを見るよりは、いっそのこと自分が先に死んでしまった方がよい」と、それも他人のことを考えるのではなくて、ただもう自分が苦しまなくてもいいようにと、自分のことだけを考えて言うことがあるが、これがとりもなおさず、われわれの魂の弱さを証明しているのである。そして、これがわれわれの弱さであるいじょう、その弱さを取り除いてしまわなければならないのであって、これをそのままにしておいて、他人に不幸が起こりはしないかと恐れるようなことがあってはならない。

　だが、これにたいして、もし人が、「身内の者の不幸に苦しむのは、われわれのもって生まれた自然の本性である」と言うなら、彼は、すべての人がそうとは限らないということや、だれもがもっている自然の本性をより善いものへと導いて、多くの人びとの本性よりも立派なものとするのが、徳のつとめであるということを、知る必要があるだろう。しかし、だれもがもっている自然の本性に「恐ろしいものだ」と認められていることに屈服しないのが、より立派なことなのである。つまり、人は無知な素人のようにふるまってはいけないのであって、運命の打撃にたいしては、あたかも偉大な闘士のようにふるまい、そんなものは或る種の本性(3)にとっては望ましいものではないかもしれないが、彼自身の本性にとっては耐えることのできるもので、恐ろしいものではなく、子供だましのようなものにすぎないということを知り、毅然とした態度をとらなければならないのである。

すると、賢者は運命の打撃を待ち望んでいたのだろうか。

いや、そうではない。しかし、賢者は、望ましくないことが身にふりかかる時には、自分のもっている徳によって、魂がそれに直面しても、動揺したり惑わされたりしないようにするのである。

(1) 読み方はハルダー、アームストロングにしたがう。

(2) 自殺について考える、ということ。

(3) 「或る種の本性」とは、すぐ前の、「だれもがもっている自然の本性」のこと。次の、「彼自身の本性」とは、知的な本性つまり知性(ヌース)を指す。

9

しかし、賢者が重い病気にかかったり魔術に犯されたりして、意識を失っている時には、どうだろうか。

もし彼ら[1]が、「彼はたとえ意識を失っていても、つまり、眠っているような状態になっていても、賢者である」という考えをもっているのなら、彼は（意識を失っていても）幸福であると考えても、別に差しつかえはないだろう。このばあい、彼らは、賢者が眠っているという理由で、彼の幸福を否定するのでも、眠っている時間を問題にして、彼は全生涯にわたって幸福でないと言っているのでもないからである。だが、これにたいして、もし彼らが、（意識を失っていることを理由にして）賢者ではないと言うのなら、その時にはもはや、彼らは〈賢者〉について議論をしていることにはならないだろう。しかし、われわれの方は、彼は（意識を失っていても）賢者であるという前提にたって、彼は賢者であるかぎり、幸福であるかどうかを吟味しているのである。

では、彼が賢者だとしよう――と、彼らは言うだろう――。けれども、彼は自分の幸福に気づいているのでもなければ、徳にしたがって活動しているのでもないのに、どうして、幸福なのだろうか。

人は健康だと気付いていなくても、健康であることにかわりはないし、美しいと意識していなくても、美しいことにかわりはない。それなのに、（賢者つまり知者《ソポス》にかぎって）知者だと意識していなければ、知者ではないのだろうか。そんなことはあるまい。

しかし、もし或る人が、「いや、意識していなければ、知者ではないだろう。つまり、知恵《ソピア》の中には、感覚の活動や自己意識の活動が含まれていなければならないのだ。〈幸福〉も〈活動している知恵〉の中にあるのでなければならないのだから」というふうに反論するのなら、話は別だろう。

たしかに、叡知《ト・プロネイン》の活動や知恵《ソピア》が（人の魂に）外から加えられたものなら、その人のことばにも一理あるだろう。だが、知恵の本質《ヒュポスタシス》が或る種の実体《ウシア》、いや、魂の実体《ヘー・ウシア》[2]の中にあり、その実体は、眠っている人の中でも、あるいは一般的に言って、自己意識をもっていない人の中でも、活動をやめないのであれば、すなわち、その実体の純粋な活動が彼の中にあり、しかも、そのような活動が眠ることのない活動であれば[3]、賢者は、たとえ意識を失っていても、賢者にふさわしい活動をしていることになるだろう。それに、この活動に気付かないのは彼の全体ではなく、一部分にすぎないのであって、それはたとえば、人の成長の働きが実際に活動していても、そのような活動が〈感性を司《つかさど》る部分〉で把握されて人の他の部分に伝達されることはないが、ちょうどそのようなものである[4]。そして、そのばあい、もしわれわれの〈成長を司る部分〉が〈われわれ[5]〉（つまり、われわれの本質）なら、それが活動している時には（それを意識していようといまいと、そういうことに関係なく)、〈われわれ〉も活動していることになっただろう。だが、実際には、〈成長を司る部分〉が〈われわれ〉なのではなくて、知性の活動が〈われわれ〉なのである。したがって、知性が活動している時には、〈われわれ〉が活動していることになるだろう。(だから、賢者すなわち知者は、知者であると意識していなくても、彼の知性の活動が止まることはない。したがって、彼が知者でなくなることはない。)

(1)「彼ら」とは、ストア派の人びとを指す。以下、エピクテトス『語録』第一巻第18章、第二巻第17章、第三巻第2章などを参照されたい。

(2)「魂の実体」とは、知性(ヌース)のこと。

(3)知性(ヌース)は永遠に活動し、止まることがないというのは、プロティノスの基本的な考え方である。ただし、その活動は感性界におけるそれと異なり、動と静の対立をこえたものであるから、動であるとともに静でもある。

(4)たとえば、青少年は日毎に成長するが、彼らは自分がどんどん大きくなっているということを直接に目で見て確かめることはできない。自分の姿を鏡に写したり、背丈をはかったりして、はじめて知ることができるのである。これはプロティノスによれば、人の成長を司る部分と感性とが別であるからだとされる。同様に感覚と知性(ヌース)とは別であるから、知性の活動を感覚で直接に知ることはできないのである。

(5)プロティノスは、人間の本質つまり知性(ヌース)を〈われわれ〉という表現であらわすことがある。

10

だが、人がこの知性の活動に気付かないのは、おそらくその活動が感性的なものに少しも関係していないからだろう。というのも、人のこころは感性的なものにも関わるが、その時は、感性的なものについて仲立ちのような役割をする感覚をとおして、活動するように思われるからである。しかし、知性そのものやそれをとりまく魂は①——その魂は感覚、つまり一般的に言って、感性的知覚《アンティレープシス》より先の存在であるが②——（人に気付かれないからといって）どうして活動していないことになるだろうか。いや、そんなことにはなるまい。それというのも、もし「直知すること《ト・ノエイン》と存在すること《ト・エイナイ》が同じである」③なら、感性的知覚より先の働きがなければならないからである。そして、知性《ノエーマ》が後向きになり④、魂の生の側で活動しているもの（思慮《ディアノイア》）がいわば後に投げ出されるようになる時に⑤、感性的知覚が在り、また生じるように思われるのであって⑥、それはちょうど、鏡の滑らかで輝いている表面がじっとして動かない時、そこに像が映《うつ》るようなものである。したがって、鏡がそばにある時には、そのような条件のもとで像が映るのであるが、鏡がない時でも、あるいはその表面が滑らかで輝いているようなことがなくても、像の本体があることにかわりはないのであって、魂についても同じことが言えるのである。すなわち、われわれの中の鏡の表面にあたるところがじっとして動かない時には、そこに思慮や知性の像があらわれ、われわれはそれらの像を見て、知性的な認識ばかりでなく、いわば感性的な認識によるようにしても、[7]知性や思慮が活動していることを知るのである。しかし、肉体の調和が乱れて、われわれの中の鏡の表面にあたる部分がこわれると、思慮や知性が活動していても、その像が映ることはないし、その時の知性活動《ノエーシス》は表象《パンタシアー》を伴っていないのである。したがって、知性活動は表象ではないが、（通常は）表象を伴っているというふうに、考えることもできるだろう。（以上の論述で、知性の活動は、感性的な知覚でこれを把握していようといまいと、すなわち、これを意識していようといまいと、そういうことに関係なく、おこなわれていることが明らかになった。）

なお、人は、われわれが目覚めた状態にありながら[8]（すなわち、明確な意識をもって、感覚をじゅうぶんに働かせている状態にある時に）、理論や実践面で数多くのすぐれた活動をしているのを見出すだろう。けれども、われわれはそれらの活動を意識して、考えたり実践したりしているわけではないのである。つまり、読書をしている人は、必ずしも読書をしていると意識しているわけではないし、熱中している時には、特にそうなのである。それにまた、勇気のある人が、自分は勇ましい行為をしているとか、自分の行為はすべて〈勇気という徳〉にかなっていると意識しているわけでもないし、このような例は、ほかにもたくさんあるのである。この点から考えると、おそらく意識は、これが諸活動に伴えば、ほかならぬその活動を弱めてしまうだろうが、活動がただそれだけである時には純粋で活動の度合も大きく、いちだんといきいきしてくるだろうし、特に賢者がそのような状態にある時には、彼は自分の〈生〉を感性界に四散させずに、彼自身の中にある〈同一のもの〉⑨に集中させて、いっそうすぐれた〈生〉をおくることになるだろう。

(1) プロティノスは、彼の思想体系の根本となっている一者（ト・ヘン、絶対善）、知性（ヌース）、魂の関係をいろいろな形で説明しているが、そのひとつとして、中心を同じくする三つの円をあげ、中心に近い円に一者を、次の円に知性を、そして外側の円に魂を位置づけている。むろん、これは一般人の理解をたすけるための方便にすぎないのであって、彼の一者、ヌース、魂の関係は、感覚的なモデルを使って説明できるものではない。それらは超感覚的な領域に属するものだからである。

(2) 感覚は、魂が肉体に降下することによって生じるのであるから、知性や魂は秩序（タクシス）において、肉体およびその感覚より先の存在である。したがって、感覚の活動より先に、知性や魂の活動がなければならない。なお、――は訳者がつけたもので、原典にはない。

(3) パルメニデスのことば。ただし、プロティノスがこのことばをパルメニデス的な意味で用いているかどうかは、また別の問題である。プロティノスによれば、知性界には感性界でのように〈不等〉とか〈多様〉などということはない。そこでは、すべてが真実在で、すべてが一であり一がすべてである。したがって、自己が他であり他が自己でもある。そして知性はこの知性界にあるのだから、知性はすなわち真実在であり、真実在はすなわち知性だということになる。したがって、知性の活動としての「直知すること《ト・ノエイン》」と「存在すること《ト・エイナイ》」も同じである。さらに彼によれば、感性界の事物はすべて、この知性界の真実在の影にすぎず、感覚的知覚はその影を対象とするのであるから、感覚的知覚の活動がおこなわれるためには、それより先に、知性とその活動がなければならないことになる。

(4)ノエーマには、思惟と思惟内容の二つの意味がある。ここでも知性(ヌース)の活動(ノエシス)と直知内容の二つの意味を兼ねているように思われる。すなわち、ヌースはノエトン(直知対象としての自己)を直知(ノエイン)することによって、結果的には一者から照らされ、その光に満たされることになるが、そのヌースを満たしている内容(エイドス、モルペー)がノエーマでもある。本文の「ノエーマが後向きになる」とは、ヌースが自己自身(ノエトン)を直知することによって一者に照らされ、その光を反射して魂を照らすこと、換言すれば、ノエーマが魂に伝えられること。

(5)ヌースの活動は、真実在としての自分が真実在としての自分を直知する働き(そしてそれは、結果的には一者を観ることになる)であるのにたいして、魂の活動すなわち思慮(ディアノイア)は、対象を他として眺め、批判吟味する分別知である。本文の「魂の生の側で活動しているものがいわば後に投げ出されるようになる」とは、ヌースから伝えられたノエーマを思慮が吟味検討することによって、その結果の内容(ディアノエーマ=「考えられたもの」=考え、思想)をさらに下の領域に伝えることを言う。その際のディアノエーマは像を伴うのであって、プロティノスはこれを「考えられたものの像」(『エネアデス』IV 3.30, 3~4)ということばであらわしている。

(6)ヌースの活動とその内容は、思慮を通して像(エイコーン)として感性に伝えられる。この段階ではじめて、感性はヌースの活動を知ることができるのであって、この活動把握をアンティレープシスということばであらわしている。

(7)もし感性的認識の対象を純粋に外的なものだけに限定するなら、この場合の認識は「感性的認識」とは言えない。したがって、「いわば……」ということばがついている。

(8)少し訳文がまずいかもしれないが、プロティノスの考えでは、理論・実践両面におけるわれわれの活動がじゅうぶんに成果をあげるのは、われわれの中なる知性の活動がそのまま外面化される時なのである。しかるに意識とかアンティレープシスがその間に介在すると、外面化の直接性が損われることになって、それだけわれわれの活動も損われることになる。そこで、「目覚めた状態にありながら」（つまり「目覚めた状態にあるにもかかわらず」）という表現を用いているのである。

（9）〈同一のもの〉とは、知性（ヌース）のこと。

11

しかし（われわれのこのような見解にたいして）もし或る人びとが、[1]「そのような人間は（幸福どころか）生きてすらいないのだ」と反論してくるなら、われわれは彼らに、「彼は生きているんだ。しかし君たちは、そのような人の〈幸福〉に気付いていないのだ。彼の〈生〉に気付いていないようにね」[2]と、答えるだろう。

そして、これで説得されない時には、彼らが、現実に生きていて賢者でもあるような人を想定したうえで、その人が幸福であるかどうかを吟味するように、要求するだろうし、その際、彼らが、その人の〈生〉を過小評価して、彼が〈よき生〉をおくっているかどうかを吟味することも、彼が人間であることを否定して、人間の幸福を吟味することも、また、「賢者というものは、自己の内面に注意を集中するものだ」ということに同意しながら、外的な諸活動を取りあげて彼を吟味するようなこともないよう、まして、彼が欲し求めているものを外的な事物に探し求めるようなことはしないように、要求するだろう。それというのも、もし人がそのようにして欲望の対象を外的な事物に求め、賢者もそれを求めているのだと主張するなら、幸福は存立の基盤を失ってしまうからである。賢者はすべての人が都合よくいき、誰ひとりとして劣悪なものを受けないように願っているのである。もっとも、彼の望みどおりにならなくても、彼が幸福であることに変わりはないのであるが……。

だが、これにたいして、もし或る人が、「賢者がそんなことを望んでいるなら、彼は理屈に合わないことをしている。この世から劣悪なものがなくなることは不可能だから」と言うなら、彼は明らかに、賢者は欲求の対象を内面的なものに求めていると主張しているわれわれに、同意していることになるだろう。[3]

(1)「或る人びと」とは、ストア派の人びと。

(2)「お前たちには賢者の生き方も幸福もわかっていない」ということ。すなわち、「お前たちには真実の生も真実の幸福もわからないから、そんなことを言うのだ」ということ。

(3) プラトンの『テアイテトス』176a〜bに、「でも、その劣悪なものが、なくなるというわけにはいかんでしょうよ、テオドロス。なぜなら、優れたよいものには、何かしらそれの反対のものが、いつもなければならないのですからね。それにまた、その悪くて劣ったものが、神々のあいだに居場所をもっているというわけにもいかないし、むしろそれがわれわれの住むこの場所を取り巻いて、われわれ限りある生をもつところの種族についてまわるというのは、どうしても必然なのですよ。それだからまた、できるだけ早く、この世からあの世へ逃げていくようにしなければならんということにもなるのです。そしてその『世をのがれる』というのは、できるだけ神に似るということなのです。そしてその神まねびとは、思慮のある人間になって、それでもって人に対しては正、神の前には義なる者となることなのです」（田中美知太郎訳）というソクラテスのことばが記されているが、このことばはまた、プロティノスの幸福論、徳論の基礎ともなっているのである。すなわち、この感性界に劣悪なものがあるのは必然なのだから、真の幸福を得るためには、これを偽りや劣悪なもののない知性界に求めねばならないし、そのためには徳を身につけた賢者の生を理想としなければならないというのが、彼の根本の考え方であって、これは彼の『徳について』という論文でも繰りかえし述べられているのである。

12

そして彼らが、このような賢者の生活に快楽を求めるなら、そこにあるのは、ふしだらな人びとの快楽でも肉体の快楽でもないし——そんな快楽は賢者の生活に伴いえないし、幸福を見失わせることになるだろう——また極端な歓楽でもなくて——なぜ賢者が、そんな快楽を必要とするのだろうか——もろもろの〈善きもの〉が備わっている時に味わう快楽で動揺したり変わったりしない、だから生じたり（滅んだり）もしない快楽であるのを、認めることになるだろう。それというのも、賢者の生活には、すでにもろもろの〈善きもの〉が備わっており、彼は（肉体の快苦にまどわされない）真実の人となっているからであって、静かで穏やかな快《こころよ》さが、彼のこころを満たしているのである。

それで賢者は、いつも穏やかで静かな秩序正しい生活をおくり、満足と憩いにみちた状態を保っているのであって、彼が賢者であるいじょう、世に〈悪〉と称せられるもののいかなるものも、彼のこの状態を乱すことはないのである。

しかし、これにたいして、もし或る人が賢者の生活に別種の快楽を求めるのなら、彼は賢者の生活を求めていることにはならないだろう。

13

また、賢者の諸活動は、運命に妨げられることもないだろう。運命が変わるにつれて賢者の活動も変わるかもしれないが、その活動はどれも立派で、おそらく、環境の圧力が大きくなればなるほど、立派になっていくだろう。思弁的な活動の中で、たとえば発表の前に調査研究を必要とするような個別的な学問に関する活動なら、環境に左右されることがあるかもしれない。だが、賢者の手許にはいつも〈最大の学問知〉①があって、彼と一体不可分の関係を保っており、その学問知は、彼がいわゆる〈パラリスの牛〉②の中で焼き殺されるようなことにでもなれば、ますます彼と一体不可分の関係を強めてくるのである。このパラリスの牛については（ストア派やエピクロス派の人びとから）幾度となく「快い」ということが言われているけれども、彼らのことばには何の意味もない。それというのも、彼らのばあいは、「快い」ということばを口にするものと苦しんでいるものが同じだからである。[3] しかし、賢者のばあいは、苦しんでいるものと彼と一体になっているものは別で、[4] 後者は、彼と一体になっているのが必然であるかぎり、いつまでも〈善〉[5]をくまなく観照しているのである。（だから、彼は善の光にみたされ、快い状態を保つことができるのである。）

（1）「最大の学問知」とは、プラトンの『国家』第六巻 505a2 に用いられていることば。プロティノスの場合には、絶対善（一者）を観るための知性（ヌース）を指す。

（2）パラリスはアクラガスの僭主で、自分に敵対する者を、青銅製の牛にいれて焼き殺したと言われている。プリアモスやイピゲネイアの伝説と同様にしばしば引用されたらしく、ここでは、環境の重圧にたいするたとえとして引用されている。

（3）彼らの場合は、「快い」と言うものも肉体なら、苦しんでいるものも肉体だから、快いことなどあるはずがないということ。

（4）賢者の場合も肉体（および低次の自己）は苦しむけれども、「彼と一体になっているもの」すなわち純粋知性（ヌース）はそれと別で、肉体の受けた苦しみを受けることはない。ところが、そのヌースこそ、真実の自己なのである。したがって賢者は、たとえ焼き殺されるようなことがあっても、苦しみはしない。禅僧のことばを借りて言うならば、「心頭を滅却すれば火も亦涼し」ということか。
（5）「善」は、絶対善すなわち一者のこと。

14

ところで、「魂が肉体から分離すること」や「肉体の〈善〉と言われているものが軽視されていること」は、いずれも〈人間〉とくに〈賢者〉が魂と肉体の合わさったものではないということの証拠となるだろう。

しかし、幸福は〈よき生〉なのであるから、ただ生きているものであれば、どれもみな幸福であると考えるのは、滑稽なことだろう。[1] すなわち、〈よき生〉は魂に関連しており、魂の活動ではあるけれども、魂全体の活動ではないし——よき生を肉体に関連させることにもなるような〈成長を司る魂〉の活動は含まれていない。なぜなら、ここで言う幸福は、身体の大きさや健康には関係ないからである——それにまた、感覚の鋭敏さにもとづいているのでもないのである。というのも、体力や感覚力にあまりにも恵まれすぎていると、かえってそれが重石《おもし》になって、人を感性界のレベルへ引き下げてしまうおそれがあるからである。[2] そこで、もう一方の、〈最善なるもの〉に面した側に、いわば（感性的な面との均衡をとる）分銅のようなものがあるのだから、人はそれを用いて、肉体を弱め、劣ったものとし、まことの人間は〈外的なもの[3]〉とは別であることを示さなければならない。④

さて、この世に住んでいて、美男子で背が高く、金持で、すべての人の支配者となっている男、それも、彼が心底からの俗人だからそうなることができたような男がいると仮定してみよう。人はそのような男をねたんではいけない。彼は肉体的な条件とか財産や地位にだまされているのである。

これにたいして、知者（＝賢者）の方は、おそらく地位・財産・美貌・健康など、〈ほんとうの自分〉に関係のないものは全然もたないだろうし、たとえもっていても、彼の関心は〈ほんとうの自分〉⑤にあるのだから、そんなものは自分で徐々に少なくしていくだろう。そして肉体上の贅物などはこれを徐々に少なくし、関心を払わないことによって消し去ってしまうだろうし、国や人びとの支配権なども放棄してしまうだろう。なお、彼が肉体の健康に留意するとしても、それは、絶対に病気にかからないようにとねがってのことではないだろうし、まして苦痛を受けないようにとの意向からではないだろう。まだ彼が若いうちは、病気にかかったり苦しんだりしていなくても、病気や苦しみのことをよく知ろうとするにちがいない。だが、すでに年をとってくると、苦痛だろうと快楽だろうと、また楽しいことだろうといやなことだろうと、この世のどんなことにもわずらわされたくないと考え、肉体の方には関心を示さなくなるのである。

しかし（たとえ肉体に関心を示さなくても）、もし肉体的な苦痛を受けることがあれば、それに対抗するために自分にあたえられている力で、その苦痛にたちむかうだろう。けれども、彼は、快楽とか健康とか無痛などというものが自分の幸福に寄与すると考えて、そうするのでも、病気や苦痛などが自分の幸福を奪ったり少なくしたりすると考えて、そうするのでもない。それというのも、快楽や健康が彼の幸福に寄与しないのに、どうして、それらの反対のもの（苦痛や病気）が幸福を奪いうるだろうか、そういうことは不可能だからである。

（1）「魂は肉体から分離する。そして幸福は魂の活動であるし、魂の活動は具体的には肉体に生命を与えるという形であらわされる。したがって、生きているものであれば、どれもみな幸福である」と主張する人があるかもしれないが、このような主張はまったく馬鹿気ているということ。「生きているもの」（ト・ゾーオン）とは、通常は生物一般を意味するが、ここでは「肉体的な生をおくっている人間」を一般化して言っているのではないかと思われる。

（2）プロティノスによれば、われわれ人間の魂は①知性的な部分（知性的な魂）、②感性的な部分（感性的な魂）、③植物的な部分（植物的な魂）という三つの部分からなっている。②は人間の感性を司り、③は人間の成長を司るもので、いずれも肉体と共同関係（コイノーニアー）にあることによってのみ、その働きを発揮できるもので、厳密に言えば、それらは魂の影にすぎず、したがって肉体から分離するものでもなく、肉体の死とともに消滅するのである。にもかかわらず、人間の魂がそのような部分をひきつれているのは、この世（俗世、感性界、動植物の世界）に生を受けているからであって、人間もこの世に生を受けている限りは、いわゆる〈生きもの〉として、動植物に共通したものを持つのは必然なのである。（これをプロティノスは〈必然なるもの〉と言う。）したがって、動植物とわれわれを区別するのは魂の①の部分で、これこそ真の人間の魂であり、肉体から分離しうる魂なのである。そしてその魂は、肉体から分離した時に——肉体からの分離はいわゆる「死」によって得られるが、哲学的修練によって魂を浄化できる者すなわち賢者には、たとえ現世に生きている間でも、肉体からの分離は可能である——知性（ヌース）となるのであって、そこに真の幸福があるのである。だから、われわれは魂の影の働きにすぎないような身体の大きさとか感覚の鋭敏さなどに拘泥して、そこに幸福を求めるようなことをしてはならない。なお、プロティノスの説く賢者の理想は、ヌースとなった魂がテオリアの極致において、ついに自己自身をも放棄し、絶対者としての一者と合体することである。彼はこの没我の境地を〈エクスタシス〉と呼んでいるが、これは幸福をも越えた境地である。したがってこの論文では、13章でわずかに触れられているだけで、この境地についての言及はない。

（3）〈外的なもの〉とは、肉体とそれに関連のあることがら。
（4）読み方はハルダー、ブレイエにしたがう。
（5）〈ほんとうの自分〉については、二一三ページ（4）を参照。

15

だが、ふたりの知者がいると仮定してみよう。そして一方の知者は（哲学者たちの）言う〈自然と合致するもの〉を備えているのにたいし、他方の知者は、それと〈反対のもの〉を備えていると考えるのである。このようなばあい、われわれは、「ふたりは同じように幸福である」と言わなければならないのだろうか。

もしふたりが同じ意味で知者といわれるのなら、「ふたりは同じように幸福である」と言わなければならないだろう。しかし、そのうちのひとりが、立派なからだつきをしていて、知恵や徳に少しも関係のないことや〈最善なるもの〉を観照することにも〈最善なるもの〉そのものにも関係のないことで、何でも立派にやりこなせるのなら（つまり、金儲けの術とか話術や社交術などの処世術一般に通じているので〈知者〉と呼ばれているのなら）、そんなことが（幸福にとって）何の役にたつだろうか。（彼はそのばあい、世の人びとから〈知者〉と呼ばれていても、幸福ではないだろう。）つまり、からだつきも立派で地位や財産にも恵まれている人が、そうでない人より幸福だと自慢するのは誤りなのである。というのも、そんなものにいくら恵まれていても、笛吹きの目的にさえ、役だたない[1]からである。

だが、実際には、なかなかわれわれの言っているようにはいかない。というのも、われわれは自分のもつ〈弱さ〉のゆえに、ほんとうに幸福な人ならそうは思わないものを、〈身の毛立つもの〉とか〈恐ろしいもの〉とみなし、（それから逃れようとして）幸福な人のことを考えるからである。すなわち、人は〈恐ろしいもの〉にたいする想念を完全に改め、「とにかく、おれは決して悪いこと（災い）を受けるようなことはないのだ」と、自分自身に信じこませたうえで、すっかり人が変わったようにならなければ、まだ知者でも幸福な人でもないだろう。というのも、そうすることによってのみ、どんなことにも恐れない人となるからである。もしそうしないで、何か特定のことに恐れを抱くなら、その人は、徳において完全な人ではなく、中途半端な人だろう。つまり、知者は、自分が他の事に関心をもっているのに、自分の意志に関係なく、自分の判断より先に生ずる〈恐れ〉にたいしても、攻撃をしかけてこれを追い払い、自分の中でいわば苦しんでいる子供のように動揺している部分を[2]、威《おど》したり説得したりして鎮《しず》めるのである。もっとも、そのばあい、彼は（激情にかられたり、どなりちらしたりして威すのではなく）、いわば子供がそのきびしさを見ただけで縮みあがってしまうような、感情をまじえない冷静な威しで鎮めるのであるが……。けれども、このようなやり方を理由にして、そのような人は冷たい人だとかぶっきらぼうで親切心のない人だと考えるのは、誤りであろう。というのも、彼がこのような態度をとるのは、あくまでも自分自身や自分自身のことについて問題がある時だけだからである。したがって、彼は、自分にあたえるすべてのものを友人にもあたえるのであるから、知性を備えた最上の友であるだろう。

（1）プラトンの『ゴルギアス』501eには、笛吹きの術が、この種の芸ごと一般の例としてあげられ、このようなものは人びとの快楽だけを追い求めて、そのほかのことには関心を示さない、というようなことが述べられている。プロティノスもここで、このプラトンの考えにしたがって、財産その他そのようなものにいくら恵まれていても、そんなことは、われわれの幸福に何ら有益でないばかりでなく、笛に上達して人を快くするという低次元のことにも役立たないと言っているのだろう。

（2）プラトン『パイドン』77eを参照。

16

だが、もし或る人が、賢者をいま問題としている知性界の高所におかず、運命に屈従する所にまで引き下げて、彼に不運なことが起こるのを恐れるなら、その人は、われわれがかくあるべきだと考えているような〈賢者〉に目を向けていることにはならないだろう。むしろ、このようなばあいには、彼は〈釣合いのとれた人〉を、つまり善いものと悪いものが（釣合いを保ちながら）まじり合っている人を想定していることになるから、それに応じて、その人に或る種の善いものと悪いものが（釣合いを保って）まじり合っている生活を割りあてていることになるだろうが、そのような生き方は、ちょっとありえないように思われるのである。しかし、そのような生き方が実際にあるとしても、それは〈知恵の尊さ〉においても〈善の純粋さ〉においても勝っているものは何ももっていないのだから、幸福と呼ばれるには、ふさわしくない生き方といえるだろう。

だから、魂と肉体に共通している生の中には、幸福はない。プラトンも、「知恵のある幸福な人になろうとする者は、あの上の世界（知性界）から〈善きもの〉を取り、これを眺め、これと同じになり、これにしたがって生きなければならない」と考えているが、[1]この考えは正しいのである。だから、賢者は、目的を成就するために、このことだけを念頭においていなければならないのであって、ほかのことは、場所（住居）を変えるように変えても、別に差しつかえないだろう。ただし、「変える」と言っても、あの場所やこの場所から幸福になるのに役立つものを得ようとして、そうするのではなく、（世俗の生活をおくるためには）〈ほんとうの自分〉とは別の自分（世俗の生活をおくっている自分）のまわりに拡がっているもの[2]のことも考慮するから[3]、場所を変えるのである。そしてそのばあい、彼は、その世俗の生活をおくっている自分[4]に、それが必要としているものをできるだけあたえるのであるが、彼自身（つまりほんとうの自分）はそれとは別のものであるから、自然によって定められた適当な時期がくると、それを捨てさるだろうし、彼自身もその時期について決定する権利をもっているのである。

右のような次第であるから、彼の行為の或るものは幸福をめざしておこなわれるのだが、ほかの行為はその目的のためにおこなわれるのではないであろう。すなわち、後者は、実際には彼自身のためではなく、彼に結びつけられているもの（肉体）のためにおこなわれるのであって、彼はできるだけ、これの世話をやき、これに耐えようとするのであるが、それはたとえば、音楽家が、使用にたえる間は琴《リラ》の面倒をみるようなものである。だが、その琴が使用できなくなると、彼はほかの琴に変えるか、あるいは琴の使用をやめ、琴に向けられていた活動を放棄してしまうだろう。そしてその時には、彼は琴を必要としない別の仕事をはじめ、楽器を用いないで歌うので、その琴はかえりみられず、彼のそばにおかれたままになっているだろう。しかし、はじめに彼にその楽器があたえられたことは、決して意味のないことではなかった。彼は今まで何度もその楽器を用いてきたからである。

（1）プラトン『饗宴』212a、『テアイテトス』176b、『国家』427d等を参照。本文と同じことばをプラトンの作品に探しだすことはできない。
（2）「まわりに拡がっているもの」とは、生活環境のこと。
（3）読み方はハルダーにしたがう。
（4）「世俗の生活をおくっている自分」とは、肉体およびその生のこと。

悪とは何か、そして
どこから生ずるのか

『エネアデス』第一論集　第八論文（I 8）

田之頭安彦　訳

この作品もプロティノスの晩年のもので、ポルピュリオスによれば、五十一番目の作品にあたる（『伝』６）。内容は『幸福について』と同様、倫理的な色彩が強く、反対派（もしくは読者）の質問や反論に答えるという一種の問答法の形式をとりながら論述を展開しており、この点も『幸福について』と同様であるが、理論が強く前面にうちだされている点で前者と異なっている。すなわち、この作品は、魂が感性的なものから離れて自らを浄化することの必要性を説くことを第一の目的とし、これに理論的な根拠をあたえるために、「悪はそれ自体で存在する実体のようなものであり、素材こそ悪である」という見解が示されるが、プロティノスはこの見解を正当化するために彼独特のプラトン解釈を展開していくので、この作品を理解するためには、プラトンおよびプロティノスに関するある程度の予備知識を必要とする。

なお、この作品は三つの部分からなっており、その第Ｉ部で、プロティノスは善と知性（ヌース）に関する自己の見解を明らかにしたうえで、「魂の中にはいかなる悪も存在せず、魂を劣悪なものとするのは素材であり、素材こそが絶対悪であって、個別的な悪はすべてこれから派生したものにすぎない」と断ずる。すなわち、彼はここで悪の本質を〈形のなさ〉〈限度のなさ〉等をあらわす〈まったくの欠如〉と規定し、この規定に該当するものは素材しかないから、素材こそ第一義的・絶対的な悪であると断定する。そして、第Ⅱ部（６～７章）で自己の見解の正しさを証明するために『テアイテトス』（176a）のプラトンのことばを引用し、これに解説を加えながら〈反対性〉に関するアリストテレスの見解を論駁していくのであるが、この論駁を確かなものとするために、彼はさらに『ティマイオス』（47e）のことばを引用し、これとの関連で、魂が肉体から離れることの必要性を強調する。そして第Ⅲ部（８～15章）で、素材を絶対悪とする自己の見解を、アリストテレスやストア学派の見解との関連でさらにくわしく説明していくのである。

ところで、この作品にはいろいろな問題点が含まれており、一部のプロティノス研究者の間ではその真作性が疑われたり、著作の時期をプロティノスの晩年におくのが妥当かどうかが論じられるほど、話題の多い作品である。たとえば、プロティノスはこの作品で、素材を絶対悪とする見解にもとづいて魂の肉体からの分離を強調するあまり、素材がなんらかの力をもっていて形相を破壊し滅ぼしてしまうような表現を用いたり（8章）、『饗宴』のミュトスをひきあいに出して素材が意識的に魂を堕落させるかのような表現を用いているが（14章）、これは他の多くの作品に述べられているプロティノスの素材観とは必ずしも一致するとは言えない。では、彼はそのような表現を用いることによって、何を言おうとしたのか。これは現在でも多くの研究者によって多くの観点から、いろいろなことが言われているが、プロティノスの思想体系そのものを左右するほどの重要な問題を含んでいるために、まだ十分に納得のいく解決は得られていない。

1

この世に存在するものはすべて悪をうけているのか、それとも個別的なたぐいによってちがいがあるのかは別として、とにかく、悪がどこからそれらのもとにやってくるのかをたずねようとする人は、まずはじめに、悪とはいったい何であるかを、つまり、悪の本性《ピュシス》は何であるかを研究の課題とするなら、適切に探求のいとぐちをみいだすことになるだろう。というのも、そのようにすれば、「悪はどこからきて、どこに位置を占め、何に付属しているのか」ということも、よく認知できるだろうし、一般的に言って、悪は実在するのかどうかということについても、意見の一致をみることができるように思われるからである。

しかし、ものはそれぞれの類似性によって認知されるとすれば、悪の本性を認知するのは、われわれのどんな力によるのだろうか、これはちょっと面倒な問題だろう。つまり、知性《ヌース》や魂は形相《エイドス》であるから、形相を認知したり形相にたいする欲求をもったりするのであるが、悪をどうして形相とみなすことができよう？　それは善をまったく欠いているところにあらわれるのである。[1]

だが、そのばあいでも、同一の知識でもって相反するものを認知することができるのだし、善と悪は相反するもので、善を認知する知識がまた悪も認知するのだから、（われわれは、善を認知する知識で悪を認知することもできるだろうし、したがって）悪を知ろうとする人びとは、善についてよく知っておかねばならないことになるだろう。というのも、〈より善いもの〉は〈より悪いもの〉よりも先にあって、形相なのであるが、〈より悪いもの〉は形相ではなく、むしろ（形相の）欠如だからである。(2)

けれども、善はものの始源《アルケー》であるが悪は終極であるとか、善は形相であるが悪は欠如であるということを理由とするなら、話は別だが、そうでないなら、どうして善と悪が反対なのかということも、検討していかなければならないだろう。

しかし、この問題は、後で検討することにしよう。

（1）プロティノスによれば、知性界にあるヌースはエイドス（プラトンのイデアに相当）であり、魂も肉体と共に住むようなことをしていない時にはエイドスそのものであると考えられている。さて、この知性界のヌースから世界霊（二八八ページ（3）を参照）をへて素材界に到達したエイドス（ピュシス）が自己の姿（モルペー）を素材に映しだしたのが、この自然界である。したがって自然界の万物はヌースの似姿であり、われわれはその似姿（つまり或る意味ではヌースのエイドス）を見ることによって、万物を知るのである。ところが悪は、エイドスの典型としての善（エイドスの本性はその善性にある）をまったく欠いている。つまり、悪はまったくエイドス（形）をもっていないのである。したがって、われわれは悪を認知するてがかりをもっていないことになるわけである。ただし、ここは、プロティノスが自説にたいする反論を予想して、それを紹介しているのであって、次の行をみればすぐにわかるように、彼は、悪が認知できないとする説に同調しているわけではない。なおまた、人間の真の魂としてのエイドスには、それがエイドスそのものとなって知性界（ヌースの世界）に帰ることができるという点で、自然界の動植物その他を形成するエイドス（ピュシス）より優位があたえられている。

（2）プロティノスの思想体系は、一者→ヌース→魂→自然（ピュシス）→素材、という一本の柱で支えられている。そしてヌースは、一者より光（善、ロゴス）をあたえられることによって、はじめてヌースとして成立するわけで、それまでは光（善・エイドス）を欠いたもの（これを知的素材という）である。これはヌースと魂との関係においても同じことで、魂はヌースから善なる光をあたえられることによって、はじめて魂たりうるわけで、それまではやはり光（善・エイドス）を欠いたもの（知的素材）である。したがって、ヌースは自分より先にあるものとしての一者に依存し、魂は自分より先にあるものとしてのヌースに依存しているわけで、この点で、〈より先にあるもの〉にくらべると〈より後にあるもの〉の方が劣っていると考えられている。（ただし、知性界にあるヌースや魂がより劣ると言われる場合には、ただ論理的な区別が考えられているだけであって、そこに倫理・道徳的な価値観はまったくふくまれていないことに注意しなければならない）。さて、われわれの感性界は、魂（世界霊）を通してヌースの光（ピュシス・エイドス）に照らされるまでは、ただ素材のみの（この素材を知的素材と並記する時には、これと区別するために感性的素材と言う。それ以外で、ただ「素材」とのみ言われている時には、大部分の場合――わずかな例外はある――この知的素材から区別された素材を指す。この論文での素材も同様である）世界であり、真実在としての光（エイドス）を欠いた暗闇の世界である。そして、この素材界がピュシスというヌースの光に照らされることによって自然界が成立するのであるが、実はピュシスは世界霊の影にすぎないのである。したがって素材がその影を受領することによって作りだされたこの自然界（感性界）は真実の世界ではなく、影の影の世界、偽りの世界（ここに倫理・道徳的な価値観がはいってくる）にすぎないのである。したがって、感性界で「より後のもの」という場合には、「より劣ったもの」という意味がはいってくる。

2

それで、今のところは、現在の論究に適した範囲内で、善の本性とは何かということを、話していくことにしよう。

善とは、次のようなものである。すなわち、〈万物がそれに依存するもの〉、〈全存在がそれを始源《アルケー》としてもち、それを必要としているので、欲し求めるもの〉[1]であるが、（それ自体は）〈何も欠けたところがないもの〉、〈それ自身でじゅうぶんなもの〉、〈何も必要としないもの〉、〈万物に適度さと限度をあたえるもの〉、〈知性《ヌース》、実在《ウシア》、魂、生命、知性活動の源となっているもの〉である。また、美しいものはすべて、善にいたるまでの間にある（のであって、善は万有に美をあたえるものであるが、それ自身は美の中に含まれていない）のである。というのも、善は美を超えているものであり、最善なるものども（知性《ヌース》）のかなたにあるものとして知性界に君臨しているものだからである。ただし、あの知性界[2]にある知性は、われわれの間で知性と言われているものを、人が心に思いうかべながらこうだと考えるような知性概念にはいるものではない。つまり、われわれの知性は、もろもろの前提の助けをかりて内容をみたしているのであり、それが〈話の内容〉を理解できるのは、その意味をあれこれ考えて計算し、前提から導きだされるものを考察することによるのであって、それまでは真実在をもっているとはいえず、それを知るまでは中味は何もないので――といっても、知性であることには変わりないのだが――前提から導きだされるものによって真実在を考察しようとするのである[3]。

まことに、あの世界の知性《ヌース》は、そのような知性ではなく、すべてをもち、すべてであり、自己自身と住むことによってすべてと住み[4]、すべてを、（一般的な意味で）もっているのではないけれども、もっているのである[5]。（一般的な意味で）もっているのではないというのは、所有の主体と客体が異なっているのではないからである。また、あの知性界にあるものは、ひとつひとつがばらばらに離れているのではなくて、ひとつひとつが全体をなし、いたるところに全体があるのである。そして、そのひとつひとつが雑然と混り合っているのでもなく、（或る意味では）逆に、別々なのである。とにかく、知性《ヌース》に関与するものは、同時にすべてに関与するわけではなくて、その中の可能なものに関与するのだからである。

また、知性《ヌース》は、善の最初の活動《プローテー・エネルゲイア》であり、第一の実在《プローテー・ウシア》である[6]。もっとも、このばあい、善は

（知性《ヌース》に向かうことなく）自己自身の中に留まっているのであるが……。しかし、善は静止していても、知性《ヌース》の方は、いわば善のまわりで生きているかのようにして、それを囲み、活動しているのである。また、魂の方は、外側から輪になって知性《ヌース》をとり囲み、知性《ヌース》を眺め、その内面深くに目をそそぐことによって、それをとおして神（善）を観《み》る[7]のである。

そして、これが（プラトンの言う）「苦しみを知らぬ神々の祝福にみちた生活[8]」であって、そこには、どこにも劣悪なものは存在せず、そこに居を構えるものがあれば、それは決して劣悪なものではなく、第一の、第二の、そして第三の善なのである。[9]そして、「すべては万物の王者（たる第一の善）のまわりにかしずき、この王はすべての美しきものの原因なのである。また、すべてはこの王者のものであって、第二のものどもは第二のもののまわりに、第三のものどもは第三のもののまわりにある[10]」のである。

（1）一者・絶対善で、万物に善性をあたえ、エイドスをあたえて存在せしめる究極的な源である。万物は一者なしでは存在しえない。したがって、プロティノスにおいては、山川草木すべてが（大地さえも）一者を求めるとされる。

（2）プロティノスが「あの知性界」とか「あの世界」とか「あの（世界にある）知性」ということばを使う時には、感性界をこえた知性界を指しているのであって、これらは彼の哲学用語と言える。

（3）あの世界の知性とわれわれの知性とのちがいが述べられている。われわれの知性は、真実（在）を知るためには、大前提・小前提などというように、いろいろな前提を足場にして、そこから推論して結論を導きだし、それが真実（在）であるかどうかをたしかめるために、さらに推論し検証するという複雑な作業をおこなう。このようなわれわれの知性を、プロティノスは一般的に思慮（ディアノイア）と呼び、知性（ヌース）とは呼んでいない。彼が知性（ヌース）と言う場合には、通常、感性界をこえた知性界（ヌースの世界）にある知性を指しているのであって、それはたんなる魂の働きではなく、魂より上位の存在である。

（4）魂は感性界に降下すると、肉体と一緒に住むことになるが、あの知性界のヌースは自分以外のものと住むことはない。すなわち「自己自身と（一緒に）住む」とは耳なれない言いまわしであるが、要するに「他と一緒になるようなことはしないで、自分だけで住む」ということである。ところで、この知性界は、われわれの感性界にあるもののすべてを、その原型（もしくは範例つまりパラデイグマ、プラトンの言うイデア）という形でもっているのである。しかし知性界は時空的な限定を超えた世界であるから、それらのパラデイグマは別々になっているのではない。すなわち知性界では、すべてが一つなのであり、一つがすべてなのである。そして、知性界におけるその「一なるもの」がヌースと呼ばれているのである。したがって、そこでは、ヌースは自分だけで住んでいながら、すべてと共に住んでいることになる。

（5）前注（4）で述べたように、ヌースは一であるとともにすべてでもあるから、それは自己自身をもつとともにすべてをもっていることになる。ただし、その場合の「もつ」ということは、われわれが本をもっているとか財産をもっていると言われる場合のように、自分とはちがった外物として所有しているということではない。いわば、自分の中に含みもっているのである。

（6）一者（ト・ヘン）は別に「万有を作りだす力（デュナミス）である」と言われるが（『三つの原理

的なものについて』の7章を参照）、その一者のデュナミスが最初に発現（エネルゲイア）したものが、ヌースである。また一者は「実在を超えたもの」であるのにたいして、そこから最初に生じたものこそ、真の実在であり、それはまた一者のエネルゲイアとしてのヌースでもある。

（7）これは、魂の通常のテオリアである。すなわち徹底した浄化によって自分に縁のないもの（肉体的なもの）をすべて捨ててしまった魂は知性界に到達し（『徳について』を参照）、そこでヌースを観《み》、結果的にはヌースを通して一者を観ることになるわけであるが、プロティノスの究極の目標は、ヌースを通して一者を観ることではなくて、このヌースを超え、自分を捨てて（＝没我）、一者と合体することであった。

（8）プラトン『パイドロス』248a 以下を参照。

（9）第一の善は一者（ト・ヘン）、第二の善はヌース、第三の善は魂を指す。

（10）プラトン『第二書簡』312e1〜4 を参照。ただし、この書簡の真作性を疑う研究者もいる。

3

そこで、もしこれらのものが〈存在〉や〈存在のかなたにあるもの〉であれば、[1]悪は〈存在〉の中にも、〈存在のかなたにあるもの〉の中にも、ありえないことになるだろう。というのも、それらのものは善きものだからである。[2]

それゆえ、もし悪があるとすれば、それは〈非存在〉の中にあるのであって、あたかも非存在の形相《エイドス》のようなものであり、[3]〈非存在と混り合っているもの〉に、あるいは〈非存在と共同している或るもの〉[4]に関連がある、という考えが残されることになるだろう。だが、このばあい、われわれは〈非存在〉ということばを〈絶対的な非存在《ト・パンテロース・メー・オン》〉という意味ではなくて[5]単に存在とちがうものという意味で用いているのであるが……。しかし、そうは言っても、存在にかかわる動や静が存在ではないと言われるような意味で〈非存在〉と言っているのではなくて、[6]〈存在の映像〉とか、あるいは〈映像よりもっと存在でないもの〉という意味で、〈非存在〉と言っているのである。〔そして、（この意味では）感性界全体が非存在であり、感性界との関連で起こってくる事柄《パテー》、つまり、感性的なものより後のもので感性的なものに付帯的に生じているものも、[7]感性的なものの源となっているもの[8]も、あるいは感性界をそのようなものとしているもののひとつ[9]も、ともに〈非存在〉である。[10]〕それというのも、人は（右のような観点にたつことによってのみ）悪について、次のような考えに到達することができるからである。すなわち、悪は、たとえば〈尺度〉という点からみると〈適度さをもたないもの〉であり、〈限度〉という点からみると〈限度をもたないもの〉、〈形をあたえるもの〉という点からみると〈形をもたないもの〉、〈自足的なもの〉という点からみると〈いつも不足を感じているもの〉であって、〈永久に規定できないもの〉〈決して静止しないもの〉〈完全に受動的なもの〉〈満足することのないもの〉〈すべての面で貧しさにつきているもの〉である、という考えに到達することができるからである。そして、これらの特性は、悪に付帯するものではなくて、むしろ、いわばその本質《ウシア》をなすものであり、君が悪のどの部分を眺めようと、そこに右の特性がすっかりあてはまるのである。〔これにたいして、この悪に関与してこれに似たものとなっているものは、悪いものにはなっているけれども、本質的に悪いものというわけではないのである。⑪〕

さて、それでは、悪に関する右の諸特性と、その諸特性の原理となっているもの（悪の本質）が別のものではなくて、同じものであるとすると、いったい、どんな原理が、それらの特性を、そなえもっていることになるのだろうか。（いまから、この問題を検討していくことにしよう。）それというのも、悪がほかのものに付帯的に生じるとしても、その悪は、それ以前に、それ自体で何らかのもので――たとえそれが何らかの実体《ウシア》ではないとしても――なければならないからである。つまり、善に〈絶対善〉と〈付帯善〉があるように、悪にも〈絶対悪〉と〈絶対悪がある時に、それにしたがってほかのものに付帯している悪〉があるのである。⑫（したがって、われわれは、絶対悪つまり悪そのもの、悪の本質を知らなければ、悪とは何かを知ったことにはならないだろう。だから、まず、悪の諸規定の原理となっているものを調べなければならないわけである。）

では、〈適度のなさ〉《アメトリアー》（絶対悪、悪の本質に相当）が〈適度さをもたないもの〉（付帯悪、悪くなっているものに相当）の中にないとすると、〈適度のなさ〉とはいったい何なのだろうか。

しかし、〈適度さをあたえるもの〉が〈適度さをあたえられているもの〉の中にないように、やはり〈適度のなさ〉も〈適度さをもっていないもの〉の中にはないのである。つまり、〈適度のなさ〉がほかのものの中にあるのなら、それは、〈適度さをもたないもの〉の中にあるか——しかし、それはそれ自体で適度さをもたないものであるから、（それいじょう）〈適度のなさ〉をもつ必要はない——そうでなければ、〈適度さをあたえられているもの〉の中にあることになるだろう。だが、〈適度さをあたえられているもの〉は（文字どおりに）適度さをあたえられているのであるから、その点において、〈適度のなさ〉をもつことはできないのである。したがって、それ自体で〈限度をもたないもの〉であるとともに〈形をもたないものそのもの〉でもあるような、そしてまた、前に悪の本性として規定したような他の特性を備えている或るものがなければならないことになるのであって、それに次いで、何かそのようなものがあるなら、それは、右のものが混入しているものか、それを観《み》ることによって、そのようなものとなっているのか、あるいは、そのようなものをつくるものとなっているのかの、いずれかなのである。[13]それゆえ、姿《スケーマ》・形《エイドス》・恰好《モルペー》や（大小長短その他の）尺度や限度の基《もと》にあって、自分の本性とは縁のないもので飾られているが、自分では少しも善いものをもっていないもの、真実在にくらべれば影にすぎないものがなければならないことになるのであって、実にこれこそ、悪の実体《ウシア》であり——もし悪も何らかの実体をもつことができればのことであるが——われわれの議論は、これを見つけだして、根元的・絶対的な悪とするのである。[14]

（1）「これらのもの」とは、一者、ヌース、魂を指す。このうちの一者は「存在のかなたにあるもの」

であり、ヌースと魂が「存在」である。すなわち、プロティノスによれば、真に存在するもの（真実在）は知性界にあるもの、つまりヌースと魂のみであり、感性界にあるものは、「存在の影」にすぎないとされる。なお、ヌースと魂のちがいは、後者が前者から生じるということのほかに、ヌースは感性界に降下することはないが、魂は知性界のいちばんはしにあって、感性界に降下する（ただし人間の魂のみ）傾向性を有するという点にある。

（2）知性界に悪や偽りや邪や醜はない。そこにあるものはすべて真実在で美しく正しさに満ちており、善きものである。ただし、一者は知性界を超えたものであるから、真・美・正を超え、厳密に言えば、善をも超えたものである。

（3）ここの「形相（エイドス）」には、特別な意味はない。悪が非存在の本質的特徴をなしているということだろう。ただし、これに特別な意味を読みとろうとする研究者もいる。

（4）たとえば、「肉体」を指す。肉体は「非存在」としての「素材」がエイドス（ただし宇宙霊の影）を受領することによって生じたものである。「混り合う」とか「共同する」ということばは、この関係をあらわしている。

（5）プロティノスの思想体系では、「絶対的な非存在」というものは、その教説の要素としては考えられていない。なぜなら、この「絶対的な非存在」を認めれば、一者（ト・ヘン）の力に限界を認めることになってしまうからである。彼の思想は絶対善としての一者と絶対悪としての素材が対立するというような二元論的なものではない。

（6）プラトン『ソピステス』250a 以下を参照。

（7）喜怒哀楽等の諸情念を指す。

（8）素材を指す。
（9）素材を指す。「……もののひとつ」といわれるのは、他にエイドスが考えられているからだろう。
（10）「そして、感性界全体が……、……ともに〈非存在〉である」という文章は、注釈的な付記であるとみなして〔 〕で囲む。なお、ブレイエは、「だが、このばあい、われわれは〈非存在〉ということばを……」から、ここまでを（ ）で囲んでいる。
（11）前注（10）に同じ。ブレイエにしたがう。
（12）ここの文章をもって、絶対善としての一者と絶対悪としての素材が対立していると解するのは誤りである。〈絶対悪〉と訳したことばは、直訳すれば「悪自体」「悪そのもの」「それ自体で悪としてあるもの」というような意味をもっているもので、「悪の本質」とでもいうべきものであり、これをどう解するかが問題なのである。
（13）読み方はブレイエにしたがう。
（14）次の4章に述べられているとおり、これは「素材」のことである。

4

だが、物体の種族は、素材に関与するものであるから、[1] その点からみると第一義的な悪ではないけれども、とにかく悪といえるだろう。それというのも、肉体のもっている形相《エイドス》は真実のものではなくて、形相のようなものにすぎないのであるし、[2] また、物体は生命を欠き、自分たちの不規則な動きによってたがいに滅ぼしあい、魂に固有な活動を妨げ、たえず流動することによって真実性《ウシア》から遠くへ逃げ去っているからである。[3] だが、これにたいして、魂の方は、それ自体では悪ではなく、それもまったく悪ではないのである。

それでは、劣悪な魂とは、どんな魂だろうか。

たとえば、プラトンは「もともと魂の中の悪徳の温床となっている部分を服従させ[4]……」と語っているが、そのことばのなかには、「魂の非理的な部分は〈適度のなさ〉つまり〈超過〉や〈不足〉などの悪を受け取るものであって、これらの悪から、魂はさらに〈放縦〉〈臆病〉その他の悪徳、つまり、〈招かれざる客〉としての諸情念をもつようになり、そこから〈偽りの憶念〉が生じて、魂は善悪の判断を誤り、悪を追い求め、善を避けるようになる」という意味が含まれているのであって、そのような魂が、劣悪な魂なのである。

では、その悪徳を作りだすものは、何だろうか。それにあなたは[5]、どうして素材を（悪の）根元とし、原因とするのだろうか。

まず第一に、劣悪な魂は、素材の外にあるのでも、（素材にかかりあいをもたずに）ただ自分だけで存在しているのでもない。したがって、その魂は（素材の特性である）〈適度のなさ〉と混り合い、秩序をあたえて適切さへと導いていく形相《エイドス》に縁のないものとなっているのである。というのも、その魂は、素材をもっている肉体と混り合ってしまっているからである。[6] 次に、（魂がそのような状態になって）その思慮を司る部分が害されると、その部分は妨げられて（真の実在を）観《み》ることができなくなるのである。[7] つまり、その魂は、いろいろな情念をもったり、素材で暗くされたり、その素材の方に傾いたり、また一般的に言えば、真の実在の方ではなく〈生成〉の方に目をむけるので、魂のその部分の観る働きが妨げられるのである。そして、素材のもつ本性が、その〈生成〉の源となっているのであって、その本性は、たとえ素材の中にあるのではなく、ただ素材を見ただけにすぎないものでも、自分のもっている悪で汚してしまうような悪の強いものなのである。つまり、素材の本性は、まったく善に縁のないもの、善を欠いているもの、すなわち〈純粋の欠如〉であるから、何がどんな仕方で素材を見ようと、見たものをまったく素材に似たものとしてしまうのである。

さて、したがって、完全で知性《ヌース》の方に傾いている魂は、いつも清浄で、素材とは自分をへだてており、〈全然限度をもっていないもの〉や〈適度さをもっていないもの〉、つまり〈悪〉に目をやることもなければ近寄ることもない。だから、このような魂は、知性《ヌース》によって完全に限定され、[8] 清浄さを保っているのである。だが、これにたいして、清浄な状態に留まらないで〈ほんとうの自分〉から抜けだした魂は、完全なものでも第一義的なものでもないから、あの（ほんとうの自分だけで存在する）魂の影のようなものとなっているのであって、[9]〈限度のなさ〉にみたされて（もろもろの善を）欠いており、その点からみると〈欠如〉の状態にあるわけだから、〈暗闇〉を見、すぐれた魂ならば見もしないものを、われわれが「暗闇をも見る」と言っているような意味で眺める時、その魂はすでに素材をもったものとなっているのである。[10]

(1) 厳密に言えば、この表現は適切さを欠いている。なぜなら、プロティノスは、素材がエイドスを受領することによって、物体（肉体）が生じると考えているからである。ただし、肉体はエイドスと素材から成るのであるから、その意味で素材に関与していると考えれば、話は別である。

(2) 肉体のエイドス（形相）は真のエイドスではなく、宇宙霊の影にすぎない。

(3) 読み方はブレイエにしたがう。

(4) プラトン『パイドロス』256b2～3を参照。

(5) この作品は不完全な形でではあるが、プロティノスが反対者の問いに答えるという形式で書かれている。したがって、ここで「あなたは……」という単数二人称で述べられている「あなた」はプロティノスを指している。

(6) 人間の魂は、知性（ヌース）界から降下し、肉体に宿るのであるが、その肉体は素材が宇宙霊の影としてのエイドスを受領することによって生じたものである。したがって、人間の魂は肉体に関係することによって素材にも関係することになる。なお、本文で「秩序をあたえて適切さへと導いていく形相（エイドス）」ということばであらわされているエイドスは、宇宙霊の影としてのエイドスではなくて、正真正銘のエイドスつまりヌースのことである。魂はエイドスとしてのヌースに限定され、秩序と適切さをあたえられることによって、はじめて魂となるのであるが、その魂はまた、ヌースからあたえられた秩序にしたがって、肉体に秩序と適度さをあたえるのである。

（7）人間の魂は、知性界から感性界に降下してきても、知性界との間に断絶があるわけではない。すなわち人間の魂は、知性界と感性界の二つの世界にじかに関係しあっているのである。したがって、人間の魂は大別して、知性界に交渉をもつ部分と感性界に交渉をもつ部分の二つからなるが、その中の知性界に交渉をもつ部分が、「思慮を司る部分」である。なお、本文で「真の実在（ヌース）を見なくなる」というのは、知性界との交渉をもたなくなるということであって、人間の魂が自分の生まれたふるさとである知性界のことを忘れて、感性界のことに執着するのが、人間の魂の堕落である。

（8）ヌースは一者によって限定されることによってヌースとなり、魂はヌースによって限定されることによって魂となる。そして素材は魂（宇宙霊）の影としてのピュシスによって限定されることによって感性界を成立せしめる。プロティノスにおいては、「先なるもの」と「後なるもの」は、「限定する」「限定される」ということによって結ばれている。なお、前注（6）を参照。

（9）ここの表現は、あくまでも「影のようなもの」であって、「影」とはなっていない。人間の魂は、いかに素材界に堕してしまっても、「影」となることはない。

（10）関係文章の中の主語は、「ほんとうの自分としての魂」すなわち「すぐれた魂」と解する。なお、ブレイエの訳を参照。

5

だが、〈善に欠けていること〉が原因となって暗闇を見たり、それと結びつくようになるのなら、魂の悪は〈善に欠けていること〉に起因し、その悪が第一義的なものであって——そして、このばあい、〈暗闇〉の方は、第二義的な悪ということにならなければならないのであるが――悪の本性はもはや素材の中にあるのではなくて、素材よりも先にあることになるだろう。

いや、むしろ悪は、（これがないとかあれがないとかいうように）〈任意の或るものに欠けていること〉の中にあるのではなく、〈どんなものにもまったく欠けていること〉の中にあるのである。とにかく、ほんの少しだけ善に欠けているものは、悪ではなくて、そのものだけがもつ自然的傾向から見れば、完全でもありうるからである。①しかし、もし或るものがどんなものにもまったく欠けているなら――実に素材こそ、それなのであるが――それは、まったく善に関与していないのだから、本来の姿をとっている悪だろう。つまり、素材は善に関与するのに必要な〈有《ト・エイナイ》〉さえももっていないのであって、（たとえもっているとしても）その〈有《エイナイ》〉は、素材にとっては〈名称は同じでも意味内容の違うもの②〉であり、「それは非有《メー・エイナイ》で有《エイナイ》る」という意味では真実と言える〈有《エイナイ》〉なのである。③だから、〈欠如〉は「非善で有る」ということを意味しているのであるが（つまり、単なる欠如は「善でない」ということを意味するにすぎないが）、まったくの欠如は〈悪〉を意味するのである。もっとも、このばあい、欠如が増大すれば、悪へ陥ちこむ可能性も大きくなるわけで、（そのような意味で）欠如の増大は、すでに悪でもあるのだが……。

そこで人は、悪（という概念）のもとに、不正とかその他の悪徳のような特定の悪を考えるのではなく、そのいずれにも属さないあの悪（絶対悪）を考え、個別的な悪は、いろいろな特徴をあたえられて姿をあらわした、あの悪の〈種《エイデー》〉のようなものであると考えなければならない。たとえば魂の中にある〈劣悪さ〉のようなものがそれであるが、さらにまた、それの種（のようなもの）も、それの関係している素材や魂の諸部分によって、つまり魂の或る部分は見る働きをし、他の部分は欲求したり、外的な作用を受けたりするのであるが、その魂の諸部分によって、それぞれの特徴をあたえられて姿をあらわしてくるのである。[4]

だが、もし人が、たとえば病気とか醜さ[5]とか貧しさなどといったような、魂の外にあるものも悪であると考えるばあい、それらを素材の本性との関連で説明するには、どうすればよいのだろうか。

病気は、素材の中にあって秩序や適度さをもっていない肉体の〈欠如〉や〈超過〉であり、醜さは、形相に支配されていない素材である。それにまた、われわれが素材にしっかり結びつけられていると、素材の本性は〈貧しさ〉につきているので、その素材が原因となって或るもの（諸善）を必要とするようになるが、貧しさとは、それを必要としたり欠いていたりすることである。

したがって、以上の話にまちがいがなければ、われわれは次のように考えなければならないだろう。すなわち、「われわれが自分で自分を悪くしているようなばあいでも、自分を悪の源とみなすようなことをしてはいけない。悪はわれわれより先にあって、それが人をとらえる時には、たとえ望んでいまいと、そんなことに関係なく、とらえてしまうのである。しかし、すべての人がそうだというわけではないが、その力をもっている人には、魂の中にある悪から逃れることも可能なのである。それに、感性の対象となる神々（天上の星）は素材をもっているけれども、人びとのもっている悪徳をもっているわけではない。[6]〔というのは、人びとのばあいでも、みなが悪徳をもっているわけではないからだが……。[7]〕それというのも、その神々は素材を支配し[8]――とはいえ、素材をもっていない神々の方[9]がすぐれているのだが――神々自身の中の素材をもたない部分で、素材を支配しているからである」と。

（1）たとえば、動植物などがこれに該当する。動植物の生命原理となっているものは、宇宙霊の影としてのピュシスにすぎない。しかし、動植物を〈悪しきもの〉とみなすことはできない。なお、『幸福について』の1～2章を参照。

（2）原語は「ホモーニュモン」。

（3）素材は「絶対的な非存在」ではない（3章を参照）。しかし、それは真なる存在としての知性（ヌース）や魂とは異なっている。したがって、素材は真なる存在としての魂や知性とは異なるものとしてあるということになる。つまり、「あらぬもの（メー・オン）としてあるもの（オン）」なのである。なお、プロティノスによれば、一者は〈すべての存在をその可能態において自己の中に含みもっているもの〉であり、全存在はその現実態であると考えられている。したがって、魂は真の自己としての魂そのもの、つまり真実在に徹することによって一段と一者に近づくことができ、その意味では一者に関与していることになる。ところが、素材は「存在」（真実在）ではない。したがって真実在に徹することはできない。ところが、一者は「善そのもの」であり、真実在の源となっているものである。ゆえに、素材は善にはまったく関与できないということになる。

（4）たとえば、「悪」を類概念（上位概念）とすると「悪徳」はその種概念（下位概念）であり、さらにその「悪徳」が魂の諸部分にどのような形であらわれるかに注目すれば、そこにあらわれたものは、「悪徳」の種（下位）概念であるということになる。すなわち、「劣悪さ」とは、魂が自己に固有な機能を発揮できないことであるとすれば、その機能の悪さという点において「悪」に含まれるものであり、また、魂のどの部分の機能がじゅうぶんに発揮されていないかに注目して、たとえば思慮の活動がじゅうぶんにおこなわれていないとすると、それは思慮的部分の機能の悪さという点において、「魂における劣悪さ」という悪徳のなかに含まれることになるのである。したがって、この場合、絶対悪としての「悪そのもの」は悪の最高類であるということになる。

（5）読み方はハルダーにしたがう。

（6）読み方はハルダーにしたがう。

（7）文脈の流れからみて、ここは注釈的な意味をもって付記されたものと解し、〔　〕で囲む。なお、ハルダーを参照。

（8）底本では *κρατεῖν* が三二行と三三行に二度用いられているが、主語はともに「感性の対象となる神々」と解する。なお、三三行の *αὐτῆς* は「悪徳」ではなく、「素材」を受けているものと解する。

（9）「素材をもっていない神々」とは、知性界の魂、ヌース、さらには一者のこと。

6

だが、われわれは、プラトンがどのような意味で、「劣悪なものはなくならないだろう。それは何と言っても、あるのが必然なのだ。そして、その劣悪なものは、神々の間にはないけれども、いつもわれわれ限りある生をもつ輩《やから》についてまわり、われわれの住むこの場所をとりまいているのだ①」と言っているのか、その意味も考察していかなければならない。

では、はたして彼のことばは、次のような考えのもとに語られているのだろうか。すなわち、「天界は規則正しく進み、秩序ある運行をしていて、そこには、不正もなければ、ほかの悪徳もない。また、天体もたがいに害をあたえるようなことをしないで、秩序正しく運行している。だから、天界は清浄で悪に染まっていないが②、地上の世界には不正や無秩序が横行している」というのが、それであるが……。というのも、「われわれ限りある生をもつ輩」とか「われわれの住むこの場所」ということばは、「地上の世界……」という意味だからである。

いや、しかし、必ずしもそうとは言えないだろう。彼が（さらにつづけて）「この世から逃れなければならない」と言う時、もはや討論の中心課題は、地上的なものにあるのではない。つまり彼は、「世を逃れるというのは」地上から出ていくことではなくて、地上にありながら「思慮ある人となって、人にたいしては正、神の前では義なる者」としてあることだと言っているが③、このばあい、彼は、劣悪なものとは悪徳と悪徳から派生したもののことだと考えて、「逃れる」ということばのなかに、悪徳から逃れなければならないという意味を含めているのである。それにまた、ソクラテスの問答の相手をしているテオドロスが、「もしあなたの言われていることを人びとに言い聞かせてくださるなら、劣悪なものはなくなってしまうでしょうに」と言うと、ソクラテスは、「劣悪なものがなくなるというわけにはいかんだろう。すぐれた善いものには、何かそれと反対のものがなければならないいじょう、劣悪なものがなければならないのだから」と答えるのである。[4]（この答えからしても、彼が地上的なものを考えているのではないことは明らかだろう。）

しかし、悪徳というものは人間に関連があるのに、それがどうしてあの善（絶対善）と反対のものでありうるのだろうか。というのも、悪徳は美徳に反対のものであるが、美徳は善（絶対善）ではなくて、魂が素材を支配できるようにする〈善いもの〉にすぎないからである。それにまた、あの善（絶対善）に、どうして反対のものがありうるのだろうか。あの善は、性質《ポイオン》ではないのである。（したがって、反対のものなどありえないのではなかろうか。）また、どんな必然性があって、反対のものの一方があれば、必ず他方もなければならない、ということになるのだろうか。たとえ甲に反対の乙があれば、甲もありうるとしても、また、事実、あるとしても——たとえば、健康があれば病気もありうるし、事実、ありもするが——しかし、なにがなんでも絶対になければならない、ということにはならないだろう。

それはそうだが、プラトンは、必ずしも、相反するもののすべてについて右の説があてはまると言っているのではなくて、すぐれた善いものについて、そうだと言っているのである。

しかしながら、もし善（すぐれた善いもの）が〈真実在《ウーシア》〉か真実在のかなたにあるものなら[5]、どうして、その善に相反するものがあるだろうか。（そんなものは、ないだろう。）

たしかに、個別的にみた真実在のばあいには、帰納的な推理によって、真実在に相反するものは何もないということの妥当性が証明されている。しかし、このことが実在一般に妥当するということは、証明されていないのである。

では、普遍的な実在に、つまり一般的に言って、第一義的なもの[6]に相反するものとは、何だろうか。

実在には非実在が、善の本性には悪の本性と始源《アルケー》になっているものが[7]、それぞれ相反しているのである。なお、ここで始源ということばを使ったのは、いずれの本性もともに始源だからであって、一方は悪の始源、他方は善の始源なのである。そして、善の本性の中にあるものと悪の本性の中にあるものはすべて相反しているのである。したがってまた、善の全体と悪の全体も相反しているのであって、それも他の相反しているものより、相反する度合が大きいのである。それというのも、それ以外のものは、同種もしくは同類に属しながら相反しているのであって、この同種・同類に属するという点からみて、また或る共通のものに関与していることにもなるからである。だが、これにたいして、まったく別のもので、一方の本質を構成する要素が他方のそれと相反しているものは、たがいにたいへん遠くへだたって相反しているものであるから、とりわけ相反する度合も大きいことになるのである。したがって、限度や適度やそのほか神的な本性の中にあるものには、無限や非適度やそのほか悪の本性のもっているものが、それぞれ相反しているのであり、[8]だからまた、一方の全体が他方の全体に相反していることにもなるのである。それにまた、一方のもののもっている〈有〉《ト・エイナイ》は〈ほんとうの意味での有〉《ト・アレートース・エイナイ》であるが、他方のもののもっている〈有〉は偽りで、それも〈第一義的でほんとうの意味での偽り〉《ト・プロートース・カイ・オントース・プセウドス》なのである。したがってまた、真実には偽りが相反しているように、真の実在の領域にあるものには偽りの実在の領域にあるものが相反しているのである。[9]

いじょうの論証から、「実在に相反するものは何もない」ということは、いついかなるばあいにも正しいというわけではないということが、明らかになった。すなわち、火と水のばあいでも、もしそれらの中にある素材が共通のものではなくて、暖と乾（が火に）、冷と湿が（水に）別の素材から付帯的に生じたのであれば、火と水が相反していることを認めなければならないだろうし、もしこの火と水が共通するものをもっていないで、それぞれが独自の本質構成要素をもっているなら、このばあいにも、実在が実在に相反していることになるのである。[10]してみると、まったく別のもので、何の共通点ももっていない、ひじょうに疎遠なものは、たがいに、その本性において相反していることになるだろう。つまり、それらのものは、一方はこのような性質のものだが他方はあのような性質のものだから相反しているとか、また要するに、一方はこの存在の部類に属しているが、他方はあの存在の部類に属しているから相反しているという意味で反対なのではなくて、たがいにまったく別のもので、その構成要素は対立しており、その作用も相反しているという意味で反対なのである。

(1) プラトン『テアイテトス』176a5～8を参照。
(2) 同右書177a5を参照。
(3) 同右書176a8～b2を参照。
(4) 同右書176a3～6を参照。
(5) 〈真実在〉は知性(ヌース)を、〈真実在のかなたにあるもの〉は一者(ト・ヘン)を指している。
(6) 「第一義的なもの」とは、ヌースのこと。
(7) ここの「実在」とか「善の本性」といわれているものは、ヌースとその本性を指しているのである。すぐ後に、「善の始源」ということばがでてくることからして、これを「絶対善」としての一者(ト・ヘン)と解そうとするのは、誤りであろう。もしこれを一者と解すれば、一者と素材が相対立することになってしまうが、これは決してプロティノスの考えるところではない。ちなみに、やや後の方を見てみると(底本四一～四二行)、「限度、適度」ということばと「無限、非適度」ということばがでてくるが、前者はヌースの特性であり、後者は素材の特性であるし、またプロティノスの用語では、〈ほんとうの意味での有〉とはヌースを、〈第一義的でほんとうの意味での偽り〉とは素材をあらわすのである。

（8）知性界にあるものと素材界にあるものとが相反しているということ。

（9）暖と冷、乾と湿は、たがいに相反している。ところで暖と乾は火に、冷と湿は水に属するのであるから、この点からみれば、火と水は相反していることになる。ところで、暖・乾、冷・湿は、それぞれ火と水との特性とも思われているものであるから、もしそれらが別々の素材から生じたとなると、火と水とは、その本質（ウシア）において相反していることになる。

（10）本質において相反しているということ。読み方はハルダーにしたがう。

7

しかし、どうして、善があれば、悪もなければならないのだろうか。はたして、この宇宙万物の中には素材がなければならないから、悪もあるのが必然なのだろうか。

そうなのだ。つまり、この宇宙万物は、相反するものから作られているのが、何といっても必然なのであって、もし素材がなければ、この宇宙万物もありえないことになるのである。すなわち、（プラトンのことばを借りれば）「われわれの住んでいるこの宇宙というものは、知性《ヌース》と必然《アナンケー》が結びつき、混り合って生まれてきた①」のであって、神からこの宇宙にやってきたもの②は善いものであり、劣悪なものは「古き自然」からきたのであるが、このばあい、プラトンは、「古き自然」ということばを、まだ秩序づけられていない基体としての素材という意味で用いているのである③。

だが、神がこの世界のすべて《ト・パーン》を作りたもうたのなら、[4]プラトンは、なぜ「限りある生をもつ輩《やから》」などと言っているのだろうか。というのも、「われわれの住むこの場所」ということばは、当然、この世界《ト・パーン》を指しているのでなければならないからであるが。（その答えは、彼の次のことばの中にあると言えば、よいだろう。）すなわち、「だが、お前たちは生まれでてきたものであるから、不死身というわけにはいかない。しかしながら、わたし（神）[5]ゆえに、破壊され死へと導かれることはないであろう[6]」というのが、それである。そこで、もしこのとおりなら、「悪がなくなるわけにはいかんだろう」という彼のことば[7]は正しいということになるだろう。

すると、悪から逃れるためには、どうすればよいのだろうか。

この場所からあの場所へと、場所をよりどころとして逃れるのではなくて、徳のある人となって〈ほんとうの自分〉を肉体から引き離すことによってであると、彼は語っている[8]。つまり、〈ほんとうの自分〉[9]を肉体から引き離すと、素材からも離れることになるわけである。なぜなら、肉体と一緒になっている人は、また素材と一緒になっていることにもなるからである。ところで、たしかプラトン自身が〈ほんとうの自分〉を肉体から引き離すことと引き離さないことについて明確な説明をしていたと思うが（そしてそれによると、〈ほんとうの自分〉を肉体から引き離すということは、要するに、神々の間に居場所をもつということであるが[10]）、しかし、神々の間に居場所をもつということは、知性界に居場所をもつということなのである。というのも、知性界にあるものは、不死なるものだからである。(したがって、知性界に悪はないということになるから、[11]悪から逃れるためには、〈ほんとうの自分〉を肉体から引き離したうえで、知性界に居場所をもつようにしなければならないわけである。)

なお、悪がなければならないということは、次のように考えても、理解できるだろう。すなわち、ただ〈善〉だけがあるわけではないのだから、(つまり、善につづくものも[12]なければならないのだから、それらが)その善から出ていったり、あるいは――このような言いかたをしてよければのことだが――たえず、そこから降下したり離れたりして、最後に到達する終極がなければならないことになる。そして、その後には、もはや何も生ずることはないのであって、この終極のものが〈悪〉なのである。というのも、最初のものにつづくものがあるのは、どう考えても必然なのだから、終わりのものもなければならないからである。そして、この終わりのものが素材なのであって、それはもはや、少しも善を所有していないのである。このように考えても、悪がなければならないということは、明らかだろう。

(1) プラトン『ティマイオス』47e5~48a1を参照。なお、プロティノスは、プラトンの「アナンケー」ということばを彼自身の考えている「素材」と同義語と解している。

(2) ここの神はヌースを指す。すなわち、「神からこの宇宙にやってきたもの」とは、ヌースから宇宙霊を通してやってきたロゴスつまりピュシスを指す。プロティノスはここで、「ヌースとアナンケーが結びつき……」というプラトンの『ティマイオス』のことばを引用しているが、プロティノス自身は、ヌースが直接に素材に結びつくなどということは考えていない。要するに、彼のプラトン解釈を述べ、それにもとづいて、彼自身の説を展開しているのである。

(3) プラトン『ポリティコス』273b5を参照。

(4) 読み方はブレイエにしたがう。なお、素材に秩序をあたえエイドスをあたえてこの感性界を作りだすのは神としてのヌースであるから、この世界は神によって作られたということになる。

(5) プラトンの『ティマイオス』41a7にでてくる「デーミウールゴス」のことであるが、プロティノスは、これをヌースとしての神と解している。

(6) プラトン『ティマイオス』41b2〜4を参照。

(7) プラトン『テアイテトス』176a5を参照。

(8) プラトン、同右書176b1〜2を参照。

(9) 知性界のヌースとの関係をもっている「真の魂」としての自分のこと。「肉体から引き離すこと」は、「浄化」(カタルシス)と言われる。『徳について』の3章以降を参照。

(10) プラトン『テアイテトス』176a5〜b3を参照。

(11) 「不死なるもの」とは「素材をもっていないもの」のことである。したがって、素材が諸悪の根元であれば、「不死なるもの」のところに悪はないということになる。

(12) 善からヌースが、ヌースから魂が……というようにして、最後には素材にいたる。プロティノスの思想体系は、この善から素材にいたる一本の柱によって支えられている。

8

だが、これにたいして、もし人が、「われわれが悪くなっても、それは素材によるのではない」と反論してきても――つまり彼は、「無知とか邪悪な欲望などというものは、素材が原因となっているのではない。すなわち、肉体の劣悪さのためにそんな状態になっても、そうしたのは素材ではなくて、（素材の中にある）形《エイドス》（性質）なのである。たとえば、暖かさ・寒さ・苦さ・塩辛さ、そのほか味覚で感じる性質《エイデー》一般、そしてさらに充足・欠乏などというものがそれであって、しかもそのばあい、充足といっても、それは、どんなものにでも充ち足りていたらよいのではなく、右に述べたような性質をもったもので充ち足りていることなのである。すなわち、一般的に言えば、特定の性質をもったものが〈欲望〉あるいは、こう言ってよければのことだが、〈誤った考え〉というものにいろいろなちがいをつくりだすのだから、素材よりもむしろ形（性質）の方が悪である」と考えるのだが――しかし、このように反論してきても、彼は、やはり、素材が悪であるとするわれわれの見解に同意せざるをえなくなるだろう。

つまり、素材の中にある性質《ポイオテース》（反対者の言う形《エイドス》）の働きを、その性質が素材を離れている時におこなうことはないわけで、これは、斧の〈形《スケーマ》〉が鉄なしでは何の働きもしないのと同じなのである。それにまた、素材の中にある形《エイドス》は形だけの時にあらわれる本来の姿と同じではなく、素材の中で朽ちはて素材の特性《ピュシス》に汚された〈素材と結びついた理《エニュロイ・ロゴイ》〉なのである。というのは、火それ自体（火の形《エイドス》）は（素材の中にある火とちがって）燃えたりはしないし、そのほかの形《エイドス》も、それだけである時には、素材の中にある時におこなうと言われているどんな働きもしないからである。つまり、素材は、その中にあらわれてきたもの（形）を支配し、（形の特性と）相反する素材自体の特性をつけ加えて破壊し、滅ぼしてしまうのである。もっとも、このばあい、「つけ加える」と言っても、それは（たとえば）〈暖かさ〉に〈つめたさ〉をつけ加えるのではなく、〈暖かさ〉という〈形《エイドス》〉に素材自体のもつ〈形のなさ《ト・アネイデオン》〉を、〈姿《モルペー》〉には〈姿のなさ《アモルピアー》〉を、〈適切さを保っているもの〉には〈超過《ヒペルボレー》〉や〈不足《エレイプシス》〉をつけ加えるのであるが……。そして、素材はこのようにして、形をもはや〈ほんとうの形〉に属するものではなく、素材自体のものとしてしまうのであって、それはたとえば、動物の栄養摂取に例をとってみると、動物の体内にとりいれられて養分となっているものは、もはやとりいれられた当のもの（食物）ではなく、（犬のばあいなら）犬の血や犬の全栄養となっているのであり、それをとりいれた動物に似合った体液のすべてとなっているようなものである。だから、もし肉体が悪の原因なら、この点から考えても、素材が悪の原因だということになるだろう。

　すると、今度は別の人が、「そうはいっても、形は素材を支配するのが、当然の道理というものだ」と言って、反対してくるかもしれない。しかし、残念なことには、形の支配力というものは、形が肉体から逃れるのでなければ、純粋ではないのである。それにまた、一定の肉体上の気質《クラーシス》にしたがって欲望がますます強烈になったり、肉体上の気質がかわると欲望もちがってきたりして、各人の中にある形は、その支配力をじゅうぶんに発揮できなくなるし——そしてまた、人びとの判断力も、肉体のもつ悪い気質におじけづき、足かせをはめられて鈍くなってしまうのだが[1]——また或る肉体上の気質は、反対に人びとを軽率で移り気な者とするのである。なお、これらのことは、その時その時によって人びとのぐあい《ヘクシス》(気分のもちかた)がちがうということからも、証明されるだろう。それというのも、人びとは、満足している時とそうでない時とでは、欲望においても考え方においても、まるで別人のようにみえることがあり、また満足している対象がちがう時にも、やはりそういうことがあるからである。

だから、われわれは〈適度さをもたないもの〉を第一義的な意味での悪とし、それに類似するか関与するかして〈適度さをもたないものとなっているもの〉は、それに付随してそうなったのだから、これを第二義的な悪としなければならない。また同様に、〈暗闇〉を第一義的な悪とし、〈暗くされているもの〉の方は、これを第二義的な悪としなければならない。だから、魂の無知とか適度のなさというような悪徳は第二義的な悪であって、絶対悪(第一義的な悪)ではない。というのは、徳も第一義的な善[2]ではなく、それに似ているもの、ないしは、それに関与しているものだからである。

（1）読み方はブレイエにしたがう。
（2）これは、善一者としての絶対善ではなくて、知性（ヌース）のことである。プロティノスの表現に混乱がみられる。

9

では、われわれは何によって、徳と悪徳を知るのだろうか。なかでも悪徳を知るのは、何によるのだろうか。われわれが徳を知るのは、ほかでもない、われわれの知性つまり叡知《プロネーシス》によるのだが——というのも、叡知とは自己自身を知る働きだからである[1]——悪徳を知るのは、どんな働きによるのだろうか。

われわれは、まっすぐなものとそうでないものを（同じ）規準で知るように[2]、徳に適合していないもの（悪徳）も徳によって認知するのである。

すると、われわれはそれを観《み》て知るのだろうか、それとも観ないで知るのだろうか。「それ」と言うのは悪徳のことであるが……。

われわれが観ないで知るのは、絶対悪の方である。というのも、それは〈無限なるもの〉だから（観ることはできないの）である[3]。そこで、われわれは（すべての善を）分離し除去すること（アパイレシス）によって、〈まったくの非善〉（つまり絶対悪）を知るのである[4]。だが、〈まったくの非善というわけでもないもの〉（つまり悪徳）の方は、（善に）足りないわけだから、その点を考慮して認知するのである。そこで、われわれは部分を眺め、現にある部分によって、ない部分――その部分はここにはないけれども、全体の形《エイドス》の中にはある――を把握し、次にその欠けている部分を〈無規定なるもの《ト・アオリストン》〉の中に残しておいて、その部分を〈悪徳〉と呼ぶのである。⑤それにまた、素材のうえにいわば醜い顔のようなものを見るばあいは、その中にある理《ロゴス》が、素材の醜さを覆いかくすほどの支配力を発揮できなかったので、その形《エイドス》の足りないことにもとづく醜さが、われわれの前にあらわれているのである。⑥

しかし、形《エイドス》をまったくもっていないもの（絶対悪としての素材）を、われわれはどのようにして知るのだろうか。形《エイドス》をことごとく取り除いていくと、⑦後には形をもっていないものが残る。これが素材であるとわれわれは言うのであって、もし素材を観《み》ようとするなら、われわれ自身も形をことごとく取り除いて（形をもたないものとなり）、自分の中で形をもたないもの（素材）をつかまえなければならない。だから、ほんとうの知性なら観ようともしないものを、あえて観ようとする知性は、別の知性で、（ほんとうの意味での）知性ではない。⑧つまり、眼が暗闇を見ようとして、自分を光から遠ざけたものの、光を後に残してきたので見えないように――眼は光と一緒では暗闇を見ることはできないが、逆に光なしでも見ることはできない。いや、むしろ、このばあいは、見ないと言った方が適切で、眼はこのような意味で、可能なかぎり暗闇を見ることになるのだが⑨——とにかく知性も、自らのもつ光を自分の中に残しておいて、いわば自己自身から外に歩み出て自分に固有でないものに向かい、知性自体のもつ光の先導によらず、自己の有様《ありよう》とはまったく相反していることがらに影響されて、自分とは反対のものを観ることになるのである。
（1）「自知」としての「思慮」という考え方は、明らかにソクラテス・プラトン的な「思慮」のとらえ方である。なお、『徳について』（6〜7章）を参照。
（2）アリストテレス『デ・アニマ』411a6を参照。
（3）絶対悪としての素材は無限なるもの（ト・アペイロン）であり無規定なるもの（ト・アオリストン）である。ところで、この「無限」とか「無規定」とは、形（エイドス）によって限定もしくは規定されていないということであるから、無限なるものは「形をもっていないもの」のことである。しかるに、われわれが何か或るものを観るばあい、それの形を観るのである。したがって、通常の意味においては、われわれは無限なるものを観ることはできないということになる。
（4）アパイレシスは、プロティノスにおいては、通常、魂が感性界に降下することによって身につけるようになった異物、すなわち〈ほんとうの自分〉には縁のないものを捨てさること、つまりカタルシス（浄化）と同義につかわれるが、ここでは逆の意味に、すなわち〈ほんとうの自分〉が持っている善きもの（エイドス）を捨て去る意味に使われている。アパイレシスがこのような意味にも用いられるということは、プロティノスの教説のひとつの特徴をなすもので、注目しなければならない。
（5）たとえば放埒《ほうらつ》（アコラシアー）は、思慮節制（ソープロシュネー）のなさのことである。つまりわれわれは、「放埒」（テキストで言う「現にある部分」）を眺め、それがいったい何を欠いているのかを考えて、「それは思慮節制を欠いている」ということを知るのであるが――テキストに、「ない部分(いまの例では、思慮節制のこと)を把握し」と述べられているのは、このことを意味する――この「なさ」とか「欠いている」ということつまり「欠如」は絶対悪としての素材の特性(ピュシス)であるから、これを〈無規定なるもの〉としての絶対悪(素材)に関連せしめ、そこから付帯的に派生したものと解して、第二義的な意味での悪、すなわち「悪徳」とするのである。

(6)たとえば、彫像の美は、均整がとれていて、外面的な容姿(形)においても、完全に欠けていないばあいに見られる。つまり、均整がとれていなかったり、破損して鼻が欠けていたりすると、その彫像は、われわれに醜く見えるのである。なお、プロティノスにおいては、醜と悪、善と美は同じである。美醜の問題については、『美について』(Ⅱ所収)の中でくわしく論じられているから、これを参照されたい。

(7)前注(4)を参照。

(8)われわれの知性は、真の自己を眺め、この自知を通して知性界の真実在を観ることをその特性としている。したがって、これと反対のことをおこなう知性は、厳密な意味での知性とは言いがたい。

(9)読み方はハルダーにしたがう。われわれはまったくの暗闇の中におかれると、全然なにも見えないわけであるが、なにも見えないということを知っている。つまり、なにも見えないけれども、暗闇の〈暗黒〉を見ているのである。つまり、しいていえば、「見ずして見る」ということになる。

10

悪や悪徳の認知の問題については、以上のとおりであるとしておこう。しかし、素材は〈質のないもの〉であるのに、どうして悪なのだろうか。

素材は（ほかのものと一緒になっている時には）いろいろな性質を受けいれ、それらの性質が素材を基体として素材に内在しているのだが、ただ素材のみの時には、それらの性質のいかなるものももっていない。だから、素材は〈質のないもの〉と言われるのだが、しかし、どんな特性《ピュシス》ももっていないというわけではない[1]。そこで、もし素材がなんらかの特性をもっているとすれば、よしんば質的な意味での悪ではなくても、その特性が悪だと考えて何の支障があるだろうか。なお、（白い・黒い、あまい・からい、などという）〈質《ト・ポイオン》〉は（それだけで存在するものではなく）、それにしたがって、他のものが（白いもの・あまいもの、などというように）「かくかくしかじかの質のもの」と言われるものなのである。だから、〈質〉は付帯的なもので、他のものの中にあるのだが、素材は他のものの中にあるのではなくて、他のものの基体《ヒポケイメノン》であり、他のものがその基体に付帯しているのである。したがって、素材は付帯的なものの特性《ピュシス》である〈質〉をもっていないことになるから、〈質のないもの〉と言われるのである。それにまた、性質《ポイオテース》それ自体が〈質のないもの〉なら、素材は（それ自体である時には）性質（それ自体）を受けいれていないのに、どうして質的なものと言うことができようか。[2] してみると、素材は〈質のないもの〉でもあり〈悪〉でもあると言っても、まちがいではないだろう。つまり、素材が悪であると言われるのは、〈性質《ポイオテース》〉をもっているからではなくて、むしろ〈性質〉をもっていないからである。それゆえ、もし素材が形《エイドス》なら、おそらく悪ではなかっただろう。[3] しかし実のところ、素材の本性は形《エイドス》とはまったく相反したものなのである。

（1）3章を参照。そこに述べられているのは〈悪〉の規定であるが、それはそのまま〈素材〉の本性として、プロティノスの他の作品などでくりかえし述べられている。

（2）ここで、「性質それ自体」と言われ、後に〈性質〉と言われて〈質〉と区別されているものは、〈形（エイドス）〉のことである。ものが特定の〈質〉をもったものとなるのは、エイドスとしての〈性質それ自体〉に関与することによる。すなわち、〈白いもの〉はエイドスとしての〈白さそのもの〉に関与することによって、そこから〈白い〉という〈質〉を受けとり、このようにして〈白いもの〉となるのであるが、〈白さそのもの〉としてのエイドスは、〈白い〉というような可視的な〈質〉をもっていないのである。しかしそれにもかかわらず、〈質的なもの〉は〈性質それ自体〉に関与することによって、はじめて〈質的なもの〉となる。しかるに〈素材〉は、〈性質それ自体〉に関与していない。したがって、〈素材〉は〈質〉をもっていないということになる。

（3）プロティノスにとっては、エイドスは〈善のようなもの〉である。しかるに、〈形相をまったく欠いていること〉が素材の特性である。したがって、素材は悪であるということになる。

11

（これにたいして、人は次のように反論してくるかもしれない。すなわち）しかしながら、形《エイドス》に相反する本性《ピュシス》は〈欠如《ステレーシス》〉である。だが、〈欠如〉はつねにほかのものの中にあって、それだけでは存在できない。[1]だから、もし悪が〈欠如〉の中にあるとすれば、その悪は、形《エイドス》を欠いているものの中にあることになる。したがって悪はそれ自体では存在しえないことになるだろう。そこで、もし悪が魂の中にあるとするなら、魂の中にある欠如が悪であり悪徳なのであって、魂の外にあるものは悪でも悪徳でもないということになるだろう。つまり、ひとつの言論からすれば、素材の存在を全面的に否定しなければならないことになるし、別の言論からすると、素材の存在をいちおう認めはするが、素材それ自体は悪ではないということになる。だから、われわれは魂を無視して、ほかのところに悪を求めるようなことをしてはならない。むしろわれわれは、悪は魂の中にあると考え、そのうえで、魂に善がないことが悪であるとみなさなければならない。

しかし（と、われわれは反論するだろう）、もし〈欠如〉が、当然なければならない或る種の形《エイドス》を欠いていること、つまり魂のばあいには善を欠いていることで、[2]その〈欠如〉にもとづいて、[3]魂の中に悪徳が作られるとすれば、その魂は少しも善をもっていないことになるだろう。だからまた、その魂は、魂であるけれども〈生〉をもっていないということにもなるだろう。[4]してみると、その魂は少しも〈生〉をもっていないのだから、〈魂（生）なきもの《アプシューコン》〉[5]であるということになり、結局は、魂でありながら魂でないということになってしまうだろう。

だから（彼の反論は誤りで）、魂は自己自身の本性にもとづいて[6]〈生〉をもっていることになる。つまり、魂それ自体は、善を欠いていないのである。したがって、魂それ自体は悪をもたず、善きものとしての知性の痕跡《イクノス》[7]をもっているのだから、〈善のようなもの《アガトエイデス》〉であるということができるだろう。してみると、善が魂から完全に離れさってしまうようなことは決してないのだから、魂は第一義的な意味での悪でもないし、またその第一義的な悪が或る付帯的なものとして、魂についているのでもないということになるだろう。

（1）これはアリストテレスの見解である。彼の『自然学』A9.192a5～6を参照。

（2）プロティノスによれば、エイドスは〈善きもの〉（厳密に言えば、〈善のようなもの〉）である。

（3）原文は *τῷ λόγῳ τῷ ἑαυτῆς*. この *ἑαυτῆς* が何を受けているかについては、たとえばハルダーのように、これを〈欠如〉とする解釈もあるが、原文の一五行めに同じことばがでてくるので、それとの関連を考えて、ここでは〈魂〉を受けているものと解し、本文のように意訳してみた。前後の文章との関連で直訳すると、「魂が自分自身の理（ことわり、ロゴス）にもとづいて、自分の中に悪徳をつくる」となる。すなわち、「魂の中に悪徳が生じた責任は、ほかならぬ魂自身にある。つまり、魂自身が善を欠いているということ、そのことが悪徳の原因にほかならない」という意味である。

（4）プロティノスにおいては、〈エイドス〉と〈善〉（もしくは〈善のようなもの〉）と〈生〉は同じである。

(5)プシュケーは〈いのち・たましい〉の意。したがって、アプシューコンは〈いのちのないもの〉つまり〈たましいのないもの〉の意。

(6)ここに前注(3)で紹介したことばと同じことばが用いられている。したがって、直訳すれば、「自分自身のロゴス(理・ことわり)にもとづいて」の意味。

(7)魂の中にある知性は、知性界にある知性(ヌース)の痕跡である。

12

では、もし人が、「悪徳つまり魂の中にある悪は、善をまったく欠いていることではなく、善の一部を欠いていることだ」と言うなら、どうだろうか。

しかし、もしそうなら、すなわち、魂は善の或る部分をもっているけれども、別の部分を欠いているとしたら、その魂のしくみは善悪の混合からなるもので、(したがって)その悪は混り気のないものではなく、〈第一の混り気のない悪〉は(別にあって)まだ見出されていないことになるだろう。そしてまた、善は魂にとって本質的なものであるけれども、悪は付帯的なものにすぎないということにもなるだろう。

13

もっとも、そのばあい、眼の悪が視覚の働きを妨げるように、悪が[1]「悪である」といわれるのは、善の妨げとなる点にあると考えるなら、話は別だろう。

いやしかし、そうだとすれば、悪は（〈悪〉というよりもむしろ）それぞれのものに〈悪をつくりだすもの〉だろうし、〈悪をつくりだすもの〉であれば、〈悪そのもの〉ではないということになるだろう。だから、もし悪徳が魂の妨げとなるものであれば、それは〈悪をつくりだすもの〉ではあるが〈悪〉ではないということになるだろう。それにまた、徳は〈善〉ではなくて、その助力者にすぎないのである。したがって、もし徳が〈善〉でないとすると、悪徳も〈悪〉ではないことになるだろう。さらにまた、徳は、〈美自体〉でも〈善自体〉でもないのである。してみると、悪徳も〈醜自体〉でも〈悪自体〉でもないことになるだろう。

ところで、われわれが「徳は美自体でも善自体でもない」と言ったのは、〈美自体〉や〈善自体〉は徳よりも先に、しかも、それを超えたかなたの世界にあるからで、徳はなんらかの仕方でそれに関与することによって、善きものとなり、美しきものとなるのである。それで、徳よりも先に昇っていく人は〈善〉や〈美〉を手にすることになるが、それと同じように、悪徳を出発点として、そこから下に降りていく人は〈悪自体〉をもつことになる。[2]すなわち、〈悪自体〉を観《み》る人は、なにか〈悪自体〉を観る働き《テオーリアー》のようなもの[3]をもっていて、その働きによって〈悪自体〉に関与しているのである。[4] それというのも、このばあい、彼は「不等性の支配する場所[5]」に住みつき、そこで不等性に浸り、暗闇におおわれた泥沼の中におちこむことになるからである。つまり、魂がそのすべてをあげてまったくの悪徳へと向かう時には、[6] その魂はもはや悪徳をもつのではなくて、それにかえて、もっと劣悪な別のもの《ピュシス》をもつことになるのである。というのも、なにか反対のものと混り合っている悪徳などというものは、まだ人間的なものだからである。

したがって、その泥沼におちこんだ魂は、魂にも死がありうるわけだから、そのような意味で死んでいることになるだろう。すなわち、魂がいつまでも肉体の泥沼に浸って素材の中に沈潜し、それにみたされていることが〈魂の死〉であり、たとえ肉体から去っても、なんらかの方法でその泥沼を見捨て、知性界へと昇っていくまでは、素材の中に横たわっていることになるのであって、これも〈魂の死〉といえるのである。そして、プラトンが「ハデスの国（冥府）に行って眠りに陥る」と言っているのは[7]、ほかならぬこのことなのである。

（1）読み方はハルダーその他にしたがう。
（2）読み方はハルダーにしたがう。
（3）テオーリアーはもともと魂がヌースを観るというような下位のものの上位のものにたいする直知の働きで、プロティノスの哲学体系では、ひじょうに重要な役割を演じている。しかし、ここでは〈悪自体〉を観るという、下位のものにたいする直知の働きに用いられているので、厳密な意味でのテオーリアーと区別して、このような言い方をしているのである。

(4) 直訳すれば、「彼が（テオーリアーによって悪自体に）なると、その悪自体に関与していることになる」ということ。すなわち、プロティノスによれば、われわれの魂はヌースを観ることによってヌースそのものとなるのであるが、それと同様に、悪を観ることによって悪そのものとなり、悪そのものになれば、その悪にあずかっていることにもなるわけである。

(5) プラトンのことばをプロティノスが引用したもの。プラトン『ポリティコス』273d6〜e1を参照。なお、『パイドン』69c6も参照。

(6) 読み方はハルダーとブレイエにしたがう。

(7) プラトン『国家』534c7〜d1を参照。

14

だが、これにたいして、もし人が「悪徳は魂の弱さである」と言うなら[1]——とにかく、悪い魂というものは、あの悪からこの悪へと転々として悪を渡り歩いているので、いともかんたんに情念を受けたり動じたりするようになっており、すぐ快楽に動じ怒りに駆られやすく、付和雷同して漠然とした現象面にたやすくしたがい、いわば技術もしくは自然によって作られたもののなかでもっとも脆《もろ》く、風や灼熱《しやくねつ》の太陽にさらされると、いともかんたんにくずれさってしまうようなものだからであるが――何が魂の弱さなのか、そして、その弱さがどこからくるのかを尋ねるのが、道理というものだろう。それというのも、事実、肉体の弱さと魂の弱さとは同じものではなく、肉体のばあいに、〈肉体に固有な営みをじゅうぶんにはたしえないこと〉や〈情念を受けやすいこと〉に観点をおいて〈弱さ〉が考えられているように、魂のばあいにも、これとの類推《アナロギアー》によって、〈弱さ〉という名前がつけられているにすぎないからである。もっとも、このばあい、魂の弱さも肉体の弱さも同じ原因によるのなら、すなわち、素材が弱さの原因なら、話は別であるが……。

しかし、とにかく、〈魂の弱さ〉と言われているものの原因は何なのか、この問題をもっとくわしく検討していかなければなるまい。というのも、魂を弱くするものは、〈粗《あら》さ〉でも〈緻密《ちみつ》さ〉でも、あるいは〈厚さ〉や〈薄さ〉でも、また熱病のような〈やまい〉でもないからである。そこで、魂のこのような弱さは、完全に素材から離れた魂の中にあるのか、あるいは素材と結びついている魂の中にあるのか、それとも、そのいずれの魂の中にもあるのかの三つのばあいの、どれかでなければならないことになるだろう。そこで、もし素材を離れた魂の中に〈弱さ〉はないとすると――というのも、素材を離れた魂はまったく清浄で、プラトンの言うとおり「翼をもち、完全で」(2)、その活動は妨げられることがないからだが――素材界に堕《お》ちた魂、清浄でもなければ浄化されてもいない魂の中に、〈弱さ〉があるということになるだろう。すなわち、それらの魂にとって〈弱さ〉とは、自分のもっている或るものを捨ててしまうことではなくて、むしろ肉体の中に粘液《プレグマ》もしくは胆汁があるように、自分の中に〈ほんとうの自分〉には何の縁《ゆかり》もないものがあることなのである。そこで、魂が素材界に堕ちる原因をもっと明らかにし、しかも適切な方法でこれを把握するなら、われわれが現在さがしているもの、つまり〈魂の弱さ〉というものも、明らかになってくるだろう。

さて、素材も魂も実際に存在するのであって、両者には、いわば或る一つの場所のようなものがある。つまり、素材と魂の場所が別々に離れているといわれるのは、素材の場所は大地にあるが、魂の場所は空中にあるというような意味ではなく、むしろ魂は素材の中にないという点で、魂の場所は別に離れているといわれるのである。そしてこのことは、「魂は肉体にしっかり結びついて一つになっているのではない」という事実にもとづいているのであるが、この事実は、「魂と素材が一緒になっても、そこから或る一つのものが生じることはない」ということにもとづいているのである。そしてこのことは、「魂は素材を基体として、その中に生じるのではない」ということを意味しており、ほかならぬこのことが、「魂の場所と素材の場所は、別々に離れている」ということなのである。

しかし、魂のもっている〈力〉はいろいろで、言いかえれば、魂は始め（知性《ヌース》の場に相当）と中間（思慮《ディアノイア》の場に相当）と終わり（感性《アイステーシス》の場に相当）をもっているのである。そして素材は、魂のそばにいると、（ちょうど酒宴の席にもの乞いにやってきて、門のそばに立っている物乞いのように）魂にもの乞いをし、いわばうるさいくらいにつきまとって、内側にはいっていこうとする。[3] しかし、その〈場〉はまったく神聖で、魂に関与していないものは何ひとつとしてない。そこで素材は、われとわが身を魂の下に投げだして、（魂の神聖な）光に照らしだされることになるのであるが、それでも自分を照らしている光の源（魂）をつかむことはできない。というのも、その源（魂）は、素材のもつ〈悪さ〉のゆえに、素材を見ないので、たとえ素材が自分のそばにいても、手をさしのべようとはしないからである。そこで素材の方は、〈輝き〉つまり魂からくる〈光〉を（自分と）混ぜ合わせて暗いものにし、われとわが身を〈生成〉や〈素材に向かう原因〉として提供し、魂の光を弱めてしまうのである。というのも、もし素材がそこになかったら、魂がやってくるはずはなかったからである。そしてこのことが、つまり魂がこのようにして素材に向かい、弱くなることが、魂の堕落なのであって、それは、素材が魂の占めている場所を占めたり、魂を〈固くちぢこまる〉とでも言うか、ともかくそんな状態にしたり、また、いわばこそどろでもするようにして魂からかすめとったもの（光）を劣悪なものにしたりして、魂の力が働くのを妨げるので、魂が知性界に戻ることができるようになるまでは、そのどんな力も活動しなくなってしまうことによるのである。

だから、素材が魂の〈弱さ〉と〈悪徳〉の原因なのである。したがって、魂よりもまえに素材自体が悪なのであり、それも第一義的な悪だということになるだろう。それというのも、たとえ魂自身が何らかの影響を受けることによって素材を生んだとしても、そして素材と共同すること によって悪くなったとしても、それは、魂のそばにある素材が原因だからである。なぜなら、魂はもし素材がなかったら、素材のもとにやってきて〈生成〉を手にすることはなかったはずだからである。

（1）プラトン『ゴルギアス』477b3〜4、『国家』444e1〜2を参照。
（2）プラトン『パイドロス』246b7〜c1を参照。
（3）プラトン『饗宴』203b4を参照。

15

だが、これにたいして、もし人が「素材などというものはありはしないのだ」と言うなら、その点についてはすでに素材に関する論文の中でくわしく述べているから[1]、その素材に関する論述をよりどころにして、素材は存在しなければならないということを、その人に示さなければならないだろう。だが、もし人が、「諸存在の中には、要するに、悪いものなんかないのだ」と言うなら、彼の立場としては、善いものの存在をも否定することになるのが必然であって、（その結果）また望ましいものは何もないということにもなるだろう。だから、求めることも避けることも、また知性を働かせることもしないようになってしまうだろう。それというのも、人は善を求め悪を避け、善と悪にたいして知性や叡知を働かせるのであって、その知性の働き自体が、或るひとつの善きものだからである。

だからたしかに、一方には善が、それも悪と混り合っていない善がなければならず、他方には善と悪の混り合っているものがなければならないのであって、後者は、悪に関与する度合が〈善に関与する度合〉より大きい時には、同時にまたそれ自体も、あのまったくの悪に帰属していることになるが、[2] 悪に関与する度合の方が小さい時には、ほかならぬその度合が小さいという点で、〈今度は逆に〉善に帰属していることになるのである。とにかく〈もしそうでなければ〉、魂にとって、悪とはいったい何だろうか。つまり、劣悪な輩《やから》と接触した魂が悪をもつのでなければ、どんな魂が悪をもつのだろうか。魂は、劣悪なものに接しさえしなかったら、欲望も、また苦痛も、怒りも恐怖も、もつことはなかったはずである。つまり、いくつかの要素が合わさってできているものが、その合成が分解してしまわないかと心配する時に生じるのが〈恐れ〉であり、それが分解しつつある時に生じるのが〈悲しみ〉や〈苦しみ〉で、〈欲望〉は、或るものがこの仕組をじゃましたり、あるいはじゃまされないように前もって対策を考えたりする時に生ずるものなのである。なお、〈表象《パンタシアー》〉は外部からの非理的なものの衝撃《プレーゲー》であって、魂は不可分でないもの〈肉体〉を通して、この衝撃を受けとるのである。また〈偽りの憶念《ドクサイ・プセウデイス》〉は、魂が〈真実そのもの〉（としての純粋な自分）を注視しないで、外的なものに気をとられるようになった時にもつようになるのであって、この時の魂は清浄でないから、外的なものに気をとられるのである。だが、〈知性《ヌース》にたいする欲求〉は、（右にのべたものと）おもむきを異《こと》にしている。というのも、ここでは、劣悪なものに気をとられることなく、知性と居を共にし、知性界に住むことだけが要請されるからである。

しかしながら、悪は、善のもつ力と本性のゆえに、純粋な悪として、われわれの前にあらわれることはない。それというのも、悪は黄金の足枷《あしかせ》をはめられた囚人のように、必ず或る美しい鎖につながれてあらわれ、その鎖におおわれているので、たとえ存在していても、神々の前に（ありのままの姿を）あらわすことはないし、また人びとは、いつでもその悪を見ることができるというわけでもなく、たとえ時としてその悪を見ることがあっても、その時には、彼らは自分たちの記憶にやどっている美の映像を想い起こし、それとともにいるので（その悪の純粋な姿を見ることはできないので）ある。[3]

（1）『エネアデス』「素材」II 4を参照。
（2）読み方はハルダーにしたがう。
（3）六行目の「しかしながら……」から、この最後のことばまでは、プロティノスの悪にたいする考え方を知るうえで、ひじょうに興味深いものである。この論文では、彼の悪にたいする分析がきわめて綿密で、素材が悪そのものであることを強調するあまり、たとえば14章でのように、素材が何らかの意志をもって魂に働きかけ、これを悪くするかのような説明をしているが、他の多くの彼の論文でくりかえし述べられているところから考えると、素材は決してそのようなものではなく、むしろ知性界からのエイドス（厳密にはエイドスの影）を受けとるだけの役割しかないのである。つまりこの感性界は、素材を鏡として映しだされた知性界の映像なのであって、それだけ美しさに満ちており、魂は知性界の美の影としての感性界の美を見て、知性界の真実の美を想起し、知性界へ帰っていかなければならないのであるし、この知性界への帰還が彼の倫理説の理想なのである。

徳について

『エネアデス』第一論集 第二論文（I 2）

田之頭安彦 訳

この論文は、ポルピュリオスの作品分類によると、プロティノスの十九番目の作品にあたる（『伝』4）。これは必ずしも十九番目に書かれたことを意味するわけではないが、ポルピュリオスがはじめてプロティノスに会ったのはガリエヌス帝在位十年（西暦二六二年）の時で、その時プロティノスは五十七歳で、二十一篇の論文をもっており、彼が執筆活動を始めたのはガリエヌス帝在位一年（二五三年）すなわち四十八歳の時であると伝えられているから（『伝』4）、これらの作品は、彼がはじめて筆をとってから、およそ十年の間に書かれたことになる。そしてその中に、『徳について』も含まれているのだから、この作品はプロティノスのかなり初期のものであると考えてよいだろう。

この『徳について』は、冒頭のことばからもわかるように、『テアイテトス』（176a）の注釈的な色彩が強く、この『テアイテトス』を手がかりとしながら『パイドン』や『国家』の助けを借りて、「われわれが徳によって神に似た者となる」というのは正確にはどういうことであるかを規定することを、主目的としている。以下、内容を簡単に観ていくと——、

プロティノスは1〜2章で、「市民的な徳をもっている人が神に似た者となるのは、どのような意味においてであるか」を明らかにするために、『パイドン』（82a〜b）や『国家』（430b〜434e）の助けを借りながら、市民的徳の働きを説明する。そして3章以降で、この作品の本題ともいうべき「高度の徳による神への類似」の説明へ移っていくのである。すなわち、まず3章で、『テアイテトス』176b〜cと『パイドン』69cを手がかりとして〈神への類似〉を〈浄化〉によって説明し、4〜5章で、「浄化と高度の徳との関係」および「浄化の程度と範囲」の説明をすませてから、6章以降で、「神となることは、知性界に居所をもつことである」という彼の考えを明らかにするのである。

すでに述べたとおり、この作品はプロティノスのかなり初期のものに属するが、彼が執筆活動を始めたのが四十八歳といういわば人間的にも思想的にも円熟の時期に近かったこともあって、彼の教説には、その後もあまり目立った変化は見られない。この点から考えて、この作品は、彼の徳論のみでなく、教説全般にわたって、かなり重要な地位を占めていると考えてよいだろう。たとえば、3章以降での〈浄化〉から〈高度の徳〉への教説の発展とテオーリアーとしての魂の徳の強調は、たとえその説明の過程にある程度のストア的な要素が見られるとしても、本質的にはプロティノスに固有のものとして、彼の教説の基礎をなしているのである。

なお、この作品は、すでに述べたとおり、プラトンの『テアイテトス』の注釈的な色彩が強いので、これを理解するためには、プラトンに関するある程度の予備知識を必要とする。少なくとも、訳注等で言及されたプラトンの作品には目を通すようにしていただきたい。

1

この世には数多くの劣悪なものがあって、われわれの住むこの場所をさまよっている。これはどう考えても否定できない事実であるし、魂はその劣悪なものから逃れようとしているのであるから、われわれはこの世（感性界）から（あの世・知性界へ）逃れるようにしなければならない。[1]

では、その「世を逃れる」というのは、どういうことだろうか。

プラトンのことばにしたがえば、それは〈神に似る〉ということである。そして、この〈神に似る〉ということは、とりもなおさず、思慮ある人となって、人にたいしては正、神の前では敬虔な者となること、要するに、有徳な者として生きることである。[2]

では、もしわれわれが徳によって神に似るのなら、はたして、その神も徳をもっているのだろうか。それにまた、徳をもっている神とは、どのような神だろうか。われわれより高度に徳を具えていると思われている神、なかんずく宇宙霊と、その中の驚くほどの思慮深さを備えている指導的な部分のことだろうか。[3] というのも、われわれはこの世に生を受けているのだから、宇宙霊の指導的な部分に似るというのも、理屈にかなっているからである。

いや（理屈にかなっているどころか）、まず第一に、宇宙霊の指導的な部分なら、たとえば「節度がある」とか「勇気がある」というように、[4]（節制や勇気をはじめ、人びとのもっている徳なら）なんでももっていると言えるかどうか、これは疑わしいだろう。その指導的な部分には、（勇気ある行為をとらせるきっかけになるような）恐ろしいものはなにもないのである。というのも、その指導的な部分の外には、何もないからである。[5]（したがって、その部分には、〈勇気〉などというものは必要がないのである。）それにまた、快感を味わわせてくれるものが手元にないと、それを得ようとしたりわがものにしようとしたりして、それにたいする欲望をもつようにもなるが、そのような快感を味わわせてくれるものが、その指導的な部分に近づくこともないのである。[6]（したがって、その部分は、節度ある態度をとる必要もなければ、〈節制〉の徳をもつ必要もないわけである。）だが、これにたいして、宇宙霊の指導的な部分も、われわれの魂と同じように、〈知性的なもの《タ・ノエータ》〉[7]を欲し求めるのであれば、明らかにわれわれを〈秩序づけるもの《ホ・コスモス》〉すなわち徳も、あの知性界からくることになるだろう。

では、はたして、あの〈知性的なもの〉は、徳をもっているのだろうか。

いや、少なくとも、次に述べるような「市民的」と言われる徳をもっていると考えるのは、理屈にかなっていないだろう。すなわち（われわれの魂の）思慮を司る部分に関連している思慮の徳《プロネーシス》とか、気概を司る部分に関連している勇気の徳《アンドリアー》とか、さらにまた、欲望を司る部分と思慮を司る部分との或る種の融和つまり調和によって成り立っている節制の徳《ソープロシュネー》とか、魂のそれぞれの部分が支配する立場と支配される立場にたって共に自分の本分をつくしていく正義《ディカイオシュネー》の徳などが、それであるが……。[8]

すると、われわれが神に似るのは、市民的な徳によるのではなくて、〈それと同じ名前で呼ばれているが、実際には、それよりも高度の徳〉によるのだろうか。だが、そのばあい、市民的な徳以外の徳によるとすると、市民的な徳には、まったくよらないのだろうか。

いや、市民的な徳より高度の徳によれば神に似た者となるけれども、市民的な徳によったのでは、どんなにしても決して神に似た者とはならないというのは、理屈にあわないだろう。とにかく、そのような徳を備えている人びとは神のような人でもあると言い伝えられていることでもあるし、われわれも、そのような人が多少なりとも神に似ていると言わねばなるまい。しかし、いずれにせよ、（もしわれわれと神々との類似点・共通点として、〈徳〉というものを考えるならば、）〈知性的なもの〉（知性《ヌース》という神）も、たとえわれわれが述べたような徳をもっているのではなくても、とにかく徳をもってはいるということになるだろう。（しかし、これは不合理である。）だから（その打開策として）、もし人が、われわれは〈或るもの〉と同じ状態にあるのではないけれども、その〈或るもの〉に似ることができる、ということを認めるなら、[9]たとえ徳という点で似た者となるのではなくても、われわれ自身のもっている徳で、徳をもっていないもの（知性的なものとしての神）に似ることができると考えても、差しつかえないことになるだろう。

では、どうして、そのようなことが、可能なのだろうか。

次のように考えてみよう。すなわち、〈暖〉があるからものが暖かくなるのであれば、その〈暖〉の源もまた必然的に暖かくなければならないのだろうか。また、火があるからものが暖かくなるのであれば、その火自体も火があることによって、暖かくなるのでなければならないのだろうか。

おそらく、人は第一の問いにたいしては、次のように答えるだろう。すなわち、「火（暖かさの源に相当）の中にも暖かさはあるのだが、それは火に固有なものだ。だから、それとの類推《アナロギアー》によって説明すれば、徳（暖かさに相当）は魂（暖められるものに相当）に後から加えられたものだが、魂がそれを模倣することによってそこから徳を取りいれたあのもの（知性的なもの、暖かさの源に相当）には固有のものなのだ」と。そして、第二の〈火〉を例にとった質問《ロゴス》にたいしては、「実際には、あのもの（知性的なもの）が徳なのだ。しかし、あのものは徳よりも偉大なものであると、われわれがみなしているのだ」と。

むろん、魂の関与するもの（徳）とその源（知性的なもの）が同じものであれば、そのように言わなければならなかっただろう。だが、実際には、両者は異なっているのである。つまり、感性によって把握される家と知性によって把握される家は、いちおう似てはいるが、同じではないのである。感性によって把握される家は〈規律〉や〈秩序〉にあずかっているが、あの知性界の形成的な力《ロゴス》[10]の中には〈規律〉も〈秩序〉も〈均整〉もないのである。同様に、われわれは知性界に源をもつ〈秩序〉や〈規律〉や〈均整〉に関与しており、また、それがあるから、この感性界に徳が成り立っているのでもあるが、あの知性界にあるもの（知性的なものとしての神）は〈均衡〉も〈秩序〉も〈規律〉も必要としない。だから、徳も必要としない。にもかかわらず、われわれがあの知性界にあるものに似た者となるのは、徳があるからなのである。

さて、「われわれは徳によって神（知性的なもの）[11]に似た者となる」という前提から、「したがって、あの知性界にも徳がなければならない」という結論のでる必然はないということの論証は、以上で終わりとしよう。だが、われわれは、反対者を無理やりに説き伏せようとするのではなく、相手が納得のいくように説得しなければならない。

（1）プラトンの『テアイテトス』176a〜bを参照。そこに、このことばと同じことが述べられている。すなわち、プロティノスは彼なりにプラトンの思想を理解し、それを彼自身の思想や教説の中核としているのであるが、その立場が彼の徳論にもあらわれているのであって、彼はプラトンの『テアイテトス』のことばをもって、この小論の冒頭を飾っているのである。なお、知性界とはプラトンのイデア界を指すもので、「この世」を逃れるということは、決して死を意味するのではなく、真の自分としての知性（ヌース）にしたがって生きることである。このような生こそ賢者の生であり、そこに真の幸福があると、彼は考えたのであるが（『幸福について』を参照）、彼の哲学の終極の目標は、この知性をも（そして幸福をも）のりこえて、絶対者としての一者（ト・ヘン）と合一することにあった。

なお、悪の存在の必然性についての彼のくわしい考えに関しては、『悪とは何か』を参照。
（2）プラトンの『テアイテトス』176b を参照。
（3）われわれ人間の魂は肉体と結びついているのであるが、これにたいして、肉体の世界に降下することなく、天上の世界より自然界、形態界を支配し秩序づける魂がある。これを宇宙霊という。なお、プロティノスによれば、宇宙霊は降下しなくても、それの影としてのピュシスは素材界（素材については、『悪とは何か』を参照）に降下し、いわゆる自然界と諸生物（ただし知性をもった存在としての「人間」を除く）を作るのであって、ピュシスは諸生物の生命原理と考えられているのである。本文の「宇宙霊」ということばは、このピュシスをも含めた非常に広い意味で使われているので、「その中の……指導的な部分」ということばで、素材界に降下することのない〈真の意味での宇宙霊〉を指しているのである。
（4）読み方はハルダーとブレイエにしたがう。
（5）この宇宙（この世界）の外には何もないということ。すなわち、宇宙霊は自然界のすべてを内に含みもっていると考えられている。人間の肉体も自然界の存在であるから、宇宙霊によって含みもたれているのであるが、真の人間としてのわれわれの魂は別である。
（6）宇宙霊はその内にすべてをもっているのであるから、外的なものにたいする欲求などはもたない。したがって、外的なものが原因になって生じるような苦痛も快楽も、宇宙霊にはないということ。
（7）〈知性的なもの〉とは、知性（ヌース）のこと。人間の魂も宇宙霊もヌースから生じたもので、ヌースのロゴス（形成的な力）によって作られたものである。したがって、ヌースは人びとの魂や宇宙霊の生みの親であるから、人びとの魂も宇宙霊もたえずヌースを慕い求め、ヌースによって完全性を得ているのである。
(8)プラトンの『パイドン』82a11～b2および『国家』430b2～434c7を参照。
(9)読み方はハルダーにしたがう。
(10)万物は、プロティノスにおいては、知性界のロゴスによって作られたものである。したがって、この地上の家々もすべて知性界にある(家の)ロゴスによって作られたものである。ロゴスということばは、ヌースということばと同じように、的確な日本語に訳しだすことは不可能である。ここでは「形成的な力」と訳しだしておいた。前注(7)を参照。なお、プロティノスの思想で重要な位置をしめる知性界に家のイデアとか馬のイデアとかいうような個別的なイデアが認められているのか(したがって、家のロゴスという表現が適当であるかどうか)は、現在でも、研究者の間に多くの異論がある。
(11)プロティノスは魂もヌース(知性的なもの)もともに神とみなしているが、もちろん、このばあいには、神にも段階的な区別が考えられている。

2

そこで、まずはじめに、〈もともとは同じものだが、(感性界の)われわれの側で「模倣物《ミーメーマ》」としてある時には徳で、知性界で、いわば「原型《アルケテュポン》」のようなものとしてある時には徳でないもの〉を見つけだすために、われわれが、「それによって神に似る」と言っている、その徳を吟味していかなければならない。だが（問題の混乱をさけるためにも）、〈類似〉の意味を二通りに区別して、（われわれが「神に似る」と言う時の〈類似〉は、どちらの意味で言っているのかをはっきりさせたうえで）徳の吟味にはいらなければならないだろう。

すなわち、ひとつの意味での類似は、類似物の間に〈同じもの〉を必要とするのであって、このばあいの類似物は、その〈同じもの〉を規準にして、同じ程度に似ているのである。これにたいして、いまひとつの意味での類似は、次のような甲・乙ふたつのものの間の類似である。つまり、乙は甲に似ているが、甲は乙より先にあるもので、乙に還元されるものでも乙に似ていると言われるものでもないばあいの類似である。ここでは、第二義的な意味で〈類似〉ということばが使われているいじょう、類似物の間に同じ形《エイドス》ではなく、むしろ別の形がなければならないのだから、（現在われわれが問題としている類似とは）異なった意味で理解されなければならない。

さて、それでは、全般的にみるにしても個別的にみるにしても、とにかく、徳とはいったい何だろうか。だが、個別的にみていった方がはっきりするだろう。そうした方が、すべての徳が依存している何か共通なものも、容易に明らかとなるにちがいないからである。では、話をすすめよう。市民的な徳は——これについては、すでに話したが——われわれを本来の姿に秩序づけ、欲望および一般的に言って諸情念を適度に規制し、[1]偽りの憶念を除去して、われわれをより善き者とするのであって、その働きは、市民的な徳が全般的にみてより善きものであるということ、すなわち、その徳自体が適切さをあたえられていて、適度や限度に欠けているもの[2]にかかわりをもっていないということにもとづいている。[3] つまり、これらの徳は、(ちょうど材料をはかる尺度のように) 素材としての魂に適度さをあたえる尺度としての働きをするいじょう、(自分もあの世界の尺度から適度さをあたえられているわけだから、) あの世界の尺度[4]に似ており、あの世界の〈最善なるもの[5]〉の〈痕跡《イクノス》〉をもっているのである。すなわち、適度さをまったくもっていないものは〈素材〉だから、神に似ているところはまったくないが[6]、形《エイドス》にあずかるものは、そのあずかる程度に応じて、あの世界の神に[7]——それは形をもたないものであるが——似てくるのである。だが、そのばあい、その神に近いものほど、形にあずかる度合も大きいのである。ところで、魂は肉体よりもその神の近くにあり[8]、より近い関係にある。したがって、魂は (市民的な徳の働きいかんによっては) それだけ形にあずかる度合も大きくなると言える。[9] だから、魂が (その徳のたすけを借り) 神の姿をしてあらわれると、人はそれが神のすべてではなかろうかと、騙《だま》されることにもなるわけである。[10]

さて、まことに、市民的な徳をもっている人びとが神に似た者となるのは、以上のような事実にもとづいているからであろう。

(1) 読み方はハルダーにしたがう。
(2) 劣悪なるものすなわち諸悪を指す。『悪とは何か』を参照。

（3）読み方はハルダーにしたがう。
（4）「あの世界の尺度」とは、知性界の尺度、すなわち知性（ヌース）のこと。
（5）「最善なるもの」という表現が何を意味しているのか、やや明らかでないところがある。後の方の表現から考えると絶対善としての一者（ト・ヘン）を指しているものと思われるが（後注（8））、この論述の内容から考えると、むしろ知性（ヌース）を指していると思う方が妥当だろう。
（6）『悪とは何か』を参照。
（7）この神は、「形をもたないもの」という表現からして、一者（ト・ヘン）を指しているものと思われる。プロティノスは一者、ヌース、魂のそれぞれに〈神〉という名をあたえているが、もちろん、その中では一者が最高の神である。しかし厳密に言うならば、一者は神さえも超えたものである。
（8）プロティノスが魂やヌースに関して「より近い・より遠い」とか「より前・より後」という表現を用いる時は、場所的あるいは時間的な「遠近」「前後」をあらわしているのではない。タクシス（配置された地位）での遠近・前後をあらわしているのである。すなわち、プロティノスによれば、万有の根元者としての一者はヌースや魂を超えたものであるが、ヌースは魂よりもその一者に近く、魂は肉体よりも一者に近いのである。すなわち魂は真実在であるが、肉体は真実在としての世界霊の影にすぎないのであるから、それだけ一者やヌースから遠く離れているわけである。
（9）読み方はハルダーにしたがう。
（10）「魂が神の姿をしてあらわれる」と言っても、別にいわゆる亡霊のことではない。「人びとが魂を神として心の中にえがく」ということ、言い換えれば、「神であると思われる」ということであろう。

3

しかし、プラトンは、われわれが神に似るのは（市民的な徳よりも）高度な徳によると考え、（前章でわれわれが吟味してきたものとは）別の〈神への類似〉を明らかにしているので、[1]これから、その〈類似〉をめぐって、話をすすめていかなければならない。それにこの問題を吟味していくうちに、市民的な徳の実体《ウシア》もいっそう明らかになってくるだろうし、高度な徳とは実体の側からみれば何なのかということも、また一般的に言って、市民的な徳とはちがった徳があるということも、わかってくるだろう。プラトンは、「神に似るということは、この世から逃れることである」と言ったり、日常の市民生活に関係している徳を、何の制約もつけずに〈徳〉と呼ぶようなことをしないで、〈市民的な〉ということばをつけたしたり、[2]また別のところでは、徳を〈浄化〉と呼んだりしているが、[3]このばあい、彼は明らかに、すべての徳を二通りにわけ、〈神への類似〉を市民的な徳によるとはみなしていないのである。

では、なぜ市民的な徳以外の徳を〈浄化〉と呼ぶのだろうか。それにまた、〈神への類似〉が特に〈浄化〉によるところが大きいのは、なぜだろうか。

魂が劣悪なものとなるのは、肉体にしっかりと結びついて、肉体が経験するものを経験し、肉体が信じるものをなんでも信じることによるのだから、（これと反対に）肉体と同じ憶念をもたずに、自分だけで活動し――これが〈知性の活動《ノエイン》〉や〈思慮の活動《プロネイン》〉で――肉体と同じ経験内容をもつようなことをせず――これが〈節度のあること《ソープロネイン》〉であるが――また肉体から離れるのを恐れもせず――これが〈勇気のあること《アンドリゼスタイ》〉であって――何の反対も受けずに理性《ロゴス》や知性《ヌース》が支配しているばあいには――つまり、これが〈正　義《ディカイオシュネー》〉である――その魂は善い魂で、有徳な魂だということができるだろう。だから、魂が知性を働かせ、そうすることによって情念を受けないようになっている状態を、もし人が〈神への類似〉と呼ぶなら、まちがいではないだろう。というのは、神も純粋で、その活動は、これを模倣するものが思慮あるものとなるような活動だからである。

では、なぜ神も、そのような状態にないのだろうか。

状態というものは、魂について言われるのであって、神はどんな状態にもないのである。それに魂の知性活動は（神のそれと）同じではない。つまり、あの世界の神々のうち、或る神（知性《ヌース》）は（魂と）ちがった知性活動をするのである。もっとも、別の神（一者《ト・ヘン》）はまったく知性活動をしないのであるが……。

では、たずねるが、その〈知性活動《ト・ノエイン》〉ということばは、（魂のばあいでも知性《ヌース》のばあいでも、ともに）同じ意味と内容をもったことばとして用いられているのだろうか。

いや、決してそうではない。神（知性《ヌース》）の知性活動は第一義的な意味でのそれだが、神から派生したもの（魂）の活動は、別の意味での知性活動である。というのも、口外されたことばが魂の中のことば（思想内容）の模倣であるように、魂の中のことばも、あの神（知性《ヌース》）のことば（直知内容）の模倣だからである。[4] したがって、ちょうど声にあらわされたことばが、魂の中のことばにくらべると部分にわけられているように、[5] 魂の中のことばも——これは知性《ヌース》の中のことばの説明者であるが[6]——自分より先のもの（知性《ヌース》）のことばにくらべると、部分にわけられているのである。[7] だから、[8] 徳をもっているのは魂だけで、知性《ヌース》も知性のかなたにあるもの（一者《ト・ヘン》）も徳をもっていないのである。[9]

（1）プラトンの『テアイテトス』176b〜c を参照。

（2）プラトンの『パイドン』82a11 を参照。

（3）同右書 69c1 を参照。

（4）こことだいたい同じようなことが『三つの原理的なものについて』の3章と6章にも述べられているから、その箇所とその注を参照。

（5）「声にあらわされたことば」は、たとえば、それぞれが音節に分けられるように、部分をもっているということ。

（6）読み方はハルダーにしたがう。

（7）ヌースの知性活動（ト・ノエイン）は直知作用（ノエーシス）として、認識主体としての自己（ヌース）が認識対象としての自己（ノエートン）を直接に把握する（と同時にノエートンを通して一者を観る）働きである。したがって、認識の主体と客体の間になにものも介在する余地がないのであるから、この認識作用が誤謬を犯すことはないし、その内容（ヌースのロゴス）も純粋単一である。これにたいして、魂の知性活動は思慮（ディアノイア）と言われ、本文の「知性の中のことば（ロゴス）の説明者」ということばからもわかるように、諸前提を足場として結論を導こうとするいわゆる学問知の働きである。したがって、それはたとえば大前提・小前提・結論というように、部分にわけられていることになる。なお、ここではロゴスをことばと訳しているが、このロゴスはプロティノスの思想体系の中では非常に重要な役割をはたしているのであって、これを彼のいわゆる「流出の教説」からみれば、一者から流出してヌースを形成する力であり、ヌースから流出して魂を形成する力であると考えられ、「テオーリアーの教説」からみれば、一者の、そしてヌースの光であると考えられる。

（8）読み方はハルダーとブレイエにしたがう。

（9）ヌースは「絶対単一者」としての一者のロゴスによって形成されたものであるから、単一で部分にわけられていない。その世界ではすべてが一であり、一がすべてである。したがって、ことばでもって区別されるようなもろもろの徳があるはずはない。一者においては、言うまでもないことである。

4

次に、〈浄化〉とこの種の高度の徳は同じなのか、それとも、浄化がおこなわれた結果として、この徳が生じるのか、つまり、この徳は浄化作用の中にあるのか、それとも、浄化された状態の中にあるのか、という問題を検討しなければならない。

浄化作用の中にある徳は、浄化された状態の中にある徳より不完全である。浄化された状態とは、浄化作用がいわばすでに完了した状態のことだからである。

しかし、「浄化されてしまっている」ということは、「自分の本性に属さないものをすっかり捨てさってしまっている」ということを意味するが、〈善〉はその〈捨てられてしまうもの〉の中にははいらない。ということは、つまり、「或るものが、不浄なものとなる前には〈善きもの〉であったのなら、その浄化はじゅうぶんに効果を発揮できる」ということなのだろう。(1) しかし、もしそうなら、浄化はじゅうぶんにその効果を発揮するかもしれないが、浄化の後に残されているものが善で、浄化作用が善なのではないということになるだろう。

そこで、われわれは、浄化の後に残されているものは何かということも、吟味していかねばなるまい。というのも、おそらく、浄化の後に残されているものは〈善〉ではないというのが、事実ではないかと思われるからである。もしそうでなければ、善が悪の中にあったことになってしまうからである。

すると、われわれは、浄化の後に残されているものを〈善のようなもの〉と呼べばよいのだろうか。

そうなのだ。つまり、魂はもともと善と悪の両方に向かう傾向をもっているから、本来の姿をとっている善の立場を占めるには、じゅうぶんではない。(2) だから、自分と同族のもの（知性《ヌース》）と交わることが魂の善で、反対のもの（肉体）[3]と交わることが悪なのである。それゆえ、自分を浄化してから交わらなければならないことになるが、交わるためには、その前に、まず（知性《ヌース》の方に）向きをかえる必要がある。

では、魂は自分を浄化したあとで、向きをかえるのだろうか。

いや、浄化を終えた時には、すでに向きをかえてしまっているのである。

してみると、魂の徳とは、この〈向きをかえること〉をいうのだろうか。

いや、そうではない。この転向によって、魂に生じたものが徳である。

すると、それは何だろう……？

それは魂の〈観る働き《テアー》〉で、ちょうど肉体の目が視覚対象をめぐって活動しているように、魂の中に刻印されて活動している〈観られるもの〉（知性《ヌース》・真実在）の印影《テユポス》である。[4]

すると魂は、（浄化されるまでは）それらを[5]もっていなかったし、またおぼえてもいなかったのだろうか。

いや、そうではない。それらは魂の中で活動もせず、（知性《ヌース》からの）光もあたえられずに、ただ漠然と保存されているにすぎなかったのだが、とにかく魂は、それらをもってはいたのである。

そこで魂は、光を受けることによって、それらが自分の中にあることを知ることができるように、光をあたえるもの（知性《ヌース》）に向かわなければならない。なお、魂がもっていたのは真実在

（知性《ヌース》）そのものではなく、その印影だったのである。そこで、印影をその本体つまり真実在に適合させなければならない。（したがって、この点から考えても、魂が知性《ヌース》に向かわなければならないことは、明らかだろう。）

知性《ヌース》は魂に縁のないものではないし、⑥魂が知性《ヌース》の方に目を向けている時には特にそうなのだから、おそらく人は、魂が知性《ヌース》をもっているとも言うだろう。だが、そのばあいでも、知性《ヌース》の方に目を向けないとなると、たとえ魂が現に知性《ヌース》をもっていても、その知性《ヌース》は魂にとって、縁のないものとなってしまうだろう。学問上の諸知識⑦でさえ、それにしたがって活動することをまったくしなければ、われわれに縁のないものとなってしまうのだから、知性《ヌース》のばあいには、なおさらそうなのである。

（1）プロティノスは、ここで、自問自答をくりかえしながら、新たな問題を提起しようとしている。すなわち、「魂は肉体と交わることによって、その悪に染まり不浄なものとなるのであるから、もし魂が肉体と交わる以前には〈善そのもの〉であったのなら、浄化によって肉体との交わりを断ち、その悪を捨てさってしまった魂は、善そのものとなることができるはずで、浄化はじゅうぶんにその使命をはたすことができるわけである。だが、魂は善より下位のものであるから、いくら浄化を徹底しておこなっても、その後に残るものは善ではないし、浄化の使命も魂を善そのものに到達させるまでにはいたらない。では、浄化の後に残されているものは何であるか、今からこの問題を検討していこう」というのが、本文のここの前後でプロティノスが言おうとしていることである。

（2）プロティノスにおいては、魂のふるさとは知性界《ヌース》にあり、魂はその世界のいちばんはしに位置を占めているのであって、魂とヌースは、後者が感性界に降下することはないのにたいして、前者はそうでないという点で区別される。ところが感性界は悪の住処（すみか）である。したがって、ヌースは悪に向かうことがないが、魂は善・悪いずれにも向かうことになる。

（3）魂は肉体と交わることによって、諸悪の根元である素材と交わることになる。『悪とは何か』を参照。

（4）視覚が人の肉体を刺激して対象物を見させるように、魂の中に刻印されている真実在の印影が魂を刺激して、真実在を観るようにさせるということ。

（5）*αὐτά* が具体的に何を受けているのか、さだかではない。これは中性であるから、この点から考えると〈真実在（ヌース）〉を指すと考えられるし、事実、アームストロングもそのように解している。しかし文脈の流れからみると、〈観られるものの印影〉を受けていると解することもできる。このように解した方が筋道がはっきりするが、〈印影〉は男性形であるという問題が残される。

（6）ヌースは一者を観ることによって、魂を産出したのである。したがって、ヌースと魂は、いわば親子のようなものである。

（7）「学問上の諸知識」（エピステーメー）は、いろいろな前提の助けを借りて結論を導きだす思慮（ディアノイア）のこと。プロティノスにおいては、これはヌースより劣るとされている。

次に、どの程度にまで浄化がおこなわれるのか、その範囲について話さなければならない。この問題を検討していけば、われわれは何と似るのか、どのような神と同じになるのかということも、明らかになってくるからである。

ところで、浄化の範囲を検討することは、なかんずく〈怒り〉〈欲望〉その他、そのようなものすべて、つまり〈苦しみ〉とかそれに類するものなどをどのようにして浄化するのか、魂が肉体から離れるのはどの程度に可能なのかを調べることである。

さて、おそらく、魂が肉体を離れて、[1]自分をいわば場所に集中するようにして自分自身に集中し、[2]まったくの無情念となるのはたしかだろう。そして、その魂は、労苦を癒《いや》し除去するのに必要な〈快楽〉にたいしてのみ感覚を働かせ、それも煩わしさを避けるのに必要な最小限度にとどめるのであって、〈苦痛〉なども捨てさってしまい、たとえそれが不可能な時でも、肉体とその苦しみを共にすることのないようにして苦痛をやわらげ、小さなものにしていくだろう。また、〈怒り〉もできるだけ捨ててしまい、もしできれば完全に捨ててしまうだろうが、それができない時には、少なくとも、自分も肉体と一緒になって怒るようなことをしないで、「それはわたしの意志とは関係のないもので、わたしのものではなく、肉体のものだ。そして、わたしの意志に関係のないものは、わたしにとっては些細で何の力もないものだ」と考え、無視してしまうだろう。それにまた〈恐怖〉も、すっかり捨ててしまうだろう。つまり、その魂にとっては、恐ろしいものは何もないのである。――というのは、〈恐怖〉も魂の意志とは無関係のものだからである。――ただし、恐怖が思慮に訴える忠告的な意味をもっている時には、別である。

では、〈欲望〉については、どうだろうか。

その魂の欲望は、決して卑しいものを対象とするのではない。これは明らかである。肉体から離れた魂は、③飲み食いにたいする勝手気ままな欲望ももたないだろうし、性にたいするみだらな欲望ももたないだろう。しかし、万が一、この種の欲望をもつとしても、思うに、それはあくまでも自然的なもので、自分の意志のおよばない衝動的なものではないだろう。しかし、万が一、衝動的なものでも、それは想像の域をでず、意志がおよばないのも、そこまでだろう。

要するに、肉体から離れた魂は、すべての情念から解放されて清浄となり、(魂の)非理的な部分④にたいしても、これを清浄にして外部からの衝撃を受けないようにするだろうし、たとえ受けるようなことがあっても、その部分の受けとる衝撃がさほど強いものではなく、むしろ弱いものので、自分が隣にいることによって、すぐに消滅してしまうようなものであるようにと、心がけるだろう。それはたとえば、人が賢者の隣に住んでいると、(彼の影響を受けて)自分も賢者のようになるか、あるいは彼を畏敬するあまり、すぐれた人の望まないことは何もしないようになるかして、賢者との〈近隣のよしみ〉によって得《とく》をすることがあるが、ちょうどそのようなものである。

それゆえ、その魂には、争いごとなど少しもないだろう。理性《ロゴス》があるだけで、じゅうぶんだからである。すなわち、（魂の）劣った部分は、その理性《ロゴス》を畏敬しているので、もし自分が少しでも刺激されて動揺するようなことにでもなると、自分の主人（真の魂《ロゴス》）[5]がそばにいるのに静かにしていることができず、それにその責めも自分自身の弱さにあるのだから、その劣った部分自身もいやな思いをすることになる（から、静かにしているのである）。

（1）「肉体を離れる」と言っても、それは死を意味するわけではない。喜怒哀楽などの肉体的な情念から自由になることである。

（2）注意を自己自身（真の魂としての自己の知性的部分、自己の中にある知性の印影）に集中して、外的なもの・肉体的なものに興味を示さないということ。

（3）前注（1）を参照。

（4）人間の魂は大別すると、二つの部分からなる。理性的（ロゴス的）な部分と非理的な部分である。プロティノスによれば、前者こそ真の魂でヌースとかかわりあいをもっているものである。これにたいして、後者は感性界にかかわるもので、外の刺激を受ける部分である。この部分は人間の死によって自然消滅するわけであるが、われわれが〈この世〉に生を受けているかぎり、肉体と共に生きているのであるから、肉体にかかわるこの部分を消滅させるわけにはいかない。そこで魂の理性的部分が非理的部分をいかに支配するかが問題になってくるのである。

（5）真の魂（理性的部分）はまた、ヌースからのロゴスそのものでもある。人間の魂はこのロゴスゆえに知性界（ヌースの世界）とのつながりをもっているのである。

6

したがって、右に述べたような事柄は、なにひとつとして、人を過ちに導くことはないだろう。いやむしろ、それらは、人を正しい方へ導いていくだろう。しかし、われわれの関心は、過ちを犯さないことにあるのではなくて、神となることにあるのである。（したがって、われわれはこれから、この問題に目を向けていくことにしたい。）

さて、右に述べたような情念の或るものが、自分の意志とは無関係に生じるなら、そのような人は二重の存在をもっているのだから、神であるとともにダイモン（鬼神、神より低次の存在）でもあるだろう。いや、むしろ、〈ほんとうの自分〉とともに〈低次元の自分①〉ももっているのだから、別に低次元の徳②をもっていることになるだろう。だが、これにたいして、〈ほんとうの自分〉以外に何ももっていない人は、端的に言って〈神〉である。ただし、このばあいの〈神〉は、〈第一者③〉につづくもの（知性《ヌース》）のことであるが……。すなわち、〈ほんとうの自分〉としての彼は、あの知性界からやってきた神であり、彼自身の本性も、もし彼がその知性界からきたようなもの（知性《ヌース》つまり神）となれば、その知性界にあることになるのである。だが、この感性界にやってきて、自分以外のものと住む④ようになると、彼は知性《ヌース》の力で、それも自分と同じようなものとし、できれば外からの衝撃を受けないもの、あるいは少なくとも、主人の望まないことは何もしないものとなるように、心がけるのである。

では、そのような人のもっている徳とは、それぞれ、どのようなものだろうか。

それは〈知恵《ソピア》〉であり〈叡知《プロネーシス》〉であって、知性がもっているものを観《テオーリアー》ることに、その本領がある。だが、このばあい、「知性がもつ」と言っても、それは直接的な接触によってもつということである。[5]つまり、〈知恵〉とか〈叡知〉というものには二通りあるわけで、ひとつは知性《ヌース》の中に、他は魂の中にあるのである。そして、知性の中にあるのは〈徳〉でなく、魂の中にあるのが〈徳〉なのである。

では、知性《ヌース》の中にあるのは、何だろうか。

それは知性《ヌース》の活動《エネルゲイア》であり、これが知性《ヌース》の本質をなしているのである。[6]これにたいして、この知性《ヌース》の活動が知性界からやってきて別のもの（魂）にはいりこみ、この感性界に留まっているのが〈徳〉である。というのも、〈正義自体《アウトディカイオシュネー》〉とか、その他、そのようなものはそれぞれ徳ではなく、いわば徳の〈範例《パラデイグマ》〉のようなものだからであって、[7]この〈正義自体〉から魂にやってきたものが（正義の）徳なのである。すなわち、徳は誰か或る人の徳であるが、範例自体は、それぞれ、あくまでもそれ自身に属するのであって、他のどのようなものにも属さないのである。

だが、もし〈正義〉が〈自己の本分をつくすこと〉であれば、（たとえば、魂の諸部分がそれぞれの本分をつくすところに、魂の〈正義〉があるように、[8]）その徳が成りたつためには、いつも多くの部分を必要とすることになるのだろうか。

いや、そうではない。部分がたくさんある時には、〈正義〉は多くの部分に依存することになるが、[9]たとえ部分をもたない〈単一なもの〉[10]でも、それの〈正義〉は端的に言って、〈自己の本分をつくすこと〉である。とにかく、真実の正義つまり〈正義そのもの〉とでもいうべきものは、〈単一なもの〉（知性《ヌース》）のそれ自体にたいする働きかけ[11]であり、その〈単一なもの〉は、自己の中に他を含んでいるわけではないからである。

したがって、魂における高度の〈正義〉とは、知性《ヌース》に向かって活動することであり、知性《ヌース》を対象として自己自身の内面に向きをかえることが[12]〈思慮あること〉《ト・ソープロネイン》で、〈勇気〉とは、本性上無情念なるもの（知性《ヌース》）を眺め、それに似ることによって自分も無情念になることである。つまり（知性の方はもともと無情念だが）、魂は〈劣った部分〉[13]と同居しているので、徳によって、その部分の受ける情念をともにすることのないようにするのである。

（1）〈ほんとうの自分〉とは真の人間の魂としての〈理性的部分〉を指し、〈低次元の自分〉とは感性界にかかわる魂の〈非理的な部分〉を指す。三〇三ページ（4）を参照。
（2）「低次元の徳」とは、市民的な諸徳のこと。3章を参照。
（3）「第一者」とは、一者（ト・ヘン）のこと。
（4）「自分以外のもの」とは、肉体と、魂の非理的な部分のこと。なお、5章を参照。

（5）エパペーにはもともと「接触」という意味がある。本文でこの語が用いられる場合、適当な訳語が見つからないので、「直接的な接触」と少々気になる訳語をあててみたが、要領を得ないかもしれないので、その意味を説明しておきたい。プロティノスが「知性がもつ」ということばを使っても、それはたとえば、われわれが「本を持つ」とか「財産を持つ」とかいうように、自分の外にあるものを、自分とは別の物として所有することではない。知性界には知性以外の何ものもないし、また多くの知性が別々にわかれて存在しているわけでもないから、「知性は自分自身をもつ」のである。すなわち、「自分自身をもつ」という場合には、所有の主体と客体との間に何ものも介在する余地がないわけで、この点からみれば、ことばの厳密な意味での直接性が保持されているのである。では、その「自分自身をもつ」というのは、どういうことなのであるか。それは「自己自身を知る」ということ、自分自身が客体化された自分を観る（テオーレイン）ということ、換言すれば、真実在としての自分の真実在としての自分にたいする直知作用（ノエーシス）である。これにたいして、魂のもつ知恵（ソピア）の活動は、思慮（ディアノイア）と言われ、もろもろの前提を用いての知性活動であるから、知性（ヌース）のそれのような直接性はない。この点において、知性活動にも二通りのものがあることになるわけである。

（6）「知性の中にある」と言っても、それは空間的な意味での「……の中に」ではない。知性の知性たるゆえんは、その活動（エネルゲイア）にあり、それは直知活動（ノエーシス）である。すなわち知性界においては、ヌースとノエーシスは同一である。

（7）「範例（パラデイグマ）」とは、もともとはプラトンの用語で、彼のイデア説でこれが用いられる場合には、イデアに相当する。「正義自体」とか「正義そのもの」と訳される「アウトディカイオシュネー」もプラトンの用語で、正義のイデアのこと。すなわち、知性界（イデア界）には「正義そのもの」というべきイデア（プロティノスは「イデア」よりも「エイドス」ということばを使うことが多い。それはまたヌースでもある）があって、その「正義そのもの」を「範例」として、それに関与することによってのみ、この感性界に正義という徳が成り立つのである。他の徳についても同様である。

（8）1章の「市民的な徳」についての説明を参照。

（9）たとえば、市民的な徳としての正義がそうである。

（10）たとえば、自分を浄化することによって自分の本性に属さないものをすべて捨てさってしまった魂、真実の魂などが、そうである。

（11）「それ自体にたいする働きかけ」とは、直知作用（ノエーシス）のこと。

（12）魂は肉体的なものや外物などに気をとられずに、真の自己に注意を集中し、自己を見つめることによって、ヌースを観ることになる。「自己自身の内面に向きをかえること」とは、自己をみつめることである。そして、この自己自身を注目の対象とすることが、またヌースを注目の対象とすることにもなるのである。これはソクラテスが好んで口にしたデルポイの「なんじみずからを知れ」という箴言の、プロティノスなりの解釈であろう。なお、プラトンの『恋がたき』（偽作の疑いもある）には、このデルポイの箴言をもって、思慮節制の教えを説くものとするソクラテスの考えが述べられている。

（13）「劣った部分」とは、魂の非理的な部分のこと。三〇三ページ（4）、前注（1）を参照。ここから7章にかけて、高度の徳がヌースとの関連で説かれ、最後に〈神への類似〉とは何かが述べられる。

7

それゆえ、魂の中にあるこれらの徳も、知性界で範例《パラデイグマ》のようなものとして知性《ヌース》の中にある徳以前のもののように、たがいに他を含みながら密接に関連しあっているのである。[1] というのも、知性界での〈直知作用《ノエーシス》〉に相当するものが（魂の徳としては）〈叡知《エピステーメー》〉つまり〈知恵《ソピア》〉で、〈自己自身を観ること《ト・プロス・ハウトン》〉が〈節制《ソープロシュネー》〉であり、また、〈自分に固有なことをすること《ト・オイケイオン・エルゴン》〉が〈本務履行《オイケイオプラギアー》〉で、〈同一性を保つこと《ヘー・タウトテース》〉[2]つまり〈自分だけで純粋性を保っていること《ト・エプハウトゥ・メネイン・カタロン》〉が、いわば〈勇気《アンドリアー》〉のようなものだからである。したがって、魂においては、〈知性《ヌース》を観ること〉が知恵であり叡知であって、[3] その知恵や叡知が魂の徳であり——というのも、（魂のばあいは）知性界でのように、魂がすなわち徳であるというわけにはいかないからだが[4]——他のいろいろな徳についても（知性界の範例から）同様な方法で導きだされるのである。[5] それにまた、どの（高度な）徳も、浄化を完了した時点で生ずるという意味で〈浄化〉と呼ばれるのであれば、魂はすべての徳を浄化によって所有するのでなければならない。もしそうでなければ、どの徳も完全ではないだろう。[6]（この事実によっても、徳はみな、相互に関連しあっていることがわかる。[7]）

なお、これらの高度の徳をもっている人は、また必然的に、潜勢的には低度の徳[8]をもっていることになるが、低度の徳をもっている人が高度の徳をもつという必然性はない。それゆえ、「賢者のもっともすぐれた生活は、この高度の徳にしたがう生活である」ということになるだろう。

しかし、高度の徳をもっている人は、また実際に低度の徳ももっているのか、それとも、実際にではなく、別の意味でもっているのか、ひとつひとつの徳をとりあげて吟味していかなければならないだろう。たとえば（低度の徳としての）〈思慮《プロネーシス》〉[9]をとりあげてみよう。もし彼が（自分の生活を律するものとして）これとは別の諸原理（すなわち高度の諸徳[10]）を用いるなら、その（低度の）徳は、たとえ実際には活動していなくても、どうして相も変わらず（思慮としての立場を保持しつつ）留まることができるだろうか。また、高度の徳と低度の徳の間に、もともと効力のちがいがあるばあい、つまり低度の〈節制《ソープロシユネー》〉は（情念に適切さという）限度をあたえるものだが、高度の徳としてのそれは（情念を）まったく取りさってしまうものだとすると、どうだろうか。（このばあいでも、高度の徳をもっていれば、低度の徳ももっていることになるのだろうか。）要するに、〈思慮《プロネーシス》〉の立場に変動があるなら、そのほかの徳についても、同じことが言えるだろう。

いや、そうはなるまい。賢者がそれらの（低度の）徳やそれらから派生したものをもっているということは、（それらを実際にもっているということではなくて、）知識においてもっているということ[11]（つまり知っているということ）である。[12]それで、おそらく彼は、その時その時の状況に応じて、（或る時はこの徳、他の時はあの徳というように）いろいろな（低度の）徳にしたがって活動するだろう。だが、高度の原理や別の尺度（規準[13]）に到達すると、今度はそれにしたがって行動するだろう。たとえば〈節度があること《ソープロネイン》〉についてみると、彼はそれを、この感性界の尺度にあてはめて行動するようなことはしないにちがいない。つまり、彼は自己自身の全体をできるだけこの感性界から分離して、市民的な徳が価値ありと認める〈善人の生活〉で世をおくるようなことはせず、そんなものはおきざりにして、それとは別の〈神々の生活〉をえらぶのである。というのも、われわれの言う〈類似〉は、あくまでも〈神々への類似〉であって、〈善人への類似〉ではないからである。すなわち、〈善人への類似〉は、影像が影像に——それらはそれぞれ、同じ範例（知性《ヌース》としての神）からきているのだが——似ることであるが、[14]〈神々への類似〉は、われわれとは別のものつまりわれわれの範例（知性《ヌース》としての神）に似ることなのである。

（1）ヌースの〈直知作用〉とは、ヌースが〈自己自身を観ること〉であり、それがヌースの〈固有な働き〉であって、ヌースはその働きを通して一者からの光を受け、その光にみたされることによって、ヌースそのものとしての立場、つまりヌースとしての〈純粋性を保っている〉のである。しかし、知性界には時空的な区別がないから、この説明はあくまでも読者の理解をたすけるためにおこなわれたものにすぎないのであって、実際には〈直知作用〉から〈純粋性の保持〉にいたるまでの諸作用はまったく同一で、そこには何の区別もないのである。ところで、浄化によって〈真の自分〉となった魂は単一なるものであり、その魂が単一なるものとしてのヌースから、その同一の作用を範例として、もろもろの徳を受けるのであるから、それらの徳は形式的にはもろもろの徳であっても、実際には同一の徳であって、たがいに他の徳を含み、等式で結ばれることになる。すなわち、知恵＝節制＝本務履行＝勇気、ということになるのである。
（2）読み方はハルダーとブレイエにしたがう。
（3）魂は自己自身に注意を集中し、自己自身を通してヌースを観るのである。
（4）知性界においては、ヌースとノエーシス（直知作用）とは同じであるが、魂の場合には、魂とその知的作用が同じというわけにはいかない。
（5）たとえば節制は、魂が自己自身を知ることによってヌースを知ることであり、勇気とは、魂が外的なものに気をとられることなく、自己自身を通してヌースを観て、そのヌースの光を受けることによって、自己の純粋性を保つことである。
（6）4章を参照。
（7）前注（1）を参照。
（8）「低度の徳」とは、市民的な徳のこと。
（9）1章を参照。なお、ここのプロネーシスが高度の徳か低度の徳かは、本文のプロティノスの用語の点から考えて問題があるが、訳に際しては、文脈の流れからみて、低度のそれであると解しておく。
（10）ここの「別の諸原理……」も、「思慮」以外の低度の諸徳を指すのか、それとも高度の諸徳を指すのか、必ずしも明らかではないが、原文の二一行めに「高度の諸原理……」ということばがでてくるので、それとの関連で、「高度の諸徳」を指すものとする。その方が意味もはっきりしてくるであろう。
（11）*εἰδήσει* は *εἴδησις* の単数与格とし、前の（底本一三行めの）*ἐνεργείᾳ*（「実際に」）と対照させる。

(12) ハルダーにしたがって、疑問文とはしない。
(13)「高度の原理」も「別の尺度」もともに高度の徳のこと。
(14) プロティノスによれば、感性界において肉体的な生をおくっている人間は、すべて知性界にあるヌースの影像にすぎない。したがって、「人間が善い人間に似る」ということは、結局は、影として人間が影としての人間に似ることであって、影の本体（ヌース）に似ることではないのである。

中公
クラシックス
W50

エネアデス（抄《しょう》）I
プロティノス

2007年11月10日初版
2024年9月25日3版

訳　者　田中美知太郎
　　　　水地宗明
　　　　田之頭安彦

発行者　安部順一

印刷　TOPPANクロレ
製本　TOPPANクロレ

発行所　中央公論新社
〒100-8152
東京都千代田区大手町 1-7-1
電話　販売 03-5299-1730
　　　編集 03-5299-1740
URL https://www.chuko.co.jp/

訳者紹介

田中美知太郎（たなか・みちたろう）
1902（明治35）年生まれ。
西洋古典学、哲学専攻。京都大学名誉教授。著書に『ロゴスとイデア』『学問論』『近代思想と古代哲学』など。
1985（昭和60）年死去。

水地宗明（みずち・むねあき）
1928（昭和3）年生まれ。
哲学専攻。滋賀大学名誉教授。著書に『アリストテレスの神論』『注解マルクス・アウレリウス「自省録」』など。
2022（令和4）年死去。

田之頭安彦（たのがしら・やすひこ）
1928（昭和3）年生まれ。
哲学専攻。東京学芸大学名誉教授。共訳書に『プラトン全集』『プロティノス全集』など。2003（平成15）年死去。

Published by CHUOKORON-SHINSHA, INC.
Printed in Japan　ISBN978-4-12-160099-8　C1210

■「終焉」からの始まり
――『中公クラシックス』刊行にあたって

二十一世紀は、いくつかのめざましい「終焉」とともに始まった。工業化が国家の最大の標語であった時代が終わり、イデオロギーの対立が人びとの考えかたを枠づけていた世紀が去った。歴史の「進歩」を謳歌し、「近代」を人類史のなかで特権的な地位に置いてきた思想風潮が、過去のものとなった。

人びとの思考は百年の呪縛から解放されたが、そのあとに得たものは必ずしも自由ではなかった。固定観念の崩壊のあとには価値観の動揺が広がり、ものごとの意味を考えようとする気力に衰えがめだつ。おりから社会は爆発的な情報の氾濫に洗われ、人びとは視野を拡散させ、その日暮らしの狂騒に追われている。株価から醜聞の報道まで、刺戟的だが移ろいやすい「情報」に埋没している。応接に疲れた現代人はそれらを脈絡づけ、体系化をめざす「知識」の作業を怠りがちになろうとしている。

だが皮肉なことに、ものごとの意味づけと新しい価値観の構築が、今ほど強く人類に迫られている時代も稀だといえる。自由と平等の関係、愛と家族の姿、教育や職業の理想、科学技術のひき起こす倫理の問題など、文明の森羅万象が歴史的な考えなおしを要求している。今をどう生きるかを知るために、あらためて問題を脈絡づけ、思考の透視図を手づくりにすることが焦眉の急なのである。

ふり返ればすべての古典は混迷の時代に、それぞれの時代の価値観の考えなおしとして創造された。それは現代人に思索の模範を授けるだけでなく、かつて同様の混迷に苦しみ、それに耐えた強靭な心の先例として勇気を与えるだろう。そして幸い進歩思想の傲慢さを捨てた現代人は、すべての古典に寛く開かれた感受性を用意しているはずなのである。

（二〇〇一年四月）

中公クラシックス既刊より

大衆の反逆
オルテガ
寺田和夫訳
解説・佐々木孝

近代化の行きつく先に、必ずや「大衆人」の社会が到来することを予言したスペインの哲学者の代表作。「大衆人」の恐るべき無道徳性を鋭く分析し、人間の生の全体的立て直しを説く。

死にいたる病 現代の批判
キルケゴール
桝田啓三郎訳
解説・柏原啓一

絶望という病根にこれほど深くメスを加え、これをえぐり出した書物は他に類がない。そしてその絶望や不安から脱する道、自己回復の道をさし示した本書は、実存思想の始点となった。

意志と表象としての世界ⅠⅡⅢ
ショーペンハウアー
西尾幹二訳
解説・鎌田康男

ショーペンハウアーの魅力は、ドイツ神秘主義と18世紀啓蒙思想という相反する二要素を一身に合流させていたその矛盾と二重性にある。いまその哲学を再評価する時節を迎えつつある。

エティカ
スピノザ
工藤喜作／斎藤博訳
解説・工藤喜作

ユークリッド幾何学の形式に従い、神と人間精神の本性を定理と公理から〈神即自然〉を演繹的に論証する。フィヒテからヘーゲルに至るドイツ観念論哲学に決定的な影響を与えた。